1981-2010

文史知识 30年总目

《文史知识》编辑部 编

中华书局

图书在版编目（CIP）数据

《文史知识》30 年总目录：1981～2010/《文史知识》
编辑部编．—北京：中华书局，2011.4

ISBN 978-7-101-07704-9

Ⅰ．文⋯ Ⅱ．文⋯ Ⅲ．文史－期刊目录－中国－
1981～2010 Ⅳ．Z88：C

中国版本图书馆 CIP 数据核字（2010）第 234114 号

书　　名	《文史知识》30 年总目录（1981 年－2010 年）
编　　者	《文史知识》编辑部
责任编辑	杨春玲
出版发行	中华书局
	（北京市丰台区太平桥西里 38 号 100073）
	http://www.zhbc.com.cn
	E－mail：zhbc@zhbc.com.cn
印　　刷	北京市白帆印务有限公司
版　　次	2011 年 4 月北京第 1 版
	2011 年 4 月北京第 1 次印刷
规　　格	开本/880×1230 毫米 1/32
	印张 9½ 插页 2 字数 250 千字
印　　数	1－2000 册
国际书号	ISBN 978－7－101－07704－9
定　　价	35.00 元

出版说明

《文史知识》杂志创刊于1981年，坚持"大专家写小文章"的办刊宗旨，始终保持着准确、生动、有用的特点和朴素雅致大方的风格。三十年来，刊发了万余篇文章，从不同角度，以多样手法，深入浅出地介绍、评述优秀传统文化，深受海内外读者的喜爱。

为方便广大读者查阅，现将《文史知识》杂志自1981年至2010年所发表的文章，以年为序，按当时的栏目设置，以发表先后，编制了以篇名、作者、期号、起始页码为主体内容的总目一册。其中，期号和起始页码用阿拉伯数字来表示，期号和起始页码间以圆点加以区分，如1.16，即表示所查阅的文章发表在第1期，起始页码为第16页。

在总目之后，另附有《文史知识》历年栏目表、《文史知识》历年专号一览表和"文史知识"文库已出书目。

《文史知识》编辑部

2011年3月

目 录

1981年—1990年

1981年/1	1982年/6
1983年/16	1984年/26
1985年/36	1986年/47
1987年/58	1988年/68
1989年/78	1990年/90

1991年—2000年

1991年/101	1992年/111
1993年/122	1994年/132
1995年/143	1996年/154
1997年/164	1998年/174
1999年/185	2000年/195

2001年—2010年

2001年/206	2002年/214
2003年/221	2004年/227
2005年/235	2006年/243
2007年/250	2008年/260
2009年/270	2010年/280

附 录

一 《文史知识》30年专号及地域文化专栏表/291

二 《文史知识》30年主要栏目一览表/294

三 "文史知识文库"已出图书一览表/297

文史知识

1981年——1990年

1981年

我欢呼《文史知识》创刊（代发刊词）　　　　　宋振庭　　1.3

学好语文,学好历史　　　　董纯才　　1.7

治学之道

我的学词经历	夏承焘	1.10
我怎样学习写作的	朱东润	2.3
漫谈治史	郑天挺	3.3
关于《陈风·株林》今译的几个问题	余冠英	4.3
谈治学的方法	周祖谟	5.3
谈自学古文字	李学勤	6.3

文学史百题

诗歌史上的双子星座——李白与杜甫	罗宗强	1.16
汉赋的形成和发展	费振刚	2.9
《牡丹亭》散论	周先慎	3.7
金元散曲的兴起和衰落	王季思	4.7
鲁迅和他的《中国小说史略》	田本相	5.12
浅谈宋诗的"议论"	赵齐平	6.9

历史百题

关于光武中兴	戚嵩	1.23
清朝的绿营	罗尔纲	2.14
近代史上开眼看世界的先驱	左步青	3.16
"焚书坑儒"小议	张烈	4.15
明成祖与郑和下西洋	冯尔康	4.20
谈谈"三·二九"广州起义	金冲及	5.18
康有为和公车上书	苏双碧	6.16

怎样读

谈谈《唐诗三百首》	振甫	1.28
历史上的岳飞与小说中的岳飞	王瑞来	1.33
诗的毁灭——谈《红楼梦》中的第一个"薄命女"	蒋和森	2.18
我国古代短篇白话小说的珍品——《三言》	宁宗一	3.21
怎样阅读《儒林外史》	陈美林	4.25
闲笔话《聊斋》	李厚基	5.23

1981年—1990年

《故事新编》的"古为今用" 李何林 6.22

《蓝田县丞厅壁记》赏析 蒋 凡 6.33

鲁迅笔下的历史人物 郭预衡 6.37

诗文欣赏

文史杂谈

李白《月下独酌》 袁行霈 1.39

说岳飞《小重山》 吴小如 1.42

说孟浩然《过故人庄》 倪其心 2.23

韩愈《师说》讲析 周振甫 2.27

读李商隐的一首《无题》 郝世峰 2.32

读《游褒禅山记》 胡念贻 2.36

白居易诗学杜甫一例 顾学颉 3.28

读《卖油翁》 黄进德 3.30

说王安石的《促织》诗 吴小如 3.33

《大江歌罢掉头东》诗新析 刘宗汉 3.35

杜甫《秋兴八首》 鹫 山 4.30

欧阳修《踏莎行》艺术手法试析 林东海 4.33

《登泰山记》解析 李如鸾 4.37

《九歌·少司命》的解释与欣赏 金开诚 5.29

杜诗的"真"与"厚" 王双启 5.33

"渺渺没孤鸿" 黄诚一 5.37

读辛稼轩的几首词 袁石槫 5.40

一个没有出场的"主角"——读鲁迅文言小说《怀旧》 闵抗生 5.43

"明月"释——谈李白《哭晁卿衡》诗 周士琦 6.28

含蓄隽永 意在言外——读唐诗《终南望余雪》 李湘林 6.31

谈谈历史的辩证法 廖沫沙 1.52

勤学与惜阴 刘桐良 1.55

文史知识与读写能力

——全国中学语文教材改革座谈会侧记 蔡澄清 1.57

学历史 向前看 柯 安 2.49

学慎始习 敏 译 2.53

文史书目答问

引言 金开诚 1.61

《虞初新志》 胡友鸣 1.62

《三国志》和《三国演义》 詹鄞鑫 1.63

《左传》 沈玉成 2.57

《樊川文集》(附《樊川诗注》) 戴 燕 2.60

沈括和《梦溪笔谈》 倪 平 3.47

《汉书》 董洪利 3.50

《后汉书》 王 凌 3.52

《吕氏春秋》 吕 艺 4.45

《论衡》 梁运华 4.47

《韩非子》 张力伟 5.47

《诗品》 常振国 5.49

《晋书》 葛兆光 5.51

《水经注》 张大可 6.53

文史工具书介绍

诗文典故的渊薮

1981年

——《佩文韵府》和《骈字类编》 陈宏天 1.67

《康熙字典》和《中华大字典》 刘叶秋 2.62

《辞源》与《辞海》 赵克勤 3.55

张相及其《诗词曲语辞汇释》 卢润祥 4.51

《说文解字》及其在文献阅读中的应用 陆宗达 5.54

打开历史宝库的一把钥匙——《书目答问》及其《补正》介绍 骈宇骞 6.56

文体史话

骈体文 褚斌杰 1.71

乐府诗体 褚斌杰 3.61

楚辞 褚斌杰 5.59

文化史知识

要学习一些文化史知识 阴法鲁 4.55

古代"劫夺婚" 向 黎 4.59

中国古人的姓氏字号 楚 庄 4.59

说"饼" 洪 沉 4.67

避讳浅说 崔统华 6.59

周勃为什么闯入北军——谈西汉的南北军 许树安 6.65

"赵"和礼 建 珉 6.69

人物春秋

杰出的女作家李清照 包立民 1.87

文天祥和他的《正气歌》 田居俭 1.93

谈迁写《国榷》 苑兴华 1.98

呕心沥血的青年诗人李贺 宋德金 2.74

武训办义学 史 元 2.78

梅兰芳的艺术道路 马少波 2.81

西汉细君公主、解忧公主、冯夫人和戎事 胡昭静 3.66

初唐诗人骆宾王 徐公持 3.71

努尔哈赤事略 阎崇年 3.75

曹振镛其人 龚书铎 3.81

张骞通西域 冯惠民 4.69

我国第一个到达地中海的旅行家——杜环 谢 方 4.73

小德张与慈禧 王处辉 4.77

从一封复信看郭老的治学精神 江天蔚 4.84

邹容和《革命军》 陈 铮 5.73

鲁迅和辛亥革命 姚锡佩 5.78

护国战争中的蔡锷 夏鼎民 5.84

从《隆中对》漫谈诸葛亮 田居俭 6.72

"矫绝清巧"鲍令晖 凌 迅 6.77

郑和七下西洋 陈梧桐 6.82

语言知识

语言运用中的变异现象（上） 潘兆明 2.88

趣味词义辨析(选载) 中国人民大学语言文字研究所 2.93

语言运用中的变异现象（下） 潘兆明 3.91

1981年—1990年

古代官职升降称谓浅释	吴丰明	4.90
诗词曲的特殊词序	王 铁	6.89
"倩梳妆"释	席云荪	6.95
"度"、"渡"同义辨析	张铁民	6.98

教学随笔

文言文教学札记	颜振遂	2.96
"张楚"词义辨释	王 铁	3.97
如何解释《前赤壁赋》中的"物"与"我"	卢永璘	4.94
关于"畏我复却去"	蒋绍愚	6.101
"夺稿"、"夺志"与"夺情"	白化文	6.106

文章评改

叶圣陶先生对《青铜器浅谈》一文的修改意见	白化文	1.104
从《先君墓表》到《泷冈阡表》——欧阳修修改文章一例	王水照	2.112
语法修辞应注意规范——评改两篇短文	胡双宝	5.109

文史古迹

玉城雪岭际天来——漫话浙江潮	慕容真	2.116
天一明珠——访宁波天一阁	朱新夏	2.120
阳关之谜	成大林	3.107
金田起义出大湟	戴 逸	4.120
访孙中山的故乡——翠亨村	施宣圆	5.101

黄鹤知何去——武昌黄鹤楼纵横谈	乔雨舟	6.114

青年园地

姚雪垠先生《论〈圆圆曲〉》献疑	朱则杰	1.110
说春秋时代的"君"与"民"	王兰仲	3.112
一片·孤城·玉门关	陈植锷	4.110
《九辩》艺术独创性初探	姚曼波	5.114
谈杜甫绝句"两个黄鹂鸣翠柳"	张永芳	5.119
兴的界说	金明凯	5.123
黄兴与武装起义	许浩明	6.108

中国名著在国外

一代之诗伯 万叶之文匠——白居易诗歌与日本古代文学	严绍璗	1.117
回忆匈牙利陈国教授译《水浒全传》	兴万生	2.122
玄奘《大唐西域记》在国外	杨廷福	3.120
《聊斋志异》在苏联	戈宝权	4.115
青木正儿译注的《元人杂剧》	王晓平	6.118

文史信箱

"郡主"、"公主"称呼的由来	刘叶秋	1.123
什么是"反切"?	邢公畹	2.125

1981 年

印古书为什么不用简化汉字？ 程 弘 3.125

怎样查对干支纪年 赵友章 5.127

文史研究动态

《满江红》词是岳飞作的吗？ 吴战垒 1.124

造纸术的发明者是不是蔡伦？ 江 风 4.126

名篇今译

《秦晋殽之战》今译 杨伯峻 沈玉成 6.48

庄子《鹏与鸠雀》今译 周振甫 6.42

成语典故

毛遂自荐 施敬琉 1.101

亡羊补牢 高 晴 1.102

庆父不死 鲁难未已 谷 雨 2.87

目无全牛 朱石立 3.89

乘风破浪 苑 约 3.90

后来居上 李 夏 4.88

有志者事竟成 贺务昂 4.88

刮目相待 夏 成 5.90

闻鸡起舞 徐 力 5.91

千金市骨 闻 楠 6.86

风声鹤唳 草木皆兵 楚 叔 6.87

专 文

吴晗同志和文史普及工作 张习孔 1.47

说"旦" 周笃文 1.66

《国殇》的一些特色 郑克晟 1.76

重评《红楼梦》第四回 傅继馥 1.81

中国历史知识及其年代学的处理 周谷城 2.39

杨家将的历史和传说 羽 白 2.43

我国古代国家首脑的称号 左言东 2.69

司马迁和他的不朽巨著——《史记》 安平秋 2.100

司马光怎样编修《资治通鉴》 徐志靖 2.105

佛经寓言故事选译 白化文 许德楠 2.108

岳飞的《满江红》不是伪作 邓广铭 3.39

难以推倒的疑案——谈岳飞《满江红》词 吴战垒 3.44

《水浒传》的两大批评家——李卓吾和金圣叹 滕 云 3.84

西汉的"郎"官 许树安 3.99

清代军机处漫谈 宋元强 3.103

关于"总理各国事务衙门" 郑师渠 4.41

谈宋代马远的《踏歌图》 聂崇正 4.125

略谈词的上下片作法 唐圭璋 5.65

读诗札记 陈友琴 5.69

略谈袁江的《蓬莱仙岛图》 杨臣彬 5.92

朝辞白帝彩云间——谈白帝城 谷 雨 5.94

1981年—1990年

日记史话	陈左高	5.95
内阁出处考	邹身城	5.99
古籍目录及其功用	高路明	5.105

明代商喜的《关羽擒将图》	聂崇正	6.122

1982年

治学之道

关于研究中国古典文学		
	何其芳遗著	1.3
和初学者谈"天"	庞 朴	2.3
美学研究的一些体会	蔡 仪	3.3
我的学史经验和体会	何兹全	4.3
基础与专攻——从黄侃		
师学习《说文解字》的		
体会	陆宗达	5.7
和历史系同学谈怎样写		
论文	杨志玖	6.3
怎样研究魏晋南北朝史	周一良	7.3
谈谈魏晋南北朝文学	曹道衡	7.10
治学琐言	缪 钺	9.7
从唐诗的特色谈起	林 庚	10.3
略读与精读	刘叶秋	11.3
略谈治史的两个问题	韩国磐	12.3

文学史百题

隋代的诗歌	倪其心	1.9
建安诗歌	孙 静	2.8
章回小说和叙事文学的		
民族风格	何满子	3.10

盛唐的山水诗	袁行霈	4.8
汉乐府民歌的叙事艺术	屈育德	5.11
略谈明代传奇	江巨荣	6.8
略谈汉魏六朝的小说	程毅中	7.17
马革裹尸当自誓,男儿		
到死心如铁——略论		
辛弃疾词的爱国主义		
精神	严迪昌	8.6
安史之乱与诗人杜甫	冯钟芸	9.12
花间词简论(上)	吴世昌	10.6
花间词简论(下)	吴世昌	11.11
中国戏曲的起源和发展		
脉络	赵景深	12.8

历史百题

"封侯非我意,但愿海波		
平"——戚继光平定倭寇	张习孔	1.16
战国时期的百家争鸣	刘泽华	2.14
《中华民国临时约法》浅		
析	邱远猷	3.14
明朝的宦官与厂卫	王宏志	3.19
谈谈汉代的赋税制度	唐嘉弘	4.14
清世宗的崇佛和用佛	冯尔康	5.17
王阳明和他的学派	赵俪生	6.13

1982年

"八王之乱"始末　　　　　杨耀坤　7.22　　说苏洵的《六国论》　　　黄进德　1.34

甲午风云与中国的觉醒　　戚其章　8.12　　重读《岳阳楼记》　　　　戚克家　1.38

隆兴和议前后的战与和　　郑昌淦　9.17　　说杜甫的《宿府》　　　　霍松林　2.28

唐太宗与"贞观之治"　　吴宗国　10.11　　苏轼写在徐州的一组

周公东征和赢姓西迁　　　林剑鸣　11.16　　《浣溪纱》　　　　　　　傅经顺　2.30

算缗与告缗　　　　　　　　　　　　　　　　李清照的《永遇乐》　　　刘瑞莲　2.34

——谈西汉的抑商政策　　安作璋　12.15　　"鸳鸯抗婚"的描写特色　宋绪有　2.38

　　　　　　　　　　　　　　　　　　　　　　李白《长门怨》二首　　　陈邦炎　3.24

怎样读　　　　　　　　　　　　　　　　柳宗元的寓言文　　　　　孙昌武　3.27

顾炎武的《日知录》　　　孙钦善　1.22　　小令中的天籁——天净

严羽及其《沧浪诗话》　　张少康　2.22　　　沙　　　　　　　　　　黄克　3.30

性格就是命运——谈《莺　　　　　　　　　　开浩荡之奇言

　莺传》中的崔莺莺　　　宁宗一　4.20　　——读庄子《逍遥游》　　楚　子　4.27

《史通》读法　　　　　　程千帆　5.24　　鄙弃仕途，归隐田园的

谈《河岳英灵集》　　　　乔象钟　6.17　　　诗意自白——读陶渊

怎样读《文心雕龙》　　　牟世金　7.34　　　明《归去来辞》　　　　吴战垒　4.31

谈谈记述南北朝史事的　　　　　　　　　　　也谈卢纶的《月黑》诗

　"八书"、"二史"(上)　瞿林东　7.41　　——与华罗庚同志商榷　刘宪康　4.35

谈谈记述南北朝史事的　　　　　　　　　　　说辛弃疾的《清平乐·

　"八书"、"二史"(下)　瞿林东　8.18　　　茅檐低小》　　　　　　吴小如　5.29

元人杂剧的珍本　　　　　　　　　　　　　　叶绍翁《游小园不值》异

——谈《元刊杂剧三十种》徐沁君　9.25　　　文种种　　　　　　　　席云蓉　5.32

漫谈《古诗十九首》　　　倪其心　10.17　　张溥和他的《五人墓碑

司马氏父子的《六家要　　　　　　　　　　　记》　　　　　　　　　许德楠　5.34

　旨》　　　　　　　　　施　丁　11.21　　同一题材的不同处理

一部采撰繁富的地理总　　　　　　　　　　　——读《续黄粱》　　　劳　洪　5.36

　志——《太平寰宇记》　杨济安　12.20　　"暗传"的技巧

　　　　　　　　　　　　　　　　　　　　　　——析王维《辋川闲居

诗文欣赏　　　　　　　　　　　　　　　　赠裴秀才迪》　　　　刘逸生　6.33

杜甫诗《蜀相》赏析　　　盖广智　1.29　　美感和真实

李商隐的《夜雨寄北》　　禹克坤　1.31　　——《枫桥夜泊》随谈　胡经之　6.36

1981年—1990年

短小、精粹、隽永

——刘禹锡《陋室铭》赏

析	李如鸾	6.42
析张岱《西湖七月半》	周先慎	6.45
试析曹操的《短歌行》	金舒年	7.58

志高才雄,胸怀旷迈

——谈左思的《咏史》诗　　韦凤娟　7.63

齐梁间的散文佳品

——读丘迟的《与陈伯

之书》　　徐公持　7.68

胸怀豪放,格调高昂

——读杜甫诗《望岳》　　李　谊　8.39

苍凉悲壮的边塞号角

——读范仲淹的《渔家

傲》　　马茂元　王从仁　8.41

爱国的绝唱

——读陆游的《示儿》诗　齐治平　8.44

"吾心目中有一少年中

国在"

——浅谈梁启超的《少

年中国说》　　苏渭昌　8.48

说辛弃疾《破阵子》　　张志岳　9.39

词家射雕手

——读张孝祥《六州歌

头》　　李元洛　9.42

唯景臣的〔哨遍〕《高祖

还乡》　　洪柏昭　9.45

天然无饰见功夫

——读《红楼梦》第三十

三回　　高松年　9.50

《邹忌讽齐王纳谏》的语

言艺术　　王向东　10.46

读杜甫的《丹青引赠曹

将军霸》　　葛晓音　10.48

二十四桥之谜

——兼论杜牧诗歌使用

数字的特点　　周锡㯮　10.52

冲冠一怒为红颜

——《圆圆曲》赏析　　朱则杰　10.56

山水骈文的佳作

——读吴均《与朱元思

书》　　周兆祥　11.40

杜诗的爱情名篇

——《月夜》　　冯君豪　11.43

《六丑》蔷薇谢后作　　万云骏　11.45

关汉卿的著名散套《不

伏老》　　吕薇芬　11.50

谈《醉翁亭记》　　贾德民　12.34

冰清玉洁之景　表里澄

澈之美

——读秦观《鹊桥仙》　　王成怀　12.39

清新——陈与义《临江仙》

赏析　　罗元贞　马斗全　12.43

精魅的人化

——谈《任氏传》在古小

说发展中的意义　　周先慎　12.45

名篇今译

《隆中对》	俞汉业	1.42
《战国策·燕昭王求士》	贾振刚	2.60
《哀郢》	金开诚	3.43
《蜀道难》	裴　斐	4.50

1982年

《西湖七月半》 庆 明 6.50

《与陈伯之书》 夏 关 7.71

《指南录后序》 袁明忆 8.53

《圆圆曲》 李秋野 10.60

文史书目答问

"三通" 曾贻芬 1.46

《明史》 黄爱平 1.51

《元曲选》 宋祥瑞 2.47

黄宗羲和他的《明夷待访录》 陈寿立 2.50

《四部丛刊》和《四部备要》 李鼎霞 3.33

《国语》漫谈 尹 衡 4.37

《考工记》 王锦光 闻人军 4.41

《录鬼簿》及其《续编》 杨沛超 5.40

一部读二十四史的入门之书——介绍《廿二史劄记》 王树民 6.24

《华阳国志》 刘 琳 7.47

《文选》 沈玉成 7.50

我国古代最大的丛书《四库全书》 胡宝柔 8.25

文天祥的《指南录》和《指南后录》 沈起炜 8.30

《纲鉴易知录》 张 烈 9.31

《旧唐书》与《新唐书》优劣之比较 葛兆光 10.23

《天下郡国利病书》 褚绍唐 11.27

《罪惟录》 赵 荧 11.30

《诗集传》 冯宝志 12.25

文史工具书介绍

陈振孙及其《直斋书录解题》 高路明 1.54

考史必备的工具书《二十史朔闰表》 刘乃和 2.53

顾祖禹和《读史方舆纪要》 杨济安 杨忆坪 3.38

我国第一部方言词典《方言》 左民安 4.44

《艺文类聚》和《初学记》 许逸民 5.43

《辞通》和《联绵字典》 吕 岚 6.29

现存两部最古的图书目录——谈《汉书·艺文志》和《隋书·经籍志》 诸忆明 7.53

学习古典文献必备的工具书——介绍《经籍籑诂》 刘宗汉 8.34

与青年朋友谈《十三经注疏》 陈金生 9.34

怎样查找古人的别名室号 萧东发 10.30

《历代职官表》与官制史料 潘树广 11.34

查找古文献资料有哪些类型的索引 白化文 12.29

文化史知识

漫话火葬 杨存田 1.58

说"凌迟" 阎步克 1.60

"跪拜礼"的起源和消亡 姚荣涛 2.71

1981年—1990年

篇目	作者	期.页
"露布"絮语	方南生	2.74
清代的同文馆——中国最早的外语学校	李喜所	2.77
中国古代的姓和氏	李解民	3.50
"丧事"风俗谈	隽雪艳	3.54
铁券	叶晨晖	3.57
古人座次的尊卑和堂室制度——从鸿门宴的座次谈起	王文锦	4.56
唐代宰相的名号	邱久荣	4.60
南宋临安的"大世界"——"瓦子"	张学舒	4.65
"三宫六院七十二妃"琐谈	潘深亮	4.67
古代膝、姜制	向 黎	5.48
古钱说略	张志毅	5.50
从《武经总要》看宋初的火药和火器	王兆春	5.55
达赖、班禅名号小释	曾文琼	6.53
明清玉堂之署——翰林院	赵 洛	6.57
中国国歌小史	费成康	6.60
麈尾与魏晋名士清谈	白化文	7.79
从《兰亭序》谈"曲水流觞"	姚鸣冰	7.82
汉晋的"节"	杨 泓	8.65
"封禅"的缘起和发展	吉书时	8.68
从"吕布射戟"谈戟和门戟	杨 泓	9.54
算盘古今	王中伟	9.59
中国封建时代的土地所有制	张传玺	9.62
顿首·稽首·空首	林洪文	10.64
《秦王破阵》与《霓裳羽衣》	姚鸣冰	10.65
唐代的马毬戏	吕 艺	10.71
说软器	陆锡兴	11.54
浅谈我国古地图的绘制	黄锡之	11.56
管形射击火器的发明及其西传的例证	王兆春	11.60
略谈史官源流	左言东	12.62
漫话"润笔"	奚锦顺	12.66
昔日皇宫怎样取暖	王 诚	12.70
由茶说到茶	张希广	12.72

人物春秋

篇目	作者	期.页
杰出的军事家——孙武	吴如嵩	1.78
《敕勒歌》和斛律金	张国杰	1.81
马可·波罗和他的《游记》	马毓良	1.84
杰出的藏族政治家——松赞干布	高世瑜	2.86
明代农民起义女英雄——唐赛儿	柳学青	2.92
旧民主革命的战士——谭嗣同	包立民	2.97
西夏的奠基人李继迁		
	徐 庄 李 萌	3.68
"但愿苍生俱饱暖,不辞辛苦出山林"——于谦的诗篇和为人	王宏钧	3.74
《明史稿》的实际编撰者		

1982年 11

万斯同	朱端强	3.80
苦吟诗人贾岛	胡中行	4.70
一代天骄	宋德全	4.76
爱国史学家胡三省	张习孔	4.82
唐诗革新的先驱者陈子昂	彭庆生	5.67
靳辅与陈潢治河	何本方	5.72
左宗棠事略		
马振举	周延鸿	5.77
今生已矣，来世为期		
——少年民族英雄夏完淳	白 坚	6.74
杨潮观与《吟风阁》	赵承中	6.79
清末大学者王国维	任伊临	6.84
羯族政治家石勒	方 亭	7.85
葛洪和他的《抱朴子外篇》	杨明照	7.90
拒不"卖论取官"的学者范镇	田居俭	7.95
威武不屈的苏武	魏达志	8.85
张仲景及其医学成就	刘洪涛	8.90
"垂节义于千龄"		
——抗清英雄张煌言事略	金家瑞	8.94
关天培与虎门之役	周 珉	8.100
"匈奴未灭，无以家为"		
——记西汉抗匈英雄霍去病	唐赞功	9.74
忠诚卫国、勇荷重任的虞允文	雷大受	9.79
关于苏曼殊	裴效维	9.83
唐太宗的良佐——长孙		

皇后	钮来因	10.82
寇准罢相	顾全芳	10.86
回族爱国将领左宝贵	杨东梁	10.91
谴责小说的大家吴趼人	叶 易	10.95
唐初军事家李靖	周世范	11.75
金朝一代文冠元好问	孙安邦	11.79
元代著名科学家郭守敬	马 诗	11.84
第一个提出"灭洋"口号的余栋臣	隗瀛涛	11.90
"平生五色线 愿补舜衣裳"——晚唐杰出诗人杜牧	陈企盂	12.84
近代杰出的爱国志士黄遵宪	张 兵	12.89
革命文豪陈天华	赵瑞勤	12.94

经书浅谈（连载）

导言《论语》	杨伯峻	1.63
《孟子》	杨伯峻	2.80
《孝经》	杨伯峻	3.59
《周易》	杨伯峻	4.87
《春秋》	杨伯峻	5.59
《左传》	杨伯峻	6.62
《公羊传》和《穀梁传》	杨伯峻	8.58
《尚书》	刘起釪	9.69
《仪礼》	王文锦	10.76
《礼记》	王文锦	11.69
《诗经》	阴法鲁	12.51

文章例话（连载）

模山范水	周振甫	2.65

1981年—1990年

陪衬 周振甫 3.47

炉冶与造象

——谈为人作传的方

法 周振甫 4.54

细节描写 周振甫 5.64

寄托 周振甫 6.103

意匠经营 周振甫 6.105

用事分明暗

——谈文章的用典 周振甫 7.76

文章的"擒纵"手法 周振甫 8.77

对话写景 周振甫 9.66

点缀映媚

——谈文章的映衬 周振甫 10.74

谈文章的开头 周振甫 11.65

文章的结尾 周振甫 12.58

语言知识

平水韵 聂鸿音 1.97

释"三" 甘民重 1.100

"折断"新解 刘永翔 1.104

《古代官职升降称谓浅

释》补 杜 舒 2.102

"之"字辨 夏雨新 3.93

《桃花源记》中的几个句

子 楚 庄 4.103

谈"社"与"后" 陆宗达 6.107

释"福"字 褚天寅 6.109

《孙子·谋攻篇》中的

"法"——在具体语言

环境中辨析古文词义 楚 庄 11.103

"莫须有"辨 王瑞明 11.106

青年园地

二郎神小考 杨继忠 1.111

也谈《永遇乐·京口北

固亭怀古》中的一处

用典 周 红 1.115

明代剧论中的本色说 许祥麟 1.118

周代"五刑"探微 景戎华 2.114

孟浩然《听郑五愔弹琴》

诗的两个问题

张效民 陈 慈 2.117

"夜发"清溪与"向"三峡 陈德忠 3.104

《牡丹亭》社会意义刍探 南 风 3.108

浅析孙中山的考选权 许光秋 3.114

"束脩"不是学费

韩嘉祥 杨志平 4.111

车夫出身的政治家刘敬 刘康泰 4.112

谈古典诗歌词语问题

——冯集梧《樊川诗集

注》的启示 夏晓虹 4.117

古代宫刑述闻 许仲毅 5.103

飞红万点愁如海

——秦观词写"愁"举隅 于广元 5.106

昭信股票 杨鹏程 6.116

《文心雕龙》中的辩证思

想臆测 吴信明 7.112

北魏孝文帝的改革 吴 杰 7.116

浅谈楚辞的产生 胡友鸣 8.107

释"矉矛" 任继昉 8.112

秦汉的博士官 张汉东 9.100

《"束脩"不是学费》质

1982年

疑	陈 捷	9.105

述 闻 竹 12.112

古代民族志

《三国志》通俗演义成书年代献疑 闻 华 10.112

《春江花月夜》的诗情画意 徐建华 10.114

李隆基与盛唐诗歌 张振华 11.112

和珅专权与清帝国的衰落 赵 凯 11.117

唐代灵宝西原之战 胡加方 12.102

文史研究动态

关于"李自成之死"的争论综述 诸葛计 1.123

关于《李秀成自供》之谜 张道贵 2.124

《评〈甲申三百年祭〉》一文引起的争论 刘兆义 3.124

屈原及其作品研究综述 董洪利 4.124

中国古代史分期问题讨论三十年 田居俭 5.121

关于我国古代民族关系问题的争鸣 陈克进 6.123

"历史上的爱国主义问题"讨论综述 宋德金 8.120

近年来《文心雕龙》研究鸟瞰 王镇远 9.121

关于唐朝边塞诗评价问题讨论综述 邹 广 10.121

关于洋务运动若干问题的讨论综述 赵保佑 11.124

近年来近代文学研究概

前言	王钟翰	6.90
百越	许良国	6.91
鲜卑	邱久荣	7.108
漫谈古夜郎	莫俊卿	9.96
濮人	胡绍华	11.99

成语典故

倾城倾国	韩 鲁	1.94
程门立雪	泥 美	1.94
千金一诺	于富春	2.107
司马昭之心	柯昂	2.108
乐不思蜀	董 芝	3.85
破镜重圆	隋 莫	3.86
作法自毙	栾 村	4.85
义不反顾	章 怀	4.86
叹为观止	于 隋	5.94
指鹿为马	翟 村	5.95
再作冯妇	周世震	6.88
剖腹藏珠	成 夫	6.89
鹿死谁手	李 夏	7.100
自坏长城	肖 满	7.101
数典忘祖	孟 重	8.105
四方之志	辛之洞	8.106
染指	肖 述	9.94
强弩之末	年 深	9.94
门可罗雀	高 武	10.102
不修边幅	楚 甫	10.102
马首是瞻	翟 中	11.108

国士无双 姚 奔 11.108
运斤成风 康 政 12.100
献芹 韩 路 12.101

教学随笔

语文课要不要进行文学教学 颜振遂 2.109
中学生的语文程度如何提高 廖沫沙 4.94

名画欣赏

李唐及其《采薇图》卷 聂崇正 2.112
《伯牙鼓琴图》及作者王振朋 聂崇正 3.119
任伯年和他的《风尘三侠图》 聂崇正 4.122
《马术图》和作者郎世宁 聂崇正 5.114
刘俊《雪夜访普图》 穆益勤 6.111
竹林七贤与《竹林七贤图》 融 武 7.124
民族和睦的颂歌——谈唐代阎立本《步辇图》 聂崇正 8.118
"动笔形似 画外有情"——谈展子虔《游春图》 杨臣彬 9.107
明代北京的社会风貌——读明人《皇都积胜图卷》 王宏钧 10.118
赵孟頫《秋郊饮马图》 杨臣彬 11.110
郭熙《窠石平远图》 杨 新 12.110

文史古迹

历代诗人笔下的居庸关 彭卿云 1.106
恒山漫话 李佩伦 2.120
访刘鹗故居定林寺 田辰山 3.120
幽深会稽山 壮哉大禹陵 周沙尘 5.110
一个千古求索的重要史迹——记大兴安岭北段的拓跋鲜卑石室 纪 游 7.120
黄帝·黄陵·毛泽东、朱德同志祭黄帝文 筱 雨 8.126
白浪如山过虎门 邱远猷 9.110
赵匡胤黄袍加身处 王 彪 李天锡 11.121
秦时长城今犹在 鲜肖威 12.106

中国名著在国外

国外对《儒林外史》的翻译和研究 杜维沫 王丽娜 5.116
《赵氏孤儿》与十八世纪欧洲的戏剧文学 严绍璗 8.113
魏源的《海国图志》及其在日本的传播和影响 陈 迩 10.109

文史信箱

"月氏"究竟读什么音? 韦 唐 2.70
《玄奘图》中玄奘背的是什么? 王 森 3.128
赤壁之战中曹操究竟有多少兵马? 魏 堂 4.128
释"东道主" 韦立夏 6.122

1982年

徐福东渡的史实与传说　　严绍璗　9.115
楚子为什么要"问鼎"？　杜迺松　10.126
"杨么""杨幺""杨太"三种称呼哪个正确？　杨　云　12.115
光绪皇帝为什么叫慈禧"亲爸爸"？　桂　林　12.116

文体史话

词　　褚斌杰　3.98

文章评改

《玉门水貂》评改　　李庆荣　4.107

专 文

古音是怎样研究出来的

（一）　　李思敬　1.72
（二）　　李思敬　3.87
（三）　　李思敬　5.90
（四）　　李思敬　8.80
（五）　　李思敬　10.104

说唱文学的源流和体制　赵景深　1.91
《水浒传》"一百单八将"一词的由来——读《瓮天腼语》札记二则　　乃　岩　2.42
传奇的定名及其它　　金启华　2.44
独具特色的石钟山石窟艺术　　丁　品　2.127
关于杜甫弃官往秦州缘由新探　　冯钟芸　3.64
自学成才要有文史知识　周培源　5.3
《通鉴纪事本末》与纪事

本末体　　陈秉才　5.85
彩塑·壁画·藏经洞——敦煌石窟的由来及其艺术成就　　高逑山　5.96
纪传体和纪传体史籍　陈秉才　6.68
"牛鬼蛇神"考　　陈允吉　6.96
《游仙窟》的回归和出版　倪墨炎　6.99
说"绝句"　　曹一兵　6.113
三国两晋南北朝在历史长河中的地位　　洪廷彦　7.29
漫话《伽蓝记》卧游洛阳城　　谭家健　7.102
继承和发扬爱国主义传统　　戴　逸　8.3
土尔扈特蒙古重返祖国记　　王思治　8.71
理工科学生也要有文史知识　　苏步青　9.3
"四杰"与初唐诗歌　　钱伟康　沈惠乐　9.89
李白与月——兼论李白性格的叛逆性与平民性　裴　斐　10.35
"十八学士"对唐王朝的贡献　　臧　嵘　10.41
怎样记历史年代　　胡如雷　10.100
韩信之死　　王兰镇　11.95
先秦寓言概述　　陈宏天　12.74
编年体和编年体史籍　袁庭栋　12.79

读者·作者·编者

"孤城"即指"玉门关"补

1981年—1990年

证	倪其心	1.95

莒县定林寺是刘勰故居吗？ 11.127

关于"膘"字	邢公畹	1.96
《鹊踏枝》词上下片作法质疑		4.101
释"梓童"		4.102
初学《诗经》读什么书好？	余冠英	5.127

对《"黑风"、"青草"释》一文的质疑 程雪门 5.127

关于"梓童"一词的理解 吴战全 9.126

张世安并没有受宫刑 陈连康 9.127

其 他

学习魏晋南北朝文学、历史参考书目 7.127

编后 7.128

《文史知识丛书》缘起

《文史知识》编辑部 9.125

1983年

治学之道

漫谈自学经验及其他	胡 绳	1.6
学习宋词必读书目	唐圭璋	1.14
研究秦汉史从何处入手	林甘泉	2.3
怎样研究清代诗文	钱仲联	3.3
谈清史研究	戴 逸	3.9
读史与学文	唐 弢	4.3
初学历史地理学必读书目	谭其骧	4.7
关于商周史学习问题	胡厚宣	5.3
关于"李白研究"书目答问	王 瑶	5.11
我是怎样整理敦煌卷子的	姜亮夫	6.3
怎样研究隋唐五代史	胡如雷	7.3
研习元代戏曲必读书	王季思	7.10

怎样学习中国古代文学

学	范 宁	8.3
学习宋代文学	周振甫	9.3
怎样研究宋史	漆 侠	9.11
我怎样研究起史学来的	周谷城	10.8
为学必须实事求是	徐中玉	11.3
学历史科学应具备的态度	王玉哲	12.3

文学史百题

北朝文学浅说	曹道衡	1.16
宋元南戏	刘念兹	2.12
桐城派浅说	季 城	3.17
敦煌文学的民间风格	张锡厚	4.8

"屈平词赋悬日月"

——纪念伟大诗人屈原

逝世2260周年 金开诚 5.13

绘声绘色的南北朝山水诗 蒋祖怡 6.6

李渔的戏曲理论 袁震宇 7.12

"泥塘里的光彩和锋芒"——谈晚唐小品文 王洲明 8.9

宋词中的"豪放派"和"婉约派" 吴世昌 9.18

宋代文学的时代特点和历史地位 王水照 10.13

说"风骨" 牟世金 11.8

徘徊山水 犹忆人间——谈大历山水诗的特色 倪其心 11.88

漫谈传记文学 朱东润 12.7

历史百题

封建官僚的自救药方——洋务运动 杜经国 1.23

略谈唐代的牛李党争 傅璇琮 2.18

康乾盛世 郭松义 3.24

东汉宦官和外戚的斗争 何兹全 4.14

西汉时期的盐铁会议 王连升 5.20

道教的源与流 卿希泰 6.11

春秋末期的吴越争霸 孙香兰 7.17

"强学会"和"保国会"始末 李文海 8.15

康熙三征噶尔丹 马汝珩 10.20

五代时期是怎样逐步强化中央集权的 臧嵘 11.15

大蒙古国的弊政与元初的改革 白钢 12.12

怎样读

邺下风流在晋多——读《世说新语》散记 刘叶秋 1.29

"显优劣,辨品第"的诗论专著——读钟嵘《诗品》 张少康 2.25

司空图美学理论刍议——读《二十四诗品》 黄保真 2.31

清代地方志的史料价值（上） 朱士嘉 3.31

（下） 朱士嘉 4.27

怎样做李商隐诗的"解人" 吴调公 4.20

中国神话研究和《山海经》 袁珂 5.27

谈谈章学诚的《文史通义》 仓修良 6.17

《文赋》是怎样探索创作规律的 钟翔 7.24

北宋都市生活的生动写照——读《东京梦华录》 赵继颜 8.20

怎样读《资治通鉴》 王树民 9.31

读梁启超《中国历史研究法》 李世平 10.25

学习五代十国历史的重要参考书——谈《十国春秋》的编纂特点及其价值 朱仲玉 11.21

怎样评价陶渊明的田园诗 韦凤娟 12.18

文史书目答问

《颜氏家训》	谭家健	1.34
《唐摭言》	黄庆来	1.37
总括历代乐府歌词的名著《乐府诗集》	陈仲奇	2.39
佛教文学中的一颗明珠《百喻经》	刘岐山	2.43
一个极为流行的古文选本——谈谈《古文观止》	振 甫	3.39
研究敦煌变文的重要参考书	柴剑虹	4.40
几种各具特色的《楚辞》古注 董洪利	常振国	5.33
我国最早的妇女专史《列女传》	朱仲玉	6.23
我国古代的农学百科全书《农政全书》	吴旭民	6.25
唐代文章总集——《全唐文》	葛兆光	7.36
研究南宋史的一部要籍——《全上古三代秦汉三国六朝文》	陈 捷	8.25
介绍《建炎以来系年要录》	王瑞来	9.43
一部续补考订二十五史的著作——《二十五史补编》	李国新	10.31
一部简明精辟的文艺批评论著——谈清人刘熙载的《艺概》	董洪利	11.26

通考诸史嘉惠后学——介绍《廿二史考异》 吴 杰 12.25

文史工具书介绍

解释古代虚词的重要词典——《经传释词》及其补遗之作	陈应中	1.42
《说文通训定声》	张永言	2.46
《四库全书总目》和《四库提要辨证》	余淑宜	3.44
宋代四大书之一《太平御览》	成志芬	4.46
《十三经索引》和《十三经索引(重订本)》	梁运华	5.39
严谨充实、与时更新的金文大字典——《金文编》	陈 抗	6.29
《敦煌变文字义通释》浅介	卢润祥	7.30
怎样知道某个图书馆收藏了某种书	李鼎霞	7.32
学习古代汉语的工具书——谈《古书虚字集释》	何乐士	8.28
《广韵》略说	周祖谟	9.37
小说渊薮《太平广记》	南丽华	10.35
我国第一部虚词专著——《助字辨略》	赵 航	11.29
怎样查找事物起源——谈《事物纪原》等书	朱茂汉	12.28

诗文欣赏

读《孟子·齐人有一妻

1983年

一妾章》 吴小如 1.47 玉壶奇想见《骚》心

阮籍《咏怀(二十)》诗新 ——谈王昌龄《芙蓉楼

解 周勋初 1.51 送辛渐》 刘树勋 5.44

痴稚、热情的"长干女" 辞短韵长耐人回味

——读李白《长干行》 刘逸生 1.56 ——杜甫《江南逢李龟

融理入景,理与景化 年》赏析 卢光耀 5.47

——读苏轼《临江仙》词 方智范 1.60 掀开两宋词坛帷幕的重

"魏晋之赋首" 要词篇——说王禹偁

——读王粲《登楼赋》 徐公持 2.50 的《点绛唇》 陶尔夫 5.48

一洗凡调万古新 "不识"即"识"

——王之涣《登鹳雀楼》 ——说苏轼《题西林壁》 吴枝培 5.51

赏析 钟元凯 2.54 清新抽朴别具风貌

托讽不露貌浅实深 ——读教煌曲子词《献

——说杜牧的《过华清 忠心》 李勤印 6.34

宫》 吴翠芬 2.57 描写扬州明月的杰构

姜夔《齐天乐》(并序)试 ——说徐凝的《忆扬州》 孙艺秋 6.37

析 顾易生 2.61 着墨素淡的风俗画

纳兰性德《蝶恋花》词赏 ——陆游《浣花女》赏析

析 徐永瑞 3.50 钟必琴 6.39

"吾师肺肝铁石铸" 梦里相思曲中寻

——读方苞《左忠毅公 ——《西洲曲》通释 李文初 7.40

逸事》 黄 克 3.53 笔调闲淡乡情浓郁

"红颜薄命"的挽歌 ——读贺知章《回乡偶

——《红楼梦曲》赏析 胡小伟 3.57 书》 冯维铭 7.45

《诗经·卫风·河广》浅 "我寄愁心与明月"

析 程俊英 4.52 ——浅说李白的一首绝

远托异国,昔人所悲 句 王 筱 7.48

——读《李陵答苏武书》 艺 舟 4.54 辛词"佛狸祠下"三句试

以灵巧之笔抒写眷眷之 解 张燕瑾 7.50

情——析李清照的《一 （怎样欣赏古典诗词之

剪梅》 郑孟彤 4.59 一）动静交错意趣生 胡经之 8.38

"句多清丽 韵亦悠扬"

——读谢朓《晚登三山还望京邑》 李 敏 8.44

山色不言语——说王质的《山行即事》 霍松林 8.47

盛世中的悲愤诗——黄仲则的《都门秋思》 喻 平 8.50

《五代史伶官传序》今译 何 平 9.62

读《五代史伶官传序》 吴小如 9.48

拂水飘绵送行色——周邦彦的《兰陵王·柳》 袁行霈 9.53

一片冰心万古情——读李清照《金石录后序》 刘叶秋 9.57

（怎样欣赏古典诗词之二）何为"隽永" 王明居 10.40

借神仙境界 抒壮阔胸怀——谈李清照的《渔家傲》 郑孟彤 10.44

斜阳情深 青山归远——读刘长卿《送灵澈上人》 刘伯阜 10.47

山水有灵，当惊知己于千古——浅谈柳宗元的《永州八记》 林邦钧 10.50

（怎样欣赏古典诗词之三）诗的含蓄美 吴战垒 11.33

借古感时意深远——杜甫《咏怀古迹五首》之三赏析 毕熙燕 11.36

炼字琢句 运化无痕

——周邦彦词《满庭芳·夏日》 唐圭璋 11.39

蒿目时艰难赋深情——姜夔《扬州慢》赏析 黄进德 11.42

（怎样欣赏古典诗词之四）画意与诗情 李思敬 12.32

缜密完整 天衣无缝——谈《孔雀东南飞》的艺术结构 郭维森 12.37

妙想入神情在其中——谈钱起的《归雁》 范之麟 12.41

将军狩猎图——韩愈《雉带箭》赏析 刘崇德 12.43

文化史知识

天安门前说"华表" 张羽新 1.68

漫话"蓝本" 张 怡 1.69

九品中正制浅说 田久川 1.72

野蛮的妇女殉葬制 楚 南 2.74

清代的冰嬉 傅进学 2.78

中国最早的工科大学 雷克啬 2.81

花翎漫谈 施小榕 3.67

南书房 黄爱平 3.70

清代皇帝怎样用膳 徐启宪 3.73

"红学"名称的由来 符少东 3.76

寒食·清明 筱 雨 4.70

漫话"相扑" 伊永文 4.73

清代"笔帖式" 杜家骥 4.76

一种特殊的图书——贝叶经 王梅堂 5.58

神判法与"辨奸"决讼

1983年

——漫谈法的起源　　　黄展岳　5.61

"端午"始源又一说　　刘德谦　5.65

"门生"的变迁　　　　宋衍申　6.49

古代的屏风　　　　　汪莱茵　6.54

唐代官吏的考课制度　徐连达　6.56

魏晋时代的"啸"　　　孙　机　7.53

瓦罐·龙骨车·抽水机

——漫谈古代灌溉工具

　　（上）　　　　　陈仲安　7.62

紫禁城内御花园的"石

　子画"　　　　　　张世芸　7.67

投壶趣谈　　　　　　吴曾德　8.59

唐代的小舞剧　　　　常任侠　8.62

瓦罐·龙骨车·抽水机

——漫谈古代灌溉工具

　　（下）　　　　　陈仲安　8.65

白瓷·青瓷·黑瓷·青

　白瓷——宋代瓷器略说　徐苹芳　9.64

世界上最早的纸币　　王曾瑜　9.69

交杯酒及其他

——漫话宋朝婚俗　　刘德谦　9.72

宋代的海船与海员生活　杨钦章　9.76

"双鲤鱼"和古代的信封　麻守中　10.59

古代的笛和箫　　　　戴　立　10.62

唐代的学校　　　　　苏渭昌　10.66

中国佛教寺院殿堂典型

　配置——山门、大雄宝

　殿及其东西配殿　　白化文　11.52

关于珍妃像　　　　　刘北汜　11.59

古代的胡琴与琵琶　　戴　立　11.61

剡姑·丈人·泰山·岳

父——对妻子的父母的

　称谓　　　　　　　车锡伦　12.53

古代婚仪中的"结发"与

　"合髻"　　　　　　向　黎　12.56

古代的"名帖"　　　　刘桂秋　12.58

人物春秋

庾信和他的创作道路　陈洪宝　1.76

从穷和尚到大明皇帝　陈梧桐　1.81

张之洞与清流派　　　张振鹍　1.87

商代的女将军妇好　　贾义炳　2.94

佯狂避世的诗人阮籍　何权衡　2.98

气质慷慨魄力雄毅

——唐代边塞诗人高适　高　文　2.103

杰出的满族词人纳兰性

　德　　　　　　　　汪茂和　3.88

雍正得位前后　　　　许曾重　3.94

清代经学大师俞曲园　牟小东　3.101

汉末女诗人蔡琰　　　陈祖美　4.90

顾恺之和他的《列女传

　图》　　　　　　　洪丕谟　4.94

慢词的开拓者柳永　　李国庭　4.99

抗金双杰——李纲和宗

　泽　　　　　　　　施宣圆　4.105

三代共铸惊世文　　　凌　迅　5.76

西晋政治家——羊祜　王立平　5.79

关心民生疾苦的诗人韦

　应物　　　姜光斗　顾　启　5.84

清代杰出将领——施琅　许良国　5.89

谢安与谢氏家族　　　刘宁勋　6.68

从武媚娘到圣神皇帝

1981年—1990年

——武则天事略　　　　史　石　6.74

石达开的功过　　　　苏双碧　6.80

女革命家秋瑾事略　　赵慎修　6.86

口蜜腹剑的宰相李林甫　俞　秉　7.76

喘斯嘿　　　　　　　汤开建　7.80

一代畸人徐文长骆玉明　贺圣遂　7.85

武帝雄才拓汉疆　　　熊铁基　8.77

唐玄宗的道路　　　　张国刚　8.82

桐城派的奠基人方苞　刘季高　8.88

二晏父子　　　　　　刘扬忠　9.85

在宋金战争中的兀术　吴　泰　9.90

"蟋蟀皇帝"贾似道　朱瑞熙　9.96

穷苦诗人张籍　　　　潘景翰　10.70

反复无常的野心家吴三

桂　　　　　　白新良　10.75

杨秀清水安除奸记　　殷常符　10.81

甲骨学史上的"四堂"　沈　坑　10.85

晚唐杰出诗人李商隐　郁贤皓　11.69

清初摄政王多尔衮　　郑克晟　11.75

梁启超与西学　　　　叶兰溪　11.82

开拓西域的班超　　　黎尚诚　12.65

祖逖中流击楫　　　　黎　虎　12.70

刊刻《水浒传》的郭勋　马书田　12.75

清末外交官薛福成　　史革新　12.80

古代民族志

契丹　　　　　　李桂枝　1.108

满族之今昔　　　王钟翰　3.106

彝、白族先民建立的政

权——南诏　　金　石　4.110

漫话回纥　　　　张国杰　5.94

突厥的兴衰　　　　邱久荣　6.98

古代氏族的演变　　杨耀坤　7.92

孔雀之乡的古代居民

——傣族先民金齿和茫

蛮　　　　　　胡绍华　8.105

雄踞西北的党项族　吴天墀　9.110

古老的椎髻之民——滇　童恩正　10.89

靺鞨与渤海　　　严圣钦　11.106

女真　　　　　　李桂枝　12.100

成语典故

攫鸡　　　　　　卜　起　1.98

捉肘　　　　　　江　行　1.98

无颜见江东父老　吕　深　2.109

生子当如孙仲谋　翟　政　2.110

灭此朝食　　　　栗　村　4.114

余音绕梁　　　　郑　越　4.115

舐犊情深　　　　京　哲　5.98

东窗事发　　　　隋　明　5.99

桃李满天下　　　乘　之　6.96

行尸走肉　　　　冯正强　6.97

一衣带水　　　　贾　汗　7.97

一箭双雕　　　　于大力　7.98

人木三分　　　　雷　寄　8.103

月下老人　　　　方达秀　8.104

杯酒释兵权　　　卜　荻　9.108

水滴石穿　　　　夏　直　9.109

五日京兆　　　　晋　邱　10.94

方寸已乱　　　　雷佳凡　10.95

华胥氏之国　　　俞　孪　11.104

天生刘伶　以酒为名　白　陆　11.105

1983年

鞭长莫及　　　　　白驹西　12.98
汗流浃背　　　　　吴道难　12.99

青年园地

秦亭考　　　　　　徐日辉　1.112
一副名联的作者及其他　赵承中　1.114
"神"辨——古代美学
　论学习札记　　　王英志　2.111
"文质彬彬"新解　　肖贤彬　2.115
樱花兼有梅花香
　——《源氏物语》与中国
　古代诗歌　　　　安　源　4.116
给青年史学爱好者的一
　封信　　　　　　谭其骧　5.100
小议隋朝灭亡的原因　周双林　5.101
谈诗歌的析数法　　陈世明　5.103
《文心雕龙·情采》"五
　性"辨　　　　　王树村　6.107
从《兵车行》看诗史说　吴　钢　6.109
王维"诗中有画"一解　王　竞　7.104
"画屏金鹧鸪"与"和泪
　试严妆"——从温庭
　筠,冯延巳两首小词谈起　徐　匋　7.107
谈孔子美学观的两个问
　题——兼与杨思寰先生
　商榷　　　　　　金　泉　8.109
"备人鬼之态,兼真幻之
　长"——谈明清小说理
　论中的"奇"与"正"　路　侃　10.106
也说"玄武门之变"　华晓林　10.110
酒、酒旗与诗　　　李京华　11.111

含蓄而不费解透明而不
　浅薄——孔子言行一瞥　钱　杭　12.105
浅谈晏殊《珠玉词》的艺
　术特色　　　　　朱淡文　12.108

文史信箱

"清宫四大奇案"是怎么
　回事　　　　　　王钟翰　1.123
和尚"薙顶"是怎么回事　黄炳章　2.121
"弥勒佛"为何要携带布
　袋　　　　　　　黄炳章　2.122
什么叫"八旗制度"　傅克东　3.125
"支那"的本义是什么　陈启智　4.119
什么叫"骚体诗"?　潘啸龙　6.117
《文心雕龙》这个书名是
　什么意思　　　　滕福海　6.121
"三皇"、"五帝"的各种
　说法　　　　　　邢克斌　7.122
西瓜何时传入中国　马执斌　7.124
回文诗琐谈　　　　潘　涌　8.114
应该如何看待《四郎探
　母》　　　　　　颜长珂　9.123
为什么宋版书最好　丁　瑜　9.125
演义小说有什么特点　赵明政　10.119
章太炎先生究竟生于何
　年　　　　　　　李希泌　10.122
司母戊鼎的发现和价值　杨　云　11.117
苏武"自刺"后是如何急
　救的　　　　　　孙红昱　11.119
在西汉和亲中一共嫁出
　几位公主　　　　王兰镇　12.113

关于杜牧《清明》诗的两个问题 缪 钺 12.115

文史研究动态

李白出生地问题讨论综述 郁贤皓 2.123

近年来清史研究概况 罗 明 3.118

李商隐的无题诗和锦瑟诗讨论综述 陈冠明 4.122

近年神话研究述评 李少雍 5.119

石达开评价问题讨论综述 邱远猷 6.113

六十年来国内《长恨歌》研究述要 陈尚君 7.117

关于农民战争中平均主义的争论 纪 程 8.118

关于宋词评价问题的讨论综述 刘乃昌 9.117

中国封建社会长期延续原因讨论综述 田居俭 11.121

陶渊明田园诗问题讨论综述 曾远闻 12.118

文史古迹

东坡赤壁天下闻 彭卿云 1.118

"土木之变"与土木堡 华 实 2.128

漫话西苑铁路 杨乃济 3.123

望江楼和薛涛 戚 嵩 5.123

漫话昭陵 王宏志 8.124

何处古函关 汤漳平 10.125

文史杂谈

继承和发扬祖国史学的优良传统 苏寿桐 6.92

札记之功必不可少 瞿林东 10.103

教学随笔

评"就字形辨字义" 周斌武 5.108

简谈中学《中国历史》第三、四册的修改 李隆庠 8.94

书画欣赏

绘影图形的楚墓帛画 汤 池 2.118

郑板桥和"扬州八怪" 杨 新 3.115

书法漫谈 黄苗子 5.111

略说"颠张醉素" 陈振濂 5.113

顾闳中《韩熙载夜宴图》 单国强 5.116

八大山人及其花鸟画作品 晁崇正 6.105

《千字文》与历代书法家 张希广 7.126

李师最识农家趣——谈李嵩的《货郎图》 魏 冬 8.112

宋徽宗和宣和画院 杨 新 9.114

范宽的山水画作品 晁崇正 10.123

风骨棱然话柳书 洪丕谟 11.114

周文矩《重屏会棋图》 单国强 12.111

科举史话

(连载一)科举制度的创立 王道成 6.42

(连载二)科举制度的发

展 　　　　　　　王道成 　7.52

(连载三)科举制度的极

　盛 　　　　　　王道成 　8.54

(连载四)清代的童试 　王道成 　10.54

(连载五)清代的国子监 　王道成 　11.64

(连载六)清代的乡试(上) 王道成 　12.85

经书浅谈(连载)

《周礼》 　　　　金景芳 　1.63

《尔雅》 　　陆宗达 王 宁 　2.68

中国历代官制讲座

(连载 1)商王朝的内外

　职官——"殷正百辟"

　和"殷边侯甸" 　　王宇信 　11.46

(连载 2)内服"百官"和

　外服"诸侯"

　——西周职官简介 　王宇信 　12.47

名篇今译

《左忠毅公逸事》 　光 启 　3.64

读词讲话

谈词中的名物、训诂和

　隶事——了解词义必

　先克服的三大障碍 　吴世昌 　6.61

论读词须有想象 　　吴世昌 　8.32

语言知识

"维"的本义是"绳子" 陆宗达 　6.103

一种常见的汉语表达方

法——连文 　　　　陈 绂 　8.98

谈谈《隆中对》中的"对" 蔡千宏 　8.101

谚语、歇后语的艺术效果 王朝闻 　10.96

"茹毛"辨正 　　　姜可瑜 　10.99

"文明"一词的最初含义 王雷泉 　12.89

"宴尔新婚"小释 　　锐 声 　12.91

专 文

努力吸取人类的文化知

　识——为《文史知识》创

　刊两周年而作 　　许力以 　1.3

哲理性和形象性的统一

　——试论《聊斋志异》的

　寓言 　　　　　　孙一珍 　7.9

"四面楚歌"是什么地方

　的歌 　　　　　　孟 棣 　1.100

北洋军阀的来历 　　来新夏 　1.103

说李贺《致酒行》"折断

　门前柳" 　　　　钱钟书 　2.37

略谈对联 　　　　　刘叶秋 　2.84

唐太宗的诗歌创作 　杨 柳 　2.89

清代的乾嘉学派 　　王俊义 　3.79

简说曹雪芹家败落的原因 黄进德 　3.84

迎春征联佳联浅析

　　　　　吴小如 白化文 　3.110

明清档案在历史研究中

　的地位 　　　　　韦庆远 　4.32

鸟鸣的联想和禽言诗

　　　　　　晁继周 陈杏珍 　4.65

经和经学 　　　　　汤志钧 　4.80

两汉时期的西域都护府 　维 衍 　4.85

1981年—1990年

孟子的"民贵君轻"思想述评　　吕 涛　5.54

唐朝的法律　　杨廷福　5.71

鄂尔泰与改土归流　　冯尔康　7.70

首倡"均贫富" 义旗卷川峡——北宋王小波、李顺农民起义　　胡昭曦　8.72

北宋时期的弊政和改革　　邓家驹　9.25

白石《秋宵吟》与《清真词》之关系　　俞平伯　9.46

理学及其在宋代的地位　　郑昌淦　9.102

一篇长恨有风情——漫谈《长恨歌》的思想和艺术　　褚斌杰　9.112

学习文史知识,加强爱国主义教育　　何东昌　10.6

踵事增华放异彩——从《三国演义·赤壁之战》谈历史和小说的关系　　周五纯　10.115

宋代的恩荫与官僚政治　　关履权　11.94

"光明洞彻,句句动人"——浅谈李白的散文　　刘忆萱　12.60

其 他

编后　　本刊编辑部　1.128

编后　　本刊编辑部　8.128

致读者　　本刊编辑部　10.3

文体史话

曲(上)　　褚斌杰　11.99

曲(下)　　褚斌杰　12.93

教学随笔

中学历史课本(第一、二册)为什么做这样的修订　　王宏志　1.92

读者·作者·编者

关于"莫须有"释义的意见　　4.127

1984年

治学之道

普及文史知识进行爱国主义教育——首都部分文史专家座谈会发言摘要　　1.3

读史零简　　白寿彝　2.3

我是怎样研究明清资本主义萌芽的　　傅衣凌　3.3

略谈明代文学　　邓绍基　3.9

与青年朋友谈怎样欣赏旧体诗词　　张志岳　4.3

怎样研究中外关系史　　朱杰勤　5.3

系统论与文史研究　　金开诚　6.3

1984年

我与中国古典文学
——答编辑部问　　　冯　至　7.3
研红良不易一得贡真憨　周汝昌　8.3
中国近代史研究方法漫
　谈　　　　　　　李　侃　9.3
关于近代文学研究的我
　见　　　　　　　任访秋　9.11
科研论文写作的基本要
　求　　　　　　　金克木　10.3
学习古典诗歌漫谈　　廖仲安　11.3
如何打通古典戏曲语言
　这一关　　　　　王季思　12.3

文学史百题

四言、五言和七言
——谈古诗的体裁
　　　　　　余冠英　江　殷　1.11
明代诗文批评中的拟古
　与反拟古论争　　顾易生　2.11
争奇斗艳的明代小说　范　宁　3.14
古代文论中的文气说　王运熙　4.7
情采缤纷的六朝抒情小
　赋(上)　　　　　胡国瑞　5.10
　(下)　　　　　　胡国瑞　6.12
什么是"宫体诗"　　周振甫　7.10
文学研究与"经学"　　曹道衡　8.10
近代文学中的尚武精神　赵慎修　9.17
谈谈"盛唐气象"　　杨　柳　10.9
从文学角度看《左传》　沈玉成　11.9
辞与赋　　　　　　费振刚　12.9

历史百题

略谈我国近代史上的赔
　款　　　　　　　潘君祥　1.18
博仪的逊位与复辟　　李淑兰　2.17
明成祖为何迁都北京　陈梧桐　3.21
金世宗的历史地位　　王宏志　4.15
中国翻译的历史　　　戈宝权　5.15
秦汉时期的中外经济文
　化交流　　　　　王连升　6.19
魏晋南北朝的门阀制度　杨德炳　7.15
世袭制的起源、演变及
　其影响　　　　　郑昌淦　8.16
试释汉族　　　　　　李一珉　8.22
会党与辛亥革命　　　林增平　9.23
略谈秦朝在历史上的改
　革　　　　　　　田居俭　10.15
东林书院和东林党　　翟林东　11.14
隋文帝统一南北的功业　戴　嵘　12.16

怎样读

马致远的历史剧《汉宫
　秋》　　　　　　石泽锰　1.24
雄伟的农民战争史诗
——读《水浒》　　宁宗一　2.22
且说《三国演义》　　裘纠琴　3.28
我阅读《明史》的一些体
　会　　　　　　　许大龄　3.35
《金史》试析　　　　朱仲玉　4.21
精诚的至情　深沉的同
　情——《长生殿》的主题

和艺术 邓乔彬 5.22

说曾巩《送蔡元振序》 吴小如 2.55

清际著名的文学批评专著《随园诗话》 王英志 6.26

江湖夜雨十年灯——黄庭坚的《寄黄几复》 霍松林 2.60

《水经注》与游记文学 任访秋 7.20

涉笔成趣精义多——欧阳修《六一诗话》 顾易生 8.28

(怎样欣赏字典诗词之七)什么样的诗算有"意境" 振 甫 3.41

《老残游记》是一部什么样的书 严薇青 9.29

迅雷风烈笑谈中——《煮酒论英雄》赏析 陈 飞 3.46

"盛世"何来"危言"——《盛世危言》入门谈 夏东元 9.34

《杜十娘怒沉百宝箱》塑造人物的艺术 杨子坚 3.50

从文史的角度读《吕氏春秋》 朱仲玉 10.22

说《项脊轩志》 赵仁珪 3.55

《水浒传》与《荡寇志》 徐公持 11.21

(怎样欣赏字典诗词之八)语不惊人死不休——炼字与炼意 李元洛 4.26

晏子与《晏子春秋》 凌 迅 12.23

诗文欣赏

读《载驰》——兼谈我国文学史上第一位女诗人许穆夫人 潘啸龙 4.30

(怎样欣赏古典诗词之五)说"清空" 吴调公 1.28

拟古与写实——读鲍照《拟古八首》之三"幽并重骑射" 吴 锦 4.34

《诗经·小雅·大东》浅析 程俊英 1.33

附:《诗经·小雅·大东》今译 谷 雨 1.36

漫说《静夜思》 薛天纬 4.37

掩抑低回 倾声倾色——读曹丕的《燕歌行》 韩兆琦 1.39

(怎样欣赏字典诗词之九)沉郁 王明居 5.29

情往似赠 兴来如答——说欧阳修《生查子》词 赵齐平 1.44

一曲神奇的交响音画——李贺《李凭箜篌引》赏析 杜东枝 5.33

(怎样欣赏字典诗词之六)谈谈诗歌的"理趣" 张少康 2.46

水光山色与人亲——李清照《怨王孙》词赏析 傅文青 5.39

亦仕亦隐的幻想曲——谢朓《之宣城郡出新林浦向板桥》 李 敬 2.51

(怎样欣赏字典诗词之

十)诗的色彩美 吴战垒 6.30

精凝凄切 韵长旨远
——《十五从军征》浅析 崔子恩 6.33

思逐风云上
——读谢朓《游东园》 王 玫 6.36

语淡情真 浑朴动人
——读杜甫《客至》 张明非 6.39

(怎样欣赏字典诗词之
十一）谈谈"情景交
融" 任中杰 7.26

说杜甫《饮中八仙歌》 孙艺秋 7.30

富有美学情趣的名篇
——说张先的《天仙子》 陶尔夫 7.33

贬损当道 为民请命
——读郑板桥《潍县竹
枝词》 喻 蘅 7.37

(怎样欣赏字典诗词之
十二）漫谈"想诗" 金开诚 8.33

寂处有音 静趣浓郁
——常建《题破山寺后
禅院》赏析 王启兴 8.39

满腔悲愤 喷薄而出
——谈张元幹《石州慢》 曹济平 8.42

落红亦有情 春泥更护
花——龚自珍诗歌鉴赏 曹 旭 8.45

(怎样欣赏字典诗词之
十三）诗风一格——
通俗 王明居 9.51

忧国深情字字金
——谈魏源《史感》其九 孙 静 9.53

为救亡图强而呼号

——梁启超《呵旁观者
文》析 钟贤培 9.57

怎样学习古代散文 张中行 10.28

隐士情怀 志士节操
——析《五柳先生传》 倪其心 10.33

一曲情至无文的千年绝
唱——读韩愈《祭十二
郎文》 陈仲奇 10.39

铺采摘文 体物写志
——读欧阳修《秋声赋》 赵齐平 10.44

(怎样欣赏字典诗词之
十四）漫谈"诗眼"和
"词眼" 陈志明 11.28

意与境会 妙合自然
——陶渊明《饮酒》之五
欣赏 李文初 11.33

愤激的呼喊——浅析陈
子昂《登幽州台歌》 袁行霈 11.36

诗中有画情更深
——读韦应物《滁州西
涧》 胡经之 11.39

(怎样欣赏字典诗词之
十五）诗歌的气象 振 甫 12.29

奇丽景 切切情
——柳宗元《渔翁》赏析 陈晓芬 12.34

金陵怀古词的绝唱
——读王安石《桂枝香
·金陵怀古》 郭 凌 12.37

醉乡岂是忘忧处
——白朴小令[仙吕·
寄生草]《饮》赏读 王星琦 12.40

1981年—1990年

名篇今译

《项脊轩志》	谷之华	3.59
《秋声赋》	华 杉	10.49

文史工具书介绍

怎样理解和查找成语典故	刘叶秋	1.50
怎样检索文史哲研究论文	陈秉才	2.29
《永乐大典》和它的价值	张忱石	3.62
怎样查找古代人物	王宏钧	4.41
怎样查找古代典章制度		
萧东发 陈惠杰		5.42
怎样查考方言俗语	吕 岚	6.46
漫谈汉字历史读音的检索	李思敬	7.49
宋代最大的类书——《册府元龟》	陈炳迂	8.53
怎样使用《近世中西史日对照表》	钱炳寰	9.61
和初学者谈谈怎样学习和查找文言虚词	李鼎霞	10.57
收字最多规模宏大的韵书《集韵》	陆萌怡	11.49
南北学和《经典释文》	李建国	12.52

文史书目答问

《玉台新咏》	隽雪艳	1.56
《诗人玉屑》	张明华	2.34
中国十七世纪的工艺百科全书——《天工开物》	梁静波	3.68
《本草纲目》及其对训诂学的价值	詹鄞鑫	4.46
中西交通史的名著——《大唐西域记》	洪 偌	5.47
《十七史商榷》	黄爱平	6.42
杜诗注本述评 廖仲安	王学泰	7.42
研究《史记》的重要参考书——谈《史记》三家注	韩兆琦	8.49
一部反映近代中国社会的重要文献——《饮冰室合集》	李华兴	9.64
唐以前歌诗谣谚的总集——逯钦立辑《先秦汉魏晋南北朝诗》	许逸民	10.61
我国第一部系统的语法学专著《马氏文通》		
俞 敏 谢纪锋		11.44
《闲情偶寄》在我国戏剧美学史上的价值	杜书瀛	12.49

文化史知识

说"金紫"	孙 机	1.72
灯节话元宵	丁 武	1.77
棉花是怎样在中国传播开的	袁庭栋	2.70
石渠阁述略	钟建民	2.75
中国佛教四大天王 附：敦煌画幡《渡海天王图》介绍	白化文	2.77

1984年

明清的北京城垣	许以林	3.71
黄册和鱼鳞图册	王剑英	3.75
明代驿递的设置、管辖和作用	沈定平	3.78
乘风破浪话宝船	庄为玑	3.83
从"五色土"说起——古代社稷坛小史	刘德谦	4.56
漫话踢毽子	李 乔	4.61
原始道教——五斗米道和太平道	楼宇烈	4.64
龙首琵琶与凤首箜篌	常任侠	5.66
古代的鼓	傅同钦	5.7
慈禧的油画像	汪莱茵	5.74
宋代市民游艺——京瓦伎艺	杨 泓	6.53
八阵图与古代的阵法	孙红昌	6.58
女乐倡优	孙景琛	7.58
中国的罗汉	白化文	7.62
诗歌、神话传说和天文学	杜昇云	7.68
漫说文身与黥墨	方南生	8.67
皇太子·皇太孙·皇太弟·皇太叔	张万起	8.72
唐代的三大舞	王赛时	8.74
围棋溯源	马 诗	8.78
太平天国的文化艺术（上）	罗尔纲	9.67
义和团的旗帜	陈振江	9.72
近代社会习俗变化漫话	龚书铎	9.77
古代的悬棺葬	唐嘉弘	10.68
古代的年龄称谓	陈 凡	10.73

太平天国的文化艺术（下）	罗尔纲	10.75
关于古小说中提到的蒙汗药朱晟	郭正谊	11.59
公孙大娘《剑器舞》的来龙去脉	王克芬	11.62
太平天国的丧礼改革	李文海	11.67
略说雅乐	姚鸣冰	12.58
漫话"斗帐"	杨 泓	12.64
再谈对联	刘叶秋	12.68

人物春秋

独树一帜的北宋诗人黄庭坚	陶文鹏	1.87
明太祖的良内助——马皇后	楚 南	1.93
章太炎与"苏报案"	魏兰英	1.98
东晋大诗人陶渊明	齐天举	2.86
顾炎武与《明史》	王镇远	2.92
清代考据学家兼思想家戴震	孙钦善	2.97
汤显祖——格韵高绝的戏曲家	江巨荣	3.91
忠顺夫人三娘子	胡宝柔	3.96
以身许山水的人——地理学家徐霞客	黄锡之	3.100
子产治郑	熊宪光	4.73
南齐诗坛之冠谢朓	张宗原	4.78
蒙古名将速不台	马曼丽	4.83
明代散文大家归有光	陈庆惠	4.87
悲剧英雄项羽 董汉河	徐日辉	5.88

1981年一1990年

匈奴族的杰出领袖冒顿			车载斗量	陈 辰	2.104
单于	高景新	5.95	死灰复燃	石尔泂	2.105
陈连陞与沙角之战			甚嚣尘上	楚 今	4.96
	世 博 伯 钧	5.101	大腹便便	翟 护	4.97
军事家曹操	钟 文	6.71	马上得之 诗书治之	胡桂作	5.110
安禄山其人	管士光	6.77	沐猴而冠	郑景者	5.111
中晚唐间著名诗人张祜	陈广宏	6.84	自惭形秽	谷 增	6.100
"一代辞宗"——沈约	张宝坤	7.78	润笔	卜 臣	6.101
李晟与神策军	齐勇锋	7.83	犊子牛	沈 含	7.104
辛派词人刘克庄	李国庭	7.88	一诺千金	李 夏	7.105
反帝爱国将领刘步蟾	何双生	7.93	狗尾续貂	肖 漫	8.104
非汤武而薄周孔的嵇康	何权衡	8.87	笑里藏刀	于芒 中	8.105
"中兴"贤相裴度	张国刚	8.93	梁上君子	丘 烨	10.102
古史考辨学家崔东壁	李剑雄	8.98	唾面自干	高 天	10.102
从状元到资本家的张謇	章开沅	9.91	宁为鸡口 无为牛后	郭仲秋	11.98
不懂外文的翻译家——			孤注一掷	邱 村	11.99
林纾	孔 立	9.96	桃李不言 下自成蹊	谷 雨	12.96
北洋之虎——段祺瑞	丁贤俊	9.101	合浦珠还	韩 鲁	12.97
狄青的悲剧	顾全芳	10.82			
"宰相之杰"张居正	王世华	10.87	**语言知识**		
累试不第的蒲松龄	劳 洪	10.92	"东西南北"的形义溯源	娄熙元	1.106
改革家管仲	夏子贤	11.81	"此致敬礼"辨惑	邵伯人	1.107
宋代古文大师欧阳修	胡士明	11.87	词义撮谈	郭庆山	4.93
杨慎二、三事	李恩普	11.93	"一得"	郭庆山	5.120
唐代杰出的政治家姚崇	田廷柱	12.82	我国古代的三族和九族	钱剑夫	7.106
杂谈包拯	许天柏	12.87	"礼不下庶人,刑不上大		
僧格林沁其人	贾熟村	12.92	夫"原意索解	汤起康	7.109
			"信"和"书"	张一恭	8.106
成语典故			漫说"妻子"一词	周斌武	8.107
相敬如宾	郑 玉	1.104	从"泉香而酒洌"谈起	王水照	10.98
乘兴而来 兴尽而返	俞 东	1.105	每况愈下与每下愈况	郭庆山	11.107

"东西南北"字源商榷 程德祺 11.109

青年园地

漫谈《招魂》	周小龙	1.114
张志和词中西塞山考辨	柯 平	1.117
说"复关"	罗春初	2.110
"商女"="歌女"?	钟振振	2.112
朱熹的"滋味"说	黄 坤	4.110
张献忠与耶稣会士	王 蘧	5.105
《哀郢》的一个动人情节	韦必功	7.112
身、言、书、判——唐代铨		
选文官标准述评	刘海峰	8.114
无行才子的悲剧	王 岗	10.108
试谈王维山水、景物诗		
中的绘画美	王秋生	11.111
大鹏——李白精神的象征	高克勤	12.103

词学名词解释

长短句	施蛰存	5.63
雅词	施蛰存	6.51
近体乐府 寓声乐府	施蛰存	7.54
琴趣外篇 阕	施蛰存	8.58
令、引、近、慢	施蛰存	10.79
变、偏、遍、片、段、叠	施蛰存	11.42
双调·重头、双曳头	施蛰存	12.46

古文字学十二讲

（第一讲）什么是古文字		
学	李学勤	10.52
（第二讲）形音义	李学勤	11.55
（第三讲）文字起源之谜	李学勤	12.73

中国历代官制讲座(连载)

（连载3）世官制的盛行		
及其衰亡——春秋时		
期中原各国的官制	杨升南	1.66
（连载4）名称与中原不		
同的楚国官制	杨升南	2.39
（连载5）从相邦到伍老		
——战国时期的中央与		
地方官职	彭邦炯	4.50
（连载6）皇帝大权独揽		
（秦职4官1）	孙 铁	5.78
（连载7）全面推行郡县		
制（秦职官2）	孙 铁	6.68
（连载8）从丞相到三公		
（西汉职官1）	孙 铁	7.74
（连载9）列卿职守（西汉		
职官2）	孙 铁	8.62
（连载10）武职和诸侯		
（西汉职官3）	孙 铁	10.104
（连载11）郡县乡官（西		
汉职官4）	孙 铁	11.71
（连载12）公、卿（东汉职		
官1）	孙 铁	12.77

科举史话(连载)

（连载七）清代的乡试		
（下）	王道成	1.82
（连载八）清代的会试	王道成	2.65
（连载九）清代的殿试	王道成	4.68
（连载十）八股文和试帖		

1981年—1990年

诗 王道成 5.82

(连载十一)清代的制科 王道成 6.95

(连载十二)清代的武科 王道成 7.98

(连载十三)科举制度的消亡 王道成 8.82

古代民族志

柔然 邱久荣 2.106

西羌 李绍明 6.111

文史古迹

成语故乡漫游(1)"黄粱美梦"与黄粱梦村 周沙尘 1.120

成语故乡漫游(2)晋祠与"剪桐 封弟" 周沙尘 2.118

成语故乡漫游(3)高山流水 周沙尘 12.110

崇祯皇帝埋葬的经过——思陵介绍 年小东 3.106

从南越王墓看南越王国 黄展岳 4.100

苏禄王和苏禄王墓 刘如仲 5.112

漫话牛渚与采石 维 衍 6.115

秦始皇的铜车马 郭伯南 7.114

"大观园"址究何在——谈北京恭王府和萃锦园 顾平旦 8.119

冀王悲剧地红军胜利场——大渡河访古 邱远猷 9.118

文史信箱

"二十四史"并非二十四

个朝代的史书 赵守俨 1.122

什么叫影抄、影刻和影印 姚伯岳 2.126

关于明末三案的原委 王钟翰 3.109

什么叫"八股文"(附:八股文一例) 谭家健 3.112

古文文体是如何分类的 林兴仁 5.116

甘露尚未建寺 何来刘备招亲——兼谈孙刘联姻 杨志玖 6.121

魏公·魏王·魏武帝 韦 唐 6.99

唐诗中的红豆 刘逸生 8.109

香港被占前后 陈匡时 9.107

什么是鸳鸯蝴蝶派 刘扬体 9.112

中国古代的"共和"是怎么回事 张习孔 10.114

酒在我国是何时起源的 袁庭栋 11.117

什么叫民俗学 金克木 12.112

书画欣赏

赵孟頫及其"赵体"书 葛鸿桢 1.124

却开图本看风烟——张择端的《清明上河图》 张光福 2.114

圆润苍劲 俊逸飘洒——略谈董其昌的书法艺术 王玉池 3.116

三希伊始筆三王——浅谈《快雪》、《中秋》、《伯远》帖 张顺芝 4.106

任伯年的《秋郊射禽图》 水天中 5.108

楚妃泪竹斑斑红
——文征明的《湘君、湘夫人图》　　　魏　冬　6.119
梁楷笔下的李白形象　　　陈振濂　7.120
天真烂漫是吾师
——苏轼《黄州寒食诗》
　　墨迹门外谈　　　洪丕谟　8.117
吴昌硕和他的梅花图　　　陈　思　9.116
群籁虽参差　适我无非新——王羲之和他的书
　　法艺术　　　王玉池　10.111
陈洪绶和《屈子行吟图》　黄远林　11.115
韩幹与《牧马图》　　　张　蔷　12.107

文史研究动态

宋词研究概述（1949—
　　1982）　　　施议对　2.120
明代资本主义萌芽问题
　　讨论述要　　　宋元强　3.119
关于金朝历史人物评价
　　问题　　　宋德金　4.115
《长生殿》主题思想讨论
　　综述　　　唐　碧　5.121
对王莽评价的两种不同
　　意见　　　宋　超　6.125
《三国演义》研究中若干
　　问题讨论综述　沈伯俊　胡邦炜　7.123
建国以来《资治通鉴》研
　　究综述　　　宋衍申　8.124
中国近代史分期问题讨
　　论综述　　　来新夏　9.123

近年来井田制研究综述　王　和　10.116
近八十年来对《水浒》作
　　者的争议　　　黄俶成　11.123
近年汉赋研究综述　　　朱一清　12.114

中国名著在国外

楚辞研究在国外处
　　　　徐公持　周发祥　1.108
《魏志·倭人传》在日本　吴廷璆　6.90

读书札记

谈"山舞银蛇,原驰蜡象"　管　汀　4.113
贺帖与谢帖　　　谷　林　4.114
偏催万树暮蝉鸣
　　　　〔马来西亚〕彼　岸　7.103
人生七十古来稀
　　——谈唐代诗人的寿命　沈松泉　11.105

专 文

李益及其边塞诗　　　卞孝萱　1.60
东汉党锢之祸　　　肖　黎　2.82
张居正和"一条鞭"　　王春瑜　3.87
明代农事的写真——
　　《农务图》　　　江　风　3.127
古今姓氏难字辨释　　　吴丰明　4.98
电影《火烧圆明园》《垂
　　帘听政》顾问朱家溍
　　先生答客问　　　史澄整理　5.50
中国和古埃及文字的起
　　源——比较文明史一例　李学勤　5.58
归有光文章别解　　　郭预衡　6.63

1981年—1990年

利玛窦及其《中国札记》	谢 方	6.102
读陆游的读书诗	童炳昌	6.108
袁世凯为什么能窃取临		
时大总统的席位	胡绳武	9.80
从兴中会到同盟会	金冲及	9.86
浅谈曹雪芹的风貌	端木蕻良	10.64
扬州和古代印刷术	许力以	11.77
汉民族的形成和发展	朱绍侯	11.100
贾谊和他的政论文	阎振益	12.98

纪念中日甲午战争90周年

北洋水师的兴灭	戚其章	9.40
甲午黄海大战北洋舰队		
阵形的得失	孙克复	9.47

其 他

编后	本刊编辑部	1.128
明代科技文化重要成果		
一览表		3.124
1984年中文系研究生		
入学试题及答案(综合试题)		4.121
中国人民大学清史所		

1984年研究生入学		
考试试题		7.128
(一)中国古代史试题		
(二)中国近代史试题		
1984年研究生入学试		
题及答案(历史系各		
专业综合考试课通		
用)		10.121
介绍顾炎武致黄宗羲的		
一封信	赵俪生	12.44

读者来信

希望介绍方志、谱牒知		
识	朱据之	10.28
欢迎刊登有关研究生的		
入学试题		10.28

读者·作者·编者

关于《"此致敬礼"辨惑》		
一文的争议		5.126
"出南方,草木状"标点		
有误		6.128

1985年

治学之道

新春话知识	李泽厚	1.3
我学词的经历	唐圭璋	2.3
我为什么研究元史	翁独健	3.3

怎样学习和研究元史	蔡美彪	3.7
元代文学说略	隋树森	3.12
从积累、钻研到写作	袁 珂	4.3
从牛顿的苹果、瓦特的		
水壶谈到近代"纯学		

1985年

术"的考证学　　　　杨公骥　5.3　（上）　　　　　　卞孝萱　1.8

民俗学的研究对象、范　　　　　（下）　　　　　　卞孝萱　2.7

围、方法及其他　　　　　　　我国戏剧为什么在元代

——答《文史知识》编辑　　　　成熟　　　　黄　克　3.22

部问　　　　　钟敬文　6.3　中国古代没有民族史诗

研究古代文论点滴谈　敏　泽　7.3　　吗　　　　　公　木　4.10

关于治学问和做文章　俞平伯　8.3　汪洋辟阖　仪态万方

谈谈我的治学经过　　王仲荦　9.3　　——谈谈我国的四大民

八十年代我们怎样治学　　　　　　间传说　　　程　蔷　5.8

讨论①　　　　　　　　　　　谈《庄子》的语言艺术　曹础基　6.10

读者来信　　　郑克伟　10.4　略谈杜牧咏史诗　缪　钺　7.8

在多样的方法中，找到　　　　中国短篇小说源流发微　何满子　8.7

最适合自己的方法　李泽厚　10.7　宋代诗话漫谈　　葛兆光　8.90

兼容并包　各展所长　金开诚　10.9　一代新声昆曲的由来

历史学与现代化建设　林甘泉　10.10　　　赵景深　李宗为　9.10

吸取新方法应以传统治　　　　论五言诗起源于妇女文

学方式为本　　葛晓音　10.12　　学　　　　吴世昌　11.11

八十年代我们怎样治学　　　　唐代变文及其它(上)　周绍良　12.11

讨论讨论②史学面临

着新的转机　　李开元　12.3　　　**历史百题**

治学、交谈与新型文化　　　　北京人化石发现记　贾兰坡　1.14

性格　　　　　新大成　12.5　宋代在我国历史上的地

重视中国史研究与外国　　　　　位　　　　　漆　侠　2.14

史研究的关联　彭小瑜　12.7　元朝的统一在中国历史

历史研究要用结构分析　　　　　上的意义　　周良霄　3.17

法　　　　　　杨志群　12.9　汉代的"经今古文学"　曹道衡　4.17

利用明清档案进行历史　　　　晋武帝统一全国　祝总斌　5.14

研究的体会　　韦庆远　11.3　略说中国古代的史学评

文学史百题　　　　　　　　　论　　　　　瞿林东　6.15

白居易与新乐府运动　　　　　夏文化的发掘与夏王朝

　　　　　　　　　　　　　　　的建立　　　孟世凯　7.14

康熙和乾隆为何皆六下

江南 王俊义 黄爱平 8.12

"独尊儒术"是历史的必

然 张 烈 9.16

农民战争与宗教的关系 李桂海 9.72

"新"王朝的"新政"

——漫说王莽改制 孟祥才 11.19

明清学风及其影响 郑昌淦 12.19

怎样读

出自地下的古史《竹书

纪年》 盛冬铃 1.21

北有《西厢》 南有《拜

月》——谈南戏《拜月亭

记》 俞纪东 2.20

"南曲之宗"——《琵琶记》金宁芬 3.27

《元朝秘史》的流传与价

值 亦邻真 3.32

《金瓶梅》是一部什么样

的小说

(附《金瓶梅》第十七回) 沈天佑 4.24

宋玉和他的《九辩》 袁 梅 5.20

志怪小说的代表作《搜

神记》 程毅中 6.22

《淮南子》的文学特色 张啸虎 7.20

融合中西 承上启下

——读王国维《人间词

话》 张少康 8.18

《穆天子传》是一部什么

样的书 缪文远 11.26

第一部探索清代盛衰的

史书——《圣武记》 陈其泰 12.27

诗文欣赏

(怎样欣赏古典诗词之

十六)纤秾与冲淡 王明居 1.26

(怎样欣赏古典诗词之

十七)什么是古诗中

的"兴寄" 牟世金 2.25

(怎样欣赏古典诗词之

十八)说"雄奇" 吴调公 4.37

(怎样欣赏古典诗词之

十九)什么是"隔"与

"不隔" 黄保真 6.28

(怎样欣赏古典诗词之

二十)真相与真魂 臧克家 7.25

(怎样欣赏古典诗词之

二十一)诗风二谈 王明居 8.23

从散曲的结构特色看怎

样欣赏散曲 隋树森 9.35

漫谈"不著一字,尽得风

流" 蒋 凡 11.33

谈"弦外之音、象外之

旨" 杜东枝 12.33

野火烧不尽 春风吹又

生——说白居易《赋 得

·古原草送别》 霍松林 1.29

神余言外—— 辛弃疾《青

玉案·元夕》赏析 李淮芝 1.34

谈柳宗元的《田家》诗

[日]小野四平 1.37

思路凄惋 真切动人

1985年

——读李煜词《浪淘沙令》　　正　谷　2.29

檄文典范　骈俪佳品——读《为徐敬业讨武曌檄》　　程郁缀　2.32

柳暗花明又一村——陆游《游山西村》赏析　　曹济平　2.36

高歌卑贱者的胜利——《西厢记·拷红》赏析　　王季思　3.38

冰丝带雨悬霄汉——读乔吉的《重观瀑布》小令　　吕薇芬　3.42

独具特色的散曲呈文——谈刘时中的《上高监司》　　黄天骥　3.45

聊托物以幻化　寓至情于奇想——《闲情赋》浅析(附:《闲情赋》晋陶渊明)　　李　华　4.42

人间重晚晴——谈李商隐的《晚晴》　　韩式朋　4.47

千古名句　一缕柔情——五代词人孙光宪《浣溪沙》赏析　　刘逸生　4.50

知人论文　具体分析——谈谈怎样分析古代散文　　倪其心　5.27

一篇善鸣不平的妙文——读韩愈《进学解》　　方智范　5.34

谈朱敦儒的《相见欢》　　陆永品　5.37

李逵的喜剧性格及其美学意义——读元杂剧《李逵负荆》　　孙建国　5.39

楼中有玉——杜十娘内心世界简析　　张国庆　6.32

人化了的绿色精灵——绿衣女　　何永康　6.37

书一代之事　创五言之新——杜甫《北征》浅析(附:杜甫《北征》)　　刘树勋　6.40

明霞散绮　金声玉振——读江淹《别赋》(附:《别赋》叙)　　李罗兰　7.29

自然见深远　清淡蔚唐风——读张九龄《望月怀远》　　张秀芝　7.35

苏诗与气候　　高泳源　7.38

说《诗·关雎》　　吴小如　8.25

恨人神之道殊　怨盛年之莫当——《洛神赋》的主题和艺术特色(附《洛神赋》注释)　　陈祖美　8.30

千古绝唱——苏轼《念奴娇·赤壁怀古》　　袁行霈　8.38

多情自古伤离别——柳永《雨霖铃》赏析　　杨海明　9.40

谈对晏殊词〔踏莎行〕"小径红稀"的理解　　沈义芙　9.45

妙在雅俗之间

1981年—1990年

——说马致远《双调夜

行船·秋思》　　　葛晓音　9.49

读韩愈《送李愿归盘谷

序》　　　　　　吴小如　11.38

天容时态，融和骀荡

——僧·志南《春游》诗

赏析　　　　　　陶慕渊　11.43

幽梦话凄凉

——苏轼《江城子》赏析　周先慎　11.45

高华秀朗，沉郁顿挫

——杜甫《登高》诗赏析　夏松凉　12.39

姜白石的《齐天乐》　　戚克家　12.42

一朵奇妙的珠花

——读《聊斋志异·神

女》　　　　　　何永康　12.46

文史书目答问

《古文辞类纂》　　　吴　鸥　1.42

中国最早的有系统的学

术史专著《明儒学案》　任大援　2.43

元代的三部农书　　　徐莉莉　3.48

《唐诗品汇》　　　　戴　燕　4.61

《国朝汉学师承记》和

《国朝宋学渊源记》　马　冰　5.51

记载古代民间习俗的名

著《荆楚岁时记》　高路明　6.45

研究元史的重要史

料——波斯史籍　　刘迎胜　7.42

文化史上一块巍峨丰

碑——《中华大藏经》　周绍良　8.43

吕天成和他的《曲品》　吴书荫　9.54

《战国策》及其记事的虚

与实　　　　　　陈　抗　11.57

一部有价值的近代史料

书

——介绍《光绪朝东华

录》　　　　　　李志英　11.60

研究元史的重要参考

书——《元典章》　韩志远　12.55

文史工具书介绍

怎样掌握与使用工具书　朱天俊　1.4

阅读古代小说的重要工

具书《小说词语汇释》　张涌泉　2.46

李吉甫的《元和郡县图

志》　　　　　　何珍如　4.57

《贩书偶记》及其《续编》　雷梦水　5.48

怎样查找中国古今地名

　　　　　　　杨济安　杨忆坪　11.51

陈梦雷与《古今图书集

成》　　　　　　袁　逸　12.58

古文字学十二讲

（第四讲）甲骨学基础知

识　　　　　　　李学勤　1.50

（第五讲）金文的形形色

色（上）　　　　李学勤　2.68

（第六讲）金文的形形色

色（下）　　　　李学勤　4.81

（第七讲）战国文字研究　李学勤　5.44

（第八讲）纸以前的书籍　李学勤　6.53

（第九讲）"小学"的宝藏　李学勤　7.80

1985年

(第十讲)方法与戒律	李学勤	8.66
(第十一讲)学习古文字		
学最低限度书目	李学勤	9.77
(第十二讲)十五个课题	李学勤	11.73

文化史知识

我国古代佐餐的主要食		
品——羹	王学泰	1.61
明皇室的殉葬制	牟小东	1.66
祭灶旧俗漫谈	何 沂	2.55
《水浒》和宋代法律制度	曾代伟	2.58
中国佛教四大菩萨	白化文	2.63
元代的四等人制	丁国范	3.63
元代的驿站(站赤)	陈高华	3.67
蒙古丧葬习俗种种	梁 甫	3.71
行省制度浅谈	王 颋	3.72
战车与车战	袁庭栋	4.69
一份很有价值的古食谱		
——《楚辞·招魂》食物		
构成略说	刘德谦	4.73
漫话"十八般兵器"	成 东	4.77
国、天下、国号	史苏苑	5.54
汉代的角抵百戏	孙景琛	5.60
中国古建筑中的廊(庑、		
副阶)	罗哲文	5.65
尊左与尊右的源与流	黄发忠	6.58
中国古代的几种记时器	管成学	6.62
略说斗鸡	王赛时	6.68
夏代有文字吗	李先登	7.51
我国古代的裳和裙	阎玉山	7.53
元代的军队	史卫民	7.58

中国古代的炼金术	赵匡华	8.49
国子监		
——六百年间的太学	赵 洛	8.55
清代江南三织造	李 华	8.58
司马迁笔下的星汉世界	杜升云	9.60
瓦子究竟是什么场所	魏承思	9.65
明宫养猫琐闻	杜婉言	9.70
漫谈哈雷彗星	郭正谊	11.62
何物"同心结"	陈 驹	11.66
高俅与宋代足球	刘秉果	11.70
中国古代的环境保护	袁清林	12.62
从饕餮说起——谈谈先		
秦饮食文化思想	王学泰	12.67
漫话"登闻鼓"	宋昌斌	12.72

人物春秋

晏子的幸运与不幸	季 城	1.70
元稹其人	董乃斌	1.75
中国近代民主宪政的先		
驱——宋教仁	秦 力	1.81
慷慨悲歌的爱国英雄刘		
琨	允 中	2.77
初唐"四杰之冠"王勃	徐 俊	2.81
祸国殃民的投机政客蔡		
京	吴 泰	2.86
建一代成宪的太保刘秉		
忠	白 钢	3.81
急流勇退的小翰林贯云		
石	柴剑虹	3.86
元末诗人和画家王冕	吴小如	3.91
衰世中的弄臣董贤	余行迈	4.97

1981年—1990年

鲁肃	柳春藩	4.101
山水诗的鼻祖谢灵运	徐公持	4.106
思想家而兼文学家的荀子	郑君华	5.73
谏臣魏征	邓 堃	5.77
文起八代之衰的韩愈	吴文治	5.82
辫帅张勋	王致中	5.89
刘鹗的一生	朱迎平	6.76
两度出塞的盛唐边塞诗人岑参	陈铁民	6.82
明代经济改革家周忱	吴申元	6.87
汉末大名士——孔融	陶 易	7.66
耶律楚材——一位杰出的少数民族政治家	谢 方	7.71
才子袁枚育诗才	王英志	7.75
说冯道	徐 逊	7.92
范仲淹和"庆历新政"	郭正忠	7.95
"精华不衰"的诗豪刘禹锡	陆 坚	8.71
明代开国文臣刘基	钱 澄	8.76
胆识过人的孝庄文皇后	李鸿彬	8.80
蔑视权贵的文学家温庭筠	刘扬忠	9.80
李自成和张献忠	顾 诚	9.86
清初名将鳌拜的一生	王思治	9.92
"酷吏"张汤	徐耿华	11.83
魏收和《魏书》	桂 郁	11.87
曾纪泽——近代中国出色的外交家	钟康模	11.91
古文经学的倡导者刘歆	董洪利	12.83
胆识过人的谋略家崔浩	陈洪宣	12.89

明代爱国志士杨继盛	杭建伟	12.93

文体史话

骈文的起源和演变	谭家健	2.97

词学名词解释

拍(一)(二)	施蛰存	4.53
减字偷声	施蛰存	5.70
摊破·添字	施蛰存	7.46
遍、序、歌头、曲破、中腔	施蛰存	11.49
自度曲、自制曲、自过腔	施蛰存	12.53

读词讲话

论词的章法	吴世昌	2.91

中国历代官制讲座

(连载13)将军、校尉、州、郡国、县、乡里——东汉职官之二	孙 铁	1.86
(连载14)三国的文职公卿——三国职官之一	孙 铁	1.72
(连载15)三国的侍中、武职及郡国——三国职官之二	孙 铁	4.91
(连载16)两晋职官	孙 铁	5.95
(连载17)"复废六官、还依汉魏"——混一南北的隋朝官制	杨志玖 张国刚	6.71
(连载18)发展变化中		

1985年

的唐五代官制（一）

杨志玖 张国刚 7.83

（连载19）发展变化中的唐五代官制（二）

杨志玖 张国刚 8.84

（连载20）"兼夏商之职官 掩秦汉之文轨"——唐代中原和边疆的

地方官制（三） 杨志玖 张国刚 9.96

（连载21）"为使则重为官则轻"——唐五代的使职差遣 杨志玖 张国刚 11.77

（连载22）"辨贵贱、叙劳能"——隋唐五代品阶勋爵制度 杨志玖 张国刚 12.76

语言知识

丈人·夫子 黄金贵 1.96

词义辨析：说"叹词" 张一恭 1.98

"一寸光阴一寸金"探源 汪维懋 6.100

释"毒" 咸燕平 7.99

《古代官职升降称谓浅释》补遗（上） 杨 志 9.106

《古代官职升降称谓浅释》补遗（下） 杨 志 11.105

古代民族志

富于反侵略传统的高山族 许良国 1.91

蒙古和蒙古族的形成 周清澍 3.102

劲勇喜武的赏人 杨耀坤 7.109

草原天骄——匈奴 赵秉昆 8.97

成语典故

疾足先得（逐鹿中原）	戴 双	1.104
捉衿见肘	韩又路	1.105
未雨绸缪	辛 志	2.102
胯下之辱	陶 慧	2.102
食言而肥	陈 沉	4.116
张敞画眉	吴 就	4.117
芒刺在背	齐 玖	5.108
鹤立鸡群	司马驰	5.109
每下愈况（每况愈下）	董 尽	6.98
小巫见大巫	司 武	6.99
难兄难弟	李 夏	7.102
青白眼	毛 祝	7.103
三人成虎	严 霞	8.101
不为五斗米折腰	郑执火	8.102
冰人	谷 雨	9.104
铸成大错	肖 树	9.105
巾帼	邱 风	11.108
成也萧何 败也萧何	白路文	11.109
余光分人	周自横	12.106
招摇过市	司马驰	12.107

青年园地

关于薛宝钗形象的讨论

北大中文系学生 2.113

关于元代历史地位的笔谈 内蒙古大学历史系学生 3.106

关于《长恨歌》主题思想

的讨论

吉林大学中文系81级学生 5.100

浅谈蜀汉统治集团的社

会构成 李开元 6.102

"传奇"一词的含义与衍

变 罗德荣 6.106

论子贡"使孔子名布扬

于天下" 唐任武 7.104

冷香飞上诗句

——试论姜夔词的特色 祁晓明 7.106

谈谈北周的社会改革 冯宪开 8.107

如何理解孔子所说的

"思无邪" 复旦大学中文系学生 9.109

关于李屃《续世说》

——《四库提要》辨误一

则 宁稼雨 11.110

并庄屈以为心——谈李

白诗的自由主题 陈嫕沁 12.108

魏忠贤专权探源 滕秋秀 12.112

中国名著在国外

《文选》在日本奈良、平

安时代 王晓平 1.111

书画欣赏

颜真卿的《祭侄季明文

稿》 王玉池 1.115

韩滉和《五牛图》 蔡星仪 2.119

南铭之冠与北碑之冕

——梁《瘗鹤铭》、北魏

《郑文公碑》 陈玉龙 2.121

黄公望及其《九峰雪霁图》 陈 紫 3.114

《腊嘴桐子图》和《荷花

蜻蜓图》赏析 张 敏 4.118

谈王蒙的《葛稚川移居图》 聂崇正 5.110

马麟《静听松风图》浅析 梁济海 6.110

如何评价赵孟頫的书法 张公慈 7.112

顾恺之的《洛神赋图》卷 卫 嘉 8.114

董源的《潇湘图卷》 张 蔷 9.122

漫话中国古代的壁画

（上） 潘絜兹 11.96

（下） 潘絜兹 12.99

禅书一体话山谷

——谈黄庭坚的书风 陈振濂 12.115

文史信箱

略谈古代书信的格式 刘叶秋 1.117

整理古籍有哪些常用的

方法 赵守俨 2.107

"色目"是一个民族吗？ 杨志玖 3.116

元代杂剧是怎样演出的 徐扶明 3.118

古代的洗涤剂 何端生 4.111

天安门的设计者 朱光亚 5.112

宋诗流派 陈植锷 6.112

为什么说《玉树后庭花》

是亡国之音 祁和晖 7.115

释"达鲁花赤" 杨志玖 8.103

怎样理解"不孝有三，无

后为大" 房 欣 8.105

慈禧听政为什么要"垂

帘" 朱家溍 9.115

文史研究中能否应用计

 1985年

算机　　　　　　　志　成　11.118

李闯王有亲生的女儿吗　浦汉明　12.117

古典文学流派

但凭妙笔写真情

——"性灵"诗派漫评　　卢永璘　7.48

唐宋八大家　　　　　　张　鸣　8.46

宫体诗　　　　　　　　商　伟　9.58

文学人物画廊

豪兴·隽才·厄运

——谈谈《红楼梦》中的

史湘云　　　　　　吕启祥　8.62

文史研究动态

唐太宗问题研究近况　　高世瑜　1.123

《文赋》研究综述　　　李庆甲　5.116

敦煌文学研究现状评介　健　宏　6.125

郑和下西洋研究综述　　范金民　7.119

孙悟空形象原型研究综

述　　　　　　　　朱迎平　8.116

建国三十五年来《史记》

研究综述　　　　　张大可　9.124

建国以来关于若干重大

史学理论问题讨论论述

略　　　　　　　　王　和　10.110

建国以来中国古代史若

干重大问题讨论述略　宋　超　11.120

文史古迹

成语故乡漫游(4)太公

钓鱼　　　　　　　　周沙尘　1.102

唐乾陵及其石人群像　　陈国灿　2.125

一代天骄的象征

——成吉思汗陵　　哈斯查干　3.123

永乐宫　　　　　　　　陆鸿年　4.120

建筑艺术魂宝——方泽

坛　　　　　　　　顾孟潮　6.121

云山苍苍　江水泱泱

——记严子陵钓台　　赵明政　7.125

最早的中国古城究竟建

于何时——谈郑州商

城的发现　　　　　郭伯南　8.109

仙踪鬼迹话丰都　王家祐　李远国　9.117

天坛祈年殿的由来　　　郭湖生　11.113

专　文

建国以来考古事业的十

项重大成就　　　　姚鸣冰　1.55

中国古代文明的特点　　洪廷彦　2.50

蒙古西征始末　　　　　余大钧　3.52

萨都剌及其诗词创作　　范　宁　3.59

元代中国与欧洲的交往　陈得芝　3.75

白莲教与元末农民战争　杨　讷　3.95

漫话地方志　　　　　　来新夏　4.64

金牛山猿人发现记　　　吕遵谔　4.85

敦煌吐鲁番文书与唐史

研究　　　　　　　王永兴　6.48

唐平淮西之役　　　　　林　岷　6.92

电影《谭嗣同》顾问朱家

潘答客问　　　　　史　澄　7.63

回顾与展望

中国史学研究的现状和		
趋向	李 侃	10.16
对中国古典文学研究的		
展望	章培恒	10.23

文史探索

民俗学与古典文学	钟敬文	10.30
清代学风和诗风的关系	钱仲联	10.40
中国文论的民族特色	徐中玉	10.48
何谓"敦煌学"	周一良	10.54
海上"丝绸之路"的历史		
贡献	陈 炎	10.62

方法论新篇

古典文学研究的当代性		
和新方法问题	董乃斌	10.70
古诗三解		
——符号学的试用	金克木	10.78
比较和对照		
——西方学者研究中国		
的常用方法	张广达	10.86

美学漫步

唐诗的审美特征	蒋孔阳	10.93
气象 律动 心声		
——诗词欣赏与审美感情	吴调公	10.103

纪念中国古代伟大的史学家、文学家司马迁诞生2130周年

为什么说《史记》是"史

家之绝唱"百科全书

式的通史巨著	肖 黎	9.21
传统史学的优秀楷模	陈其泰	9.23
民族文化的杰出代表	杨燕起	9.25
理想、毅力与"名山"之		
业——重读司马迁的		
《报任安书》	杨牧之	9.29

其 他

北京大学历史系研究生		
考题及答卷、评语选		
登		1.106
编后	本刊编辑部	1.128
元代科技文化重要成果		
一览表		3.125
北京市1981年下半年		
高等教育自学考试试		
题选登		4.124
北京大学1985年研究		
生入学试题及答案		
(历史系综合试题)		5.122
文史知识自测题		6.119
1985年研究生入学试		
题及答案(中文系综合试题)		8.120
五十期致读者		8.127

读者·作者·编者

编辑部全体同志与读者		
谈心		10.122
第二次征求意见致读者		10.124
来信摘登		10.127

1986年

治学之道

篇目	作者	期.页
八十年代我们怎样治学——《文史知识》创刊五周年纪念活动侧记		1.5
我的读书经历	杨宪益	2.3
治学的门径	张岱年	3.3
学诗答问	程千帆	4.3
八十年代我们怎样治学讨论——基本功和新方法	年世金	4.6
先秦史研究的现状和展望	赵光贤	5.3
我看先秦文学和《礼记·檀弓》	杨伯峻	6.9
先秦学术思想漫谈	梁淑溟	6.15
八十年代我们怎样治学讨论(摘要) 孙小著	陈胜华等	7.3
与青年朋友谈治学	马茂元	7.12
阅读古籍要重视考古资料	裘锡圭	8.3
我是怎样讲析古典诗词的	吴小如	9.3
我和佛教研究	季美林	10.13
博而返约 学而能思——治学漫谈	吴调公	11.3
《明史稿》旧案重提	牟小东	11.68
关于唐代文学研究的一些想法	傅璇琮	12.3

专文

篇目	作者	期.页
明清之际的中西文化交流	冯佐哲	1.54
中国古代思想对西欧启蒙运动的影响	沈定平	1.59
关于古代中国研究的信息	李学勤	1.99
中国小说批评的独特方式——古典小说评点略述	孙 逊	2.90
熙宁变法的流弊	郑宜秀	2.100
中国传统文化在日本的命运	严绍璗	3.66
古代阿拉伯人笔下的中国	沈福伟	3.73
《孙子兵法》的语言艺术	谭家健	3.100
两宋为什么大肆禁书	吴 晴	3.105
怎样认识宋代爱情词	方智范	4.53
郭沫若在先秦史研究上的贡献	黄 烈	6.60
《古史辨》派与先秦史研究	王煦华	6.64
中国文化在早期美国的影响	吴孟雪	7.59

1981年—1990年

民间文学与文人创作	张紫晨	8.88
江南制造局翻译馆和近代中国的西学传播	史革新	9.54
佛教与中国文化的关系	赵朴初	10.3
佛教与儒教	任继愈	10.9
佛教和中国古代哲学	杜继文	10.38
佛教对中国神魔小说之影响二题	白化文	10.66
唐宋之际"三教合一"的思潮	王志远	10.86
孔子"删诗书,定礼乐"与礼乐文明	杨向奎	12.44
从"静虚"说到"出入"说	路 侃	12.49
中国目录学之祖——《别录》和《七略》	苑 琪	12.79

文学史百题

谈谈明代的四大奇书	沈天佑	1.11
唐代变文及其它(下)	周绍良	1.17
《玉台新咏》三问	金克木	2.7
漫谈老庄的文艺观和美学观	张少康	3.8
谈南朝乐府民歌	曹道衡	4.11
"风"、"骚"传统对后世文学形式的影响	杨公骥	5.11
中国古代神话中的悲剧美和崇高美	褚斌杰	6.20
五岳寻仙不辞远——漫谈李白的山水诗	倪其心	7.16
齐梁诗的功过	葛晓音	8.10
一个未经深掘的宝藏		

——漫谈近代小说	沈天佑	9.8
诗与禅	袁行霈	10.18
周邦彦和他被错解的词	吴世昌	11.8
乐府和乐府诗	王运熙	12.10

历史百题

古代中国在世界上的地位	刘家和	1.24
试论中国古代的隐士	刘叶秋	2.16
中国行会的产生及其历史作用	李 华	3.14
曾国藩与清政府的矛盾及其对镇压太平天国战局的影响	董蔡时	4.17
我国古代国家的形成	斯维至	5.19
关于周公"制礼作乐"	杨向奎	6.26
由"学在官府"到"私家之学"	刘泽华	6.32
明清时期的民间秘密宗教	喻松青	7.21
漫谈儒释道"三教"的融合	楼宇烈	8.18
唐代藩镇的历史真相	张国刚	9.15
佛教在中国的流传和发展	杨曾文	10.24
略论中国佛教的特质	方立天	10.31
略谈魏晋南北朝的民族关系	黄 烈	11.16
励精图治的雍正朝	张显传	12.16

古文字与古史研究

西周甲骨的发现、研究

及其学术价值 王宇信 5.96

金文的发现与先秦史研究 杜迺松 5.101

佛教源流

佛教在印度的产生及其基本特点 马鹏云 10.89

中国佛教的宗派 思 源 10.94

藏传佛教密宗 李冀诚 10.96

日本佛教略述 张大柘 10.101

怎样读

《三侠五义》是一部思想平庸的书 石昌渝 1.32

冯梦龙、凌濛初和"三言""二拍" 魏同贤 2.23

一个思想家的历史沉思录——读王夫之《读通鉴论》 葛兆光 3.21

借镜花水月,写世道人心——《镜花缘》的笔法和读法 闻 起 4.25

清代学者研究先秦史的丰硕成果 王树民 5.25

《吕氏春秋》的美学思想 敏 泽 6.38

历史真实和艺术真实的统一——略谈孔尚任的《桃花扇》 刘叶秋 7.28

"神魔皆有人情,精魅亦通世故"——谈《西游记》的现实性 李希凡 8.27

"三十年旧事,写来都是血痕"——读《孽海花》 裴效维 9.23

大唐创业 功当属谁——读《大唐创业起居注》 李季平 11.24

概述清代学术的力作——读梁启超《中国近三百年学术史》 瞿林东 12.23

诗文欣赏

虚负凌云万丈才,一生襟抱未曾开——说李商隐的无题诗

"万里风波一叶舟" 徐建华 1.38

彩笔佳句 幽意浓情——读贺铸《青玉案》

郑 敏 葛培岭 1.41

被"宇宙意识"升华过的人格美、艺术美——张孝祥《念奴娇·过洞庭》赏析 杨海明 1.44

漫话崔颢的《长干曲》 赵其钧 2.32

自是人生长恨水长东——读李煜《相见欢》二首 史 玛 2.35

披肝沥胆的友谊之歌——纳兰性德《金缕曲·赠梁汾》 黄天骥 2.39

怀此贞秀姿 卓为霜下杰——析陶渊明《和郭主簿》其二 夏晓虹 3.26

1981年—1990年

篇目	作者	期号
读韩愈《送董邵南序》	吴小如	3.29
咫尺有万里之势		
——读陆游《秋夜将晓出篱门迎凉有感之二》	顾易生	3.34
清新淡远 淳朴自然		
——储光羲《钓鱼湾》抉微	王启兴	4.33
伤心人语——晏几道《临江仙》词	黄 克	4.36
谈《蒋兴哥重会珍珠衫》的结构艺术	周五纯	4.40
诗歌的风趣	张银涛	4.44
《诗经》中的比兴	沈玉成	5.30
向往人生自由的心声		
——读《庄子》外篇《马蹄》	李知文	5.35
谈云轻雨拂高唐		
——宋玉《高唐赋》、《神女赋》	徐公持	5.39
孟子的文论	周振甫	6.43
美与善的统一		
——读《诗经·桃夭》	杨牧之	6.48
有济世之心,尚须有济世之术——读《战国策·触龙说赵太后》	韩兆琦	6.52
出师一表真名世——说诸葛亮的《出师表》	徐公持	7.36
悲惨阴暗的战争画卷		
——重读《吊古战场文》	臧克家	7.39
短章寓深旨 妙语说莲花——《爱莲说》浅析	刘光民	7.45
景中融情 情真亦深		
——柳永《雪梅香》赏析	傅 璇	8.32
疑窦迭出 婉曲多姿		
——读李清照《念奴娇》	刘耀业	8.34
渗透于筋节髓窍的喜剧气氛——《牡丹亭·闺塾》赏析	黄天骥	8.37
宋词的起结与过片	朱德才	8.41
此中有真意 欲辨已忘言——也谈诗的理趣	葛兆光	9.30
片时春雨 千载名世		
——陆游诗《临安春雨初霁》	钱江湖	9.34
"天下清景"的审美发现		
——白居易《暮江吟》赏析	吕美生	9.36
野云清腴 浓彩眩目		
——姜夔《扬州慢》与吴文英《齐天乐》品较	汤书昆	9.39
谈谈以禅喻诗	周振甫	10.71
因花悟道 物我两忘		
——王维《辛夷坞》诗赏析	陈仲奇	10.75
虚幻的佛国与真实的人生——王梵志诗《世间日月明》浅析	张锡厚	10.78
浅说《百喻经》中的寓言故事	丁 侠	10.82
漫谈"诗无达诂"	蒋 凡	11.32
汉乐府诗《江南》赏析	王思宇	11.38
秋浦歌(之十五)赏析	乔向钟	11.40
借眼前之景 抒不尽之		

情——秦观《踏莎行》简析　　陈祖美　11.42

轻轻二句遂为千古绝唱——荆轲《易水歌》赏析　　林　庚　12.29

咏物而不滞于物——说欧阳修《望江南》　　吴翠芬　12.31

云帆月影画意浓——卢挚〔沉醉东风〕《秋景》赏析　　洪柏昭　12.34

性格，在运动中显示出多种情态——读《聊斋志异·小谢秋容》(附《小谢秋容》全文)　　何永康　12.37

诗应缘情而言志　　王　前　12.98

文史书目答问

第一部志人小说——裴启《语林》　　周揩伽　1.50

王维诗文最好的古注本——清赵殿成《王右丞集笺注》　　陈铁民　2.44

研究唐人小说的重要参考书——《唐人小说》　　吕　艺　3.36

研治唐史的金石史料《唐尚书省郎官石柱题名考》　　乐　游　4.50

《甲骨文合集》与商史研究工作　　胡厚宣　5.43

我国古代盟誓制度的历史见证——侯马盟书　　李裕民　6.56

中日文化交流的奇

葩——《文镜秘府记》　　朱迎平　8.46

谈《世说新语注》　　刘叶秋　9.48

研究中国佛教史的重要资料——三朝《高僧传》　　毛双民　10.105

《世本》及其辑本　　郑　超　11.45

文史工具书介绍

运用声训解释字义的专著——《释名》　　徐莉莉　4.47

打开古代诗文集资料宝库的钥匙——介绍诗文集篇目索引　　李国新　7.54

常用而又重要的地理工具书——《中国古今地名大辞典》　　洪　偶　9.50

怎样使用《中西回史日历》　　张何清　11.49

文化史知识

浅谈阴阳五行　　熊铁基　1.65

北魏的"四夷馆"　　黎　虎　1.71

中国古代的影戏　王锦光　洪震寰　2.48

年号的起源与变迁　史苏苑　2.51

漫话"沧桑"　　陶世龙　2.58

"禅让"及其历史变幻　　城鸣冰　3.49

中国古代的炼丹术　　赵匡华　3.54

古代"赘婚"漫议　　向　黎　3.59

漫话"九九消寒图"　　李松龄　3.63

毛笔——文房四宝之一　许树安　4.58

"鼓角"之角　　陈　驹　4.62

1981年—1990年

篇目	作者	期页
健舞《柘枝》和软舞《屈柘枝》	王克芬	4.66
八卦的"秘密"	曹础基	5.49
我国骑兵的诞生和发展	阎 铸	5.54
古代宗庙制度简说	张 庆	5.59
先秦青铜器中的酒器	任伊木	5.75
漫话先秦时代的衣食住行	杨村等	5.77
中国歌舞的起源	常任侠	6.69
先秦婚姻说略(上)	许嘉璐	6.74
先秦时期是如何记时的	宋镇豪	6.80
商代的都邑	杨升南	6.85
说墨——文房四宝之二	许树安	7.65
古代的扇子	傅同钦	7.70
宋代的夜市	丰家骅	7.75
漫谈清代的雪祀礼	陈 桦	7.79
释迦牟尼是如何成佛的?佛经是他的著作吗?	圣 辉	8.49
古人的改姓	王泉根	8.52
纸——文房四宝之三	许树安	8.55
谥法的产生和谥号的种类	汪受宽	9.58
漫话"干、支"	徐莉莉	9.63
说砚——文房四宝之四	许树安	9.68
茶叶与中国佛教	王宏凯	9.75
我国古代的稿费	宋衍中	9.80
说"乡党"	宋昌斌	11.52
桃木漫说 赵文心	尹荣方	11.56
中国木偶艺术的源流 庄晏成 许在全	张敬尊	11.60

书籍形成的过程

篇目	作者	期页
——略谈梵夹本的产生	周绍良	11.95
先秦时期的兽角象征	李炳海	12.59
花开时节动京城——漫谈中华民族赏花的传统	周沙尘	12.62
满族的婚姻习俗	岑大利	12.68

民族与民俗

篇目	作者	期页
殷商居民的种族	韩康信	5.83
漫话图腾崇拜	宋兆麟	5.88
"伯禹慆鳏"与产翁习俗	程德祺	5.91

佛教常识

篇目	作者	期页
何谓"四大皆空"	圣 辉	10.42
佛与佛教徒	常 正	10.43
中国僧侣与劳动生产	宽 忍	10.46
孟兰盆会是怎么回事	角 里	10.49
佛教节日知多少	角 里	10.50
"神圣"的花木(佛籍中花木漫谈)	亦 丽	10.51

佛教艺术

篇目	作者	期页
中国古代佛教寺院的音乐活动	阴法鲁	10.56
漫谈塔的来源及演变	罗哲文 黄 彬	10.61

中国历代官制讲座

(连载24)官僚政治制度的产物——复杂多

1986年

变的宋朝官制(一)	朱瑞熙	1.75
(连载 25)官僚政治制度的产物——复杂多变的宋朝官制(二)	朱瑞熙	2.68
(连载 26)官僚政治制度的产物——复杂多变的宋朝官制(三)	朱瑞熙	3.44
(连载 27)官僚政治制度的产物——复杂多变的宋朝官制(四)	朱瑞熙	4.80
(连载 28)官僚政治制度的产物——复杂多变的宋朝官制(五)	朱瑞熙	7.85
(连载 29)官僚政治制度的产物——复杂多变的宋朝官制(六)	朱瑞熙	8.65
(连载 30)蕃汉并行的辽朝官制	蔡美彪	9.83
(连载 31)金代职官	周清澍	11.63
(连载 32)元代职官(一)——蒙古官制	周清澍	12.72

人物春秋

可悲的地位,可贵的人格——漫谈东方朔	费振刚	1.81
唐代第一流小说家——蒋防	吴庚舜	1.85
少年史学家练恕	朱端强	1.89
西汉牧羊商人卜式	梁仲明	2.73
直如朱丝绳,清如玉壶冰——南朝著名诗人鲍		

照	王毅	2.77
"风格高秀"的词客姜夔	刘向阳	2.82
西晋名士刘毅	凌迅	3.78
北宋晚期的词坛领袖周邦彦	刘扬忠	3.82
明代官僚政治的代表人物严嵩	廖心一	3.88
黄宗羲——清代史学的开山祖师	冯天瑜	3.93
段玉裁的治学	陆振岳	4.75
"一鸣惊人"的楚庄王	吕美泉	4.85
投机政治家吕不韦	殷伟仁	4.91
闲话诸葛亮	何兹全	4.96
诙谐风趣的哲人庄周	田居俭	5.65
齐国的名将田单	杨钊	5.71
尧舜禹的治绩	晁南之	5.81
西周开国功臣太公望	盛冬铃	6.91
孔门弟子(一)——端木赐、仲由和冉求	曹道衡	6.97
伍子胥的悲剧	张习孔	6.103
孔门弟子(二)——颜回、闵损、冉雍和原宪	曹道衡	7.91
博学多才的思想家傅山	侯文正	7.96
锐意改革的周世宗柴荣	马诗	7.102
战国时期的风云人物信陵君	侯光复	8.70
孔门弟子(三)——曾参和有若	曹道衡	8.75
诗僧寒山子	钟文	8.79
钱大昕——以考史著称的史学家	施丁	8.83

1981年—1990年

孔门弟子(四)——言偃、

卜商和颛孙师　　曹道衡　9.89

"不可以我故坏国法"

——曹操妻子卞后治家

的故事　　　　胡申生　9.94

"万里桥边女校书"

——文采风流的女诗人

薛涛　　　　马晓光　9.96

三次舍身寺院的梁武帝　方　安 10.109

慧远及其因果报应说　　周　齐 10.114

六祖慧能与禅宗　　　许抗生 10.119

独树一帜的宋玉　　　袁　梅 11.75

孔门弟子(五)

——宰子和樊须　　曹道衡 11.80

两汉经学和郑康成　　李建国 11.85

中国佛教史上的四大翻

译家　　　　　李富华 11.90

燕国的军事家、政治家

乐毅　　　　　杨　钊 12.81

汉初谋臣陈平　　　许天柏 12.86

"读书种子"方孝孺　　王世华 12.92

文学人物画廊

月里嫦娥毁誉多　　屈育德　1.93

清正的节操 不幸的命

运——谈《桃花扇》中的

李香君　　　　侯光复　2.64

孟姜一哭震天地　　屈育德　3.39

从芥豆之微看大千世界

——漫话刘姥姥的艺术

形象　　　　吕启祥　4.71

牛郎、织女与七夕乞巧　屈育德　7.48

驱邪斩鬼话钟馗　　程毅中　8.60

千秋功罪论西施　　刘　斌　9.43

古典文学流派

解识无声弦旨妙

——"神韵"诗派漫评　卢永璘　1.105

浙西词派　　　　　程郁缀　2.87

玉台体　　　　　　章必功　7.107

我国戏曲史上的"吴江

派"与"临川派"　　金宁芬　8.101

"试看今日之域中,竟是

南社之天下"——近代

革命文学团体南社　金泽民　9.102

读书札记

李白"直挂云帆济沧海"

解　　　　　　裴　斐　1.97

"挟天子"不能解释为

"挟制天子"　　王健秋　2.104

析"万古云霄一羽毛"　曾怡亭　2.105

古代的尊师之礼"释菜"　陆宗达　7.83

佛教为什么能战胜道

教

——读《太平广记》的一

点心得　　　　黄永年　8.93

何谓"五斗米"　　吴郁芳　8.98

成语典故

变生肘腋　　　　戴犁东　1.108

半部论语　　　　石　越　1.109

1986年

管中窥豹	达雪倩	2.96
千万买邻	肖 学	2.97
失之东隅 收之桑榆	翟中生	3.98
未能免俗	周世硕	3.99
上下其手	沈 重	4.104
覆水难收	王大生	4.105
多行不义必自毙	高 山	6.109
处心积虑	谷 雨	6.110
镜台自献	严 霞	7.112
蜀犬吠日	武一迁	7.113
宽猛相济	高 风	8.112
杀人不眨眼	叶玉白	8.113
东门黄犬	柯 北	9.112
应声虫	任建铎	9.113
如坐针毡	瞿常春	11.102
虎生三子 必有一彪	柯艾会	11.103
敝帚千金	丛 铮	12.104
死诸葛走生仲达	卓太来	12.105

书画欣赏

"村梅"扬补之和他的		
《四清图》	陈祖范	1.110
虞世南的《夫子庙堂碑》	蒋文光	2.107
承唐启宋的杰出书		
家——杨凝式	王玉池	4.112
锦绣山河 尽收眼底		
——王希孟《千里江山		
图》	聂崇正	7.117
"飞白书"的来龙去脉	陈振濂	8.117
文同与墨竹图	缪元朗	9.114
绮丽媚好的薛稷书风	张 敏	11.99

《群婴斗草图》与古代斗		
草风俗	畏 冬	12.106

青年园地

从"诗言志"看中国诗的		
原始模式	王一川	1.112
"清新绮丽 自成一家"		
——试论元人萨都剌		
"边塞诗"的民族色彩	曹新华	2.109
清代乾隆时期的议罪银		
制度	林新奇	2.112
论中西方诗画比较说及		
其基础		
——由读《拉奥孔》谈起	商 伟	3.109
略述明代的民屯	黄 松	3.113
王夫之关于"势"的文学		
理论	张爱东	4.109
战国时期的尚贤政治与		
百家争鸣	卢 丁	5.105
先秦的"士"与"百家争		
鸣"	雍三桂	5.107
学术自由是百家争鸣的		
前提条件	韩石萍	5.109
"思无邪"是孔子对《诗		
经》表现的古典文化		
精神的推崇	倪祥保	7.114
"思无邪"也是孔子对编		
纂学的要求	童教之	7.115
"思无邪"是孔子对周文		
化的评价	陈树民	7.116
魏源向西方学习思想乌		

议　　　　　　罗向军　8.108

从但罗斯战役看唐代民族政策　　　　　马志实　9.108

谈沈约对《文心雕龙》的称赏　　　　　汪涌豪　11.106

其事核而实　其刺允而当——对陈寅恪关于白居易《蛮子朝》一诗笺证的异议　　　　　龙凤祥　11.110

文史古迹

铜绿山古铜矿遗址　　　　　　周保权　胡永炎　1.116

逝者如斯——关于十三陵的水　　　　　车小东　2.121

中外驰名的房山云居寺及其石经　　　　韩长耕　3.120

皇史宬史话　　　　　王　凌　4.114

虎丘·馆娃宫　　　　蒋　康　5.116

孟子故里史迹多　　　骆承烈　6.117

比干庙与林氏　　　　耿玉儒　7.121

佛教在中国兴衰嬗变的见证——白马寺　徐金星　8.119

中原历史名镇朱仙镇　孙心一　9.122

"濠濮涧"的妙趣——北海"濠濮涧"园林艺术欣赏　　　　王　毅　11.115

文史信箱

中国古代皇帝有哪几种称谓　　　　　　朱仲玉　1.120

"扬州八怪"究竟指哪几位画家　　　　　卞孝萱　2.115

古代外国人怎样称呼中国　　　　　　　王邦维　3.117

"木牛流马"是什么样的运输工具　　　　闻合竹　4.118

《三国演义》中丰富生动的情节都是虚构的吗　林剑鸣　4.122

为什么说中国有五千年的文明史　　　　王玉哲　5.111

为什么说黄河流域是中华民族的摇篮　　唐嘉弘　6.112

清代皇帝怎样避暑　　朱家溍　7.119

南戏、杂剧、传奇的区别　　　　　　　钱南扬　俞为民　8.114

中国古代皇帝有多少称谓　　　　　　　龚延明　9.117

古诗中为什么会出现异文　　　　　　　李鼎霞　9.120

怎样认识佛教徒的人生观和道德观　　　文　丁　10.124

"八仙"的来历　　　　龙土靖　11.119

"乌台诗案"是怎么回事　王学泰　12.115

文史研究动态

近年《儒林外史》研究综述　　　　　　胡益民　1.124

楚文化与楚国史研究概况　　　　　　　曲英杰　2.123

近年来有关诸葛亮研究综述　　马　强　冯述芳　3.124

均田制讨论综述 吴宗国 4.124

夏文化探讨的回顾与展望 朱绍侯 孙英民 5.121

宗法制研究综述 晁福林 6.122

王熙凤形象讨论综述 张庆善 7.124

关于元杂剧兴盛的社会原因的争议 郭英德 郝诗仙 8.123

清代诗歌与清诗研究现状 周 秦 11.25

关于《胡笳十八拍》作者问题的讨论 陈书录 胡膦英 12.110

近年来对元稹和白居易的评价问题讨论综述 陈书录 胡膦英 12.113

语言知识

"风马牛不相及"解 赵清慎 4.106

"犬马之劳"之犬 王德恒 4.107

春秋时期的特殊外交语言——赋诗言志 新 千 5.63

"了了"和"寥寥" 张一恭 8.106

也说"令兄""令妹"的用法 刘 宁 8.107

消息 郭庆山 9.116

释"尸" 龚维英 11.104

词学名词解释

填腔·填词 施蛰存 2.29

俗语佛源

天花乱坠 一尘不染

世界 一丝不挂 三生有幸

中国佛教协会研究部 11.113

野狐禅 醍醐灌顶 婆心 当头棒喝 实际

中国佛教协会研究部 12.77

怎样学习古文(连载)

(一)立体的懂 周振甫 12.54

其 它

台湾省1985年国文高考试题及答案 9.125

北京大学1985年中国古代文学研究生入学考试试题 1.123

北京大学1986年研究生入学历史试题秦汉史 12.22

魏晋南北朝史 12.48

宋史 12.58

之史 12.109

明史 12.91

清史 12.103

中国近代史 12.119

读者·作者·编者

关于李壹的祖籍和出生地 邓代耘 4.117

1987 年

治学之道

漫谈文化传统	吴组缃	2.3
博采 精鉴 深味 妙悟		
——研究中国诗歌艺术		
的点滴体会	袁行霈	3.3
以创作为主的诗、词、曲		
研究道路	万云骏	4.3
我的学习之路	徐中舒	6.3
我的学词经历	吴世昌遗作	7.3
从编写《中国史简编》中		
所产生的几点想法	安作璋	8.3
谈编书、读书、写书的种		
种关系	程毅中	9.3
我的治学体会	胡国瑞	11.3
敦煌文学研究漫谈	项 楚	12.3

专文关于传统文化的笔谈

对中国传统文化应抱什		
么态度	戴 逸	1.3
如何看中西文化的交		
流	周谷城	1.5
中国文化的前途何在	张岱年	1.8
大学文科"中国古代文		
化史课"应有的内容	阴法鲁	1.9
人文主义与中国文化	庞 朴	1.11

专 文

谈民族传统审美追		
求——尽善尽美	陈伯海	1.13
儒家伦理观念与中国传		
统文化	葛兆光	1.19
中庸之道的演变及其对		
中国社会的影响	罗祖基	1.26
《文心雕龙》与我国文化		
传统	张少康	1.32
"四大发明"在东西方的		
不同命运	郭永芳	1.73
屈原辞在民族文化发展		
中的意义	金开诚	1.77
近年我国考古收获十例	姚鸣冰	1.91
陆游诗歌艺术探源	袁行霈	2.80
从晋隋间的历史看文化		
的发展	洪廷彦	3.98
蛇神与蛇精——中国神		
话传说形象演变一瞥	程 蔷	4.73
道家与道教	任继愈	5.3
道教和神仙	刘守华	5.48
宫体诗与后庭花	金启华	7.107
"何妨举世嫌迂阔 故		
有斯人慰寂寥"		
——略论宋诗的发展脉		
络及得失	金性尧	8.105

1987年

祝"山东专号"成功　　谷　牧　10.3
继往开来振兴齐鲁　　陆懋曾　10.4
近代风云与山东　　　戚其章　10.65
《金瓶梅》与山东风俗　刘　辉　10.108
心性本净与心性本觉
——吕澂先生在佛学研
究上的一个重要贡献　张春波　11.104
中国神话研究之我见　袁　珂　12.92
谈李白《南陵别儿童入
京》　　　　　　　　詹　瑛　12.99

文学史百题

释道精神与古典诗歌理
想　　　　　　　　　韩经太　2.10
尚真的文学观和明代民
歌　　　　　　　　　周先慎　3.7
从"惊梦"到"离魂"
——试论《倩女离魂》
对《西厢记》的继承与发
展　　　　　　　　　欧阳光　4.9
道家、道教与中国古代
文学　　　　　　　　黄保真　5.8
人生情趣·意象·想象
力——道教与唐代文学　葛兆光　6.7
《史记》与我国古代传记
文学　　　　　　　　韩兆琦　7.8
太白乐府述要　　　　裘　斐　8.9
中国戏剧为什么成熟很
晚　　　　　　　　　侯光复　9.7
源远流长的蓬莱仙话　屈育德　10.5
老树春深更著花

——清词述略(上)　　严迪昌　11.9
老树春深更著花
——清词述略(下)　　严迪昌　12.9

文化观念与制度

"重本抑末"的历史渊源　宋　超　1.83
从"礼人于法"看中国古
代法律　　　　　　　梁治平　1.88

历史百题

略谈汉民族的形成　　贾敬颜　2.16
漫述中国传统的义利之
辨　　　　　　　　　周继旨　3.14
唐代的宦官　　　　　黄永年　4.16
道教与中国传统文化　牟钟鉴　5.15
中国道教的产生、发展
和演变　　　　　　　卿希泰　5.22
华夏族——汉族先民的
形成(上)　　　　　　唐嘉弘　6.14
华夏族——汉族先民的
形成(下)　　　　　　唐嘉弘　7.16
中国历代政区概述　　谭其骧　8.15
略谈安史之乱　　　　王　素　9.13
从考古发现看山东在我
国古史上的地位　　　张学海　10.14
清代的家庭结构及其人
际关系　　　　　　　冯尔康　11.14
先秦时期的士　　　　刘泽华　12.14

齐鲁文化

稷下学宫及其流派　　韩振羽　10.46

两汉儒学与山东 安作璋 10.51 大德歌》《冬》 侯光复 2.38

怎样读

"其妙味乃在绘描骨格"

——元杂剧《风光好》新

反映现实的作家 反映 析 王星琦 2.41

时事的剧作——李玉 幽栖山林 俊赏妙悟

和他的《清忠谱》 陈美林 2.22 ——读《答谢中书书》 魏明安 3.27

《廿二史札记》是一部什 深刻、强烈的悲剧意识

么性质的书 施 丁 3.21 ——读杜牧的《阿房宫

漫谈《封神演义》 何满子 4.22 赋》 徐 匋 3.30

《太平经》和《抱朴子》在 "文学"与"哲学"完美结

文化史上的价值 王 明 5.29 合的绝妙之作

一本论述汉代学术与政 ——读苏轼《前赤壁赋》 杨海明 3.35

治关系的名著 乡水有情送行舟

——读顾颉刚先生的 ——李白《渡荆门送别》 陆永品 4.27

《秦汉的方士与儒生》 王煦华 6.20 雨前雨后 阳刚阴柔

漫谈《周易》的智慧 余敦康 7.20 ——简析曾巩两首七绝 王英志 4.29

略说《韩非子》 周钟灵 8.22 别开生面的铙歌行词

维妙维肖的晚清官场群 ——读辛弃疾《满江

丑图 红·倦郑衡州厚卿席上

——读《官场现形记》 裴效维 9.20 再赋》 霍松林 4.33

《诗经》中反映的先秦婚 美与和谐

俗 袁 梅 11.21 ——谈"青青河畔草" 林 庚 6.26

《史记》《汉书》比较 翟林东 12.21 曲阑小阁闲情多

诗文欣赏

——晏殊《浣溪纱》浅析 钟 陵 6.28

清新婉丽 情真意切

我读《声声慢》 陈祖美 2.29 ——朱淑真词二首赏析 张 璋 6.31

虚幻笔墨 绵邈深情 寻梅寻得的苦闷

——吴文英《风入松》赏 ——读乔吉《双调·水

析 陈如江 2.35 仙子》《寻梅》 黄 克 7.26

一幅精美的冬景图 一样题目，写出两样文

——读关汉卿〔双调· 字——武松打虎与李逵

杀虎之比较　何永康　7.29
真趣盎然，童心未泯
——高启《牧牛词》赏析　李　军　7.34
“怒之切　正望之深”
——汉乐府《有所思》析　王思宇　8.27
哲理与诗情的交融
——说李白诗《日出入行》　钟元凯　8.30
“杏花春雨江南”
——虞集《风入松》词赏析　赵齐平　8.32
借雄豪之调　颂当代英才——说姜夔词《永遇乐·次稼轩北固楼词韵》　刘扬忠　8.36
庾信平生最萧瑟暮年诗赋动江关
——说《哀江南赋》并序　葛晓音　9.27
带着“锁链”的动人歌舞
——读王勃《滕王阁序》　徐　俊　9.33
一个明朝遗民的“心史”
——吴伟业《秣陵春》传奇简析　周维培　9.37
孟子散文的论辩艺术
——读《对齐宣王问章》和《许行章》　王洲明　10.23
爱国名篇　千古绝唱
——李清照《乌江》诗赏析　温绍堃　10.26
乐景中的苦闷之情
——读辛弃疾《鹧鸪天》　杨牧之　10.29
封建末世斑驳陆离的社会风情图——《聊斋志异·金和尚》试析　李伯齐　10.31
“万缕千条拂玉塘”
——谈王士禛《秋柳四首》　袁世硕　王小野　10.35
情思缠绵　韵味悠长
——读《诗经·周南·汉广》　唐佩瑶　11.28
见燕燕归来　兴无穷感慨——刘禹锡《乌衣巷》赏析　陈志明　11.32
词中的《哀江南赋》
——读元好问《木兰花慢》(拥都门冠盖)词　缪　钺　11.35
缠绵宛转　曼妙动人
——《九歌·山鬼》赏析　郇乾湖　12.28
人生易老　友情长存
——读杜甫《赠卫八处士》　杜东枝　12.32
情景融浑命意深
——谈戴书伦《过三间庙》诗　刘逸生　12.35

古代科技漫话

古代科技成果亟需介绍　周培源　3.40
中国古代用煤的历史　李仲均　李　卫　3.41
漫谈涂料之王
——油漆技术小史　李亚东　4.36
略谈道教与古代科技　李　申　5.86

1981年—1990年

指南针与航海	金秋鹏	6.44
我国古代的治黄水利工程	李仲均 李卫	7.44
中国古代的天象记录	江晓原	8.39
"傻子金"和"中国银"——中国古代黄铜和白铜的冶炼技术	李亚东	9.43
中国古代的气象观测	潘耀昆	11.37
夺得千峰翠色来——享誉世界的瓷器	李亚东	12.37

文化史知识

家具演变和生活习俗	杨泓	1.38
中国的星占术	詹郇鑫	1.43
晚明时尚与社会变革的曙光	刘志琴	1.50
古典诗词与节日习俗	屈育德	1.56
中国古代建筑的格局和气质	郭湖生	2.61
话说"方舟"	黄金贵	2.67
我国的传统大节——春节	王文宝	2.71
清朝官服中的袍与褂	何本方	2.75
嵚崎巍峨 孤高独立——说先秦时的"台"	王毅	3.46
漫话镜铭	洪沅	3.51
斗蟋源流	莫容	4.48
古代建筑上的吻兽	李松龄	4.53
漫谈隋场帝下扬州时的"龙舟"船队	方亚光	4.58
近代中国摄影小史	史革新	4.62

谈谈道教的几点特征	李养正	5.106
漫谈道教音乐	陈大灿	5.110
傩礼·傩舞·傩戏	李勤德	6.55
鼗鼓琐说	陈驹	6.60
"二十八宿"漫谈	徐莉莉	6.65
谈"葵"	王冀民	7.49
略谈唐代的傧禄	迟乃鹏	7.52
鹤史零墨 莫容	胡洪涛	7.56
清初的以人殉葬	年小东	7.60
周代的辑轩使和采风观政	李建国	8.43
古代的门神	刘桂秋	8.46
漫话乌纱帽 王廷德	赵树华	8.40
我国古陶瓷中的明珠——唐三彩	曾维华	8.52
丁忧与守制	张庆	9.51
"木主"与"社主"	王春光	9.54
金銮殿前话双狮	高林生	9.56
"锦标"的来历	王冀时	9.58
宋代的枢密院制度	张伟民	9.60
孔府是如何过春节的	孔繁银	10.39
灿烂的齐鲁饮食文化	张康明	10.42
海神北上住蓬莱	程弘	10.45
泰山崇拜与封禅大典	徐北文	10.58
孔府乐舞 江帆	艾春华	10.116
我国远古的一种婚姻形态	王文锦	11.24
二十四节气	陈旸	11.46
中国古代的祠堂建筑	丁宏伟	11.50
先秦时期的战旗、战金、战鼓	杨英杰	12.41

"射"和射远兵器　　　　周世德　12.47
古代法律的公布　　　　蔡燕荪　12.52

道教常识

漫谈道教的几个基本信仰　　　　　　传　芩　5.35
道教的戒律与清规　　　华颐　5.40
道教的占卜与符箓　　　华颐　5.42
说官观　　　　　　　　马　冰　5.44
道教与红阳教　　　　　韩乘方　5.90
外佛内道的黄天教　　　马西沙　5.94

道教与气功

道教与气功　　　　　　陈　兵　5.55
道教的几种修炼方法　　吴受琚　5.58
魏晋"服散"颓风与道教信仰　　　　　　金正耀　5.63

中国历代官制讲座

(连载33)元代职官(二)　周清澍　2.54
(连载34)元代职官(三)　周清澍　3.64
(连载35)明代的官制(一)　　　　　　许大龄　4.39
(连载36)明代的官制(二)　　　　　　许大龄　6.49
(连载37)明代的官制(三)　　　　　　许大龄　7.65
(连载38)明代的官制(四)　　　　　　许大龄　8.56
(连载39)明代的官制(五)　　　　　　许大龄　9.46

(连载40)清代官制(一)　王钟翰　11.53
(连载41)清代官制(二)　王钟翰　12.59

怎样学习古文(连载)

因声求气　　　　　　　周振甫　2.49
六观　　　　　　　　　周振甫　3.57
比较　　　　　　　　　周振甫　4.67
一家风貌　　　　　　　周振甫　6.38
融会贯通　　　　　　　周振甫　7.38

金石丛话(连载)

"金石"、"文物"、"考古"的各自含义　　　　　　施蛰存　2.86
说碑　　　　　　　　　施蛰存　2.87
说帖　　　　　　　　　施蛰存　3.91
谈拓本　　　　　　　　施蛰存　4.78
碑额·碑阴·碑侧·碑座　施蛰存　6.70
秦石刻文　　　　　　　施蛰存　7.70
先秦金文　　　　　　　施蛰存　9.63
汉代石刻文　　　　　　施蛰存　11.59
魏晋南北朝石刻　　　　施蛰存　12.54

文史书目答问

《三字经》杂谈　　　　来新夏　1.60
《清实录》与清史研究　王钟翰　3.54
古代篇幅最大、流传最广的戏曲选集《六十种曲》　　　　　　李复波　4.64
《道藏》简介　　　　　钟肇鹏　5.66
唐宋律诗的精华荟萃——《瀛奎律髓》　朱迎平　6.34

《说苑》的成书及意义　　范能船　9.40

说陶渊明"不为五斗米折腰"——兼谈"达则兼济天下,穷则独善其身"　韦凤娟　1.106

文史工具书介绍

谈谈《续修四库全书总目提要》　冯惠民　2.45

研究唐代诗文、历史的必备书——《唐人行第录》　沈松勤　7.98

中外文化交流与比较

中国传统文化在西方——略论西方对中国传统文化认识的变化(上)　张广达　1.65

中国传统文化在西方——略论西方对中国传统文化认识的变化(中)　张广达　2.109

中国传统文化在西方——略论西方对中国传统文化认识的变化(下)　张广达　3.84

古代日本文化与中国文化会合的形态　严绍璗　2.114

中国佛教的东传和日本民俗　[日]佐藤素子　2.119

西方古代的炼丹术　吉仲章　5.88

中国神话研究在国外　金应熙　8.91

谈谈国外对汉代豪族的研究　金应熙　9.66

人物春秋

"礼岂为我设也"——阮籍为什么任放不羁　倪其心　1.100

严复的早年与晚年　马　勇　1.112

宇文泰和他的民族政策　胡宝国　2.94

梦绕神州的词人张元幹　曹济平　2.99

台湾首任巡抚刘铭传　钟康模　2.104

吴越春秋话范蠡　刘向阳　3.70

唐玄宗的忠实家奴——宦官高力士　陶　治　3.74

一代诗宗钱谦益　胡铁军　3.80

一代说书名家柳敬亭　胡梅君　4.80

后梁开国之君——朱温　曾国富　4.84

风流才子　误作人主——南唐后主李煜的悲剧人生　李勤印　4.91

李白与道教　罗宗强　5.69

陈抟其人其事　李远国　5.75

佞道昏君宋徽宗　羊华荣　5.81

丘处机与成吉思汗　[美]姚道冲　马晓宏编译　5.99

明朝的开国元勋徐达　陈梧桐　6.76

"天地知我　家人无忧"——黄道周的抗清斗争和治学精神　范兆琪　邓华祥　6.82

张謇实业救国的四次历险　王　凡　6.87

刘备用人和三国鼎立　叶哲明　6.103

西晋名将王濬　李　熊　7.82

清初火器发明家戴梓　张文才　7.87

夏曾佑及其《中国历史

教科书》 吴怀祺 7.93

飞将军李广和他的家族 蓝永蔚 8.72

"养天下为己任"

——《老残游记》的作者

刘鹗 连燕堂 8.79

金世宗崇尚节俭及其原

因 王宏志 8.100

"此恨绵绵无绝期"

——谈谈贵妃杨玉环及

其形象演变 马晓光 9.73

明成祖与帖木儿帝国 商 传 9.79

明代中叶著名教育家吕

柟 韦祖辉 9.85

"自题圆石作诗人"

——"江左三大家"之一

吴伟业 胡铁军 9.90

孔子的阳刚之美 骆承烈 10.70

琅邪王氏家族中身系两

晋兴亡的三大人物 何兹全 10.76

齐楚多辩知

——山东古代辩才漫谈 凌 迅 10.82

传奇人物孙膑和山东军

事家 项 扬 10.86

无盐丑女钟离春的故事 郭良玉 10.44

知登州五日 传佳话几

许 李 木 10.119

杜甫与历下亭 张永泉 10.120

"山中宰相"陶弘景 顾伟列 11.63

晚明散文家、史学家张

岱 何永康 11.68

袁枚的思想哲学和文学

观念 胡 明 11.99

中国历史上永不会磨灭

的人物——吴起 李衡梅 12.63

曾巩和他的散文 鲍时祥 12.68

绝代才人 薄命君王

——南唐后主李煜新传

(1) 田居俭 7.75

(2) 田居俭 8.64

(3) 田居俭 9.95

(4) 田居俭 11.74

(5) 田居俭 12.7

语言知识

话说"丹青"

陆宗达 王 宁 3.103

释"檬" 谢质彬 4.108

释"雉"与"百雉" 赵宗乙 6.106

"踟蹰满志"别解 陈维礼 6.110

成语典故

家中枯骨 裘 友 2.124

左右逢源 吕玉胜 2.125

卿卿我我 吴一浸 3.96

饭后钟 唐少夏 3.96

欺以其方 方英明 4.102

冬烘先生 郑 多 4.103

以小人之心度君子之腹 郑青明 6.116

莫逆之交 魏 雯 6.117

文学人物画廊

一个独特的悲剧人

物——邢岫烟 唐明文 2.121

科举制度下的小人

物——范进 武时颖 6.93

射日与填海 屈育德 8.87

白雪红梅 人间仙品

——薛宝琴小议 吕启祥 9.102

文学作品里的山东好汉 吕乃岩 10.91

古典文学流派

唐宋派 邓韶玉 2.89

常州词派 李伯敬 8.109

苏门四学士 张 鸣 9.111

青年园地

苏轼与科技 郭 媛 2.126

"知音君子这般另做眼

儿看"——高则诚《琵

琶记》主题新解 黄仕忠 3.107

宋教仁与民国初年国民

党 李伟科 4.98

从"仁者寿"看孔子的中

庸思想体系 陈来生 6.111

论太平天国后期江南地

区商业发展状况 陈映芳 7.112

试论苏轼的人生观 王金昌 8.115

《关雎》释解之我见 郑兆钧 9.116

元杂剧《汉宫秋》《梧桐

雨》比较谈 贾元苏 11.111

文史古迹

"海天佛国"的魅力

——普陀三大寺琐谈

王和平 王恩锁 3.111

姑苏城外寒山寺 余清逸 4.111

全真道第一丛林——白

云观 章宾明 5.102

雕饰奇伟 冠于一世

——漫话云冈石窟艺术 林 石 7.119

大足石刻 张 划 8.124

"挥汗如雨"话临淄 罗勋章 10.98

"四面荷花三面柳 一

城山色半城湖"

——《老残游记》中的济南 严薇青 10.101

元代杂剧的中心之

——东平府 王志民 10.105

济南的塔 詹晓明 10.122

舜·舜耕山·舜耕山庄 郭首涛 10.124

古钟之王——北京大钟

寺的永乐大钟 钟 炜 夏明明 12.103

书画欣赏

吴昌硕的篆书 陈祖范 4.106

元张渥《九歌图》卷 梁济海 6.118

书法演变和时代风尚 黄苕子 7.103

内容丰富、形象生动的

历史缩影

——略说山东汉画像石 蒋英炬 10.111

"章草"絮谈 陈振濂 11.109

吴伟的《灞桥风雪图》 张 敏 12.107

宗教与人生

扶风法门寺佛骨舍利的

来龙去脉 周绍良 11.87
从紫禁城内欢喜佛谈起 金 申 11.94
唐代道教与政治 羊华荣 12.81
金元戏曲与道教 李日星 12.85

文史信箱

关公信仰与传统心态 刘晔原 1.121
何谓"神官野史" 袁廷栋 3.115
"甘露之变"是怎么回事 王 素 4.116
"祭岁星"是怎么回事 董中基 5.114
张三丰与武当内家拳
　　朱道琼 陶真典 5.117
夏商帝王为什么都以
　"天干"命名 王泉根 6.120
什么叫"变风变雅" 闻合什 7.117
词中令、引、近、慢与小
　令、中调、长调是如何
　划分的 王景琳 8.119
什么是诸宫调 隋树森 9.120
电视剧《红楼梦》与《二
　十四史》 刘乃和 11.115
腊八节与古代的"蜡
　祭" 詹鄞鑫 12.110

文史研究动态

传统文化研究现状述
　评 王 和 1.124
关于"历史创造者"问题
　讨论的由来和发展 蒋大椿 3.120
建国以来关于高明《琵
　琶记》的讨论综述 陈书录 4.121

建国以来关于黄庭坚的
　诗歌理论和诗歌创作
　的讨论 胡膳英 4.124
国外及我国台湾省道教
　研究概述 冰 珂 5.119
日本道教研究的现状
　　[日]蜂屋邦夫 5.124
青史凭谁定是非——略
　述评价历史人物的几个
　问题 余 石 6.122
新的视界——1986年国
　内神话研究综述 谢选骏 7.124
近年来中国戏剧起源与
　形成问题讨论综述 翁敏华 9.124
中国社会史研究概况 常建华 11.118
当前古典文学宏观研究
　漫评 王 玮 12.116

读书札记

《马嵬坡》诗和它的作者 杨志玖 6.98
李白诗中的古人与李白
　的思想 周云乔 9.105
诤友与政敌——从王安
　石与司马光的关系说起 郭正忠 9.108
读《风俗通义》 王利器 11.82
《牡丹亭》语言琐谈 张燕瑾 11.84

读史札记

"贺兰山"与"空城计" 卞 慧 7.110
北宋的"重武轻文"与
　"重文轻武" 杨志刚 8.113

1981年—1990年

俗语佛源

现身说法 泡影魔 地狱
　如是　　中国佛教协会研究室　3.105
偈 苦海无边回头是岸
　本来面目 大千世界
　不二法门
　　　　　中国佛教协会研究室　6.74
雁塔题名 普渡众生 恶
　口伤人 叶落归根 善
　财难舍　中国佛教协会研究室　9.100
一瓣心香 昙花一现 聚
　沙成塔 慧眼 横死
　磨砖作镜
　　　　　中国佛教协会研究室　11.97

一心不乱 口头禅 大彻
　大悟 习气
　　　　　中国佛教协会研究室　12.97

其 他

传统格言与民族心理释
　例(9则)　　　　　　　　　　1.117
山东古代文学家、艺术
　家简表　　　　　　　　　　　10.11
山东重要历史事件简表　　　　　10.21

读者·作者·编者

是"择菜"还是"释菜"　　　　6.127
张果传说最早见于《明
　皇杂录》吗?　　　　　　　　11.128

1988年

治学之道

"治学"初谈　　　　邱汉生　1.3
谈谈我的治学经历　　牟润孙　2.3
我和国际中国学研究　严绍璗　3.3
和同志谈"治学之
　道"　　　　　　　郭预衡　4.3
治学刍谈　　　　　　朱大渭　5.3
老生常谈　　　　　　沈玉成　7.3
回顾我的读书生活　　郭在贻　9.3
古典文学研究杂谈　　詹 锳　10.3
甲骨学研究的现状

——胡厚宣与松九道雄
　的谈话　　　　　　　　　　11.3
在探索的路上　　　　张鸿勋　12.3

文学史百题

清代文坛上的三颗明珠
——纵谈《聊斋志异》、
《儒林外史》和《红楼梦》沈天佑　1.10
"苏李诗"和五言文人诗
　的起源　　　　　　曹道衡　2.8
什么是唐传奇——唐传
　奇的体制特征及其渊源　朱迎平　3.10

1988年

唐代古文运动的得与失 罗宗强 4.9
谈近代"诗界革命" 赵慎修 5.10
儒学与文学 董乃斌 6.28
《诗经》的传统 徐公持 7.8
"敦煌文学"的内涵 周绍良 8.11
俗赋、词文、通俗小说 毅 中 8.14
变文与俗讲 白化文 8.18
关于屈原三题 聂石樵 9.8
雄奇壮美的唐代边塞诗 葛培岭 10.8
宋代的儒学与文学 陈植锷 11.10
明清小说与明清社会 方志远 12.8

敦煌的兴衰及其在中国
历史上的地位 荣新江 8.23
中国古代的人治及其基
本规律 孙越生 9.14
儒家与儒、道两教的纷
争与融合 许抗生 10.14
封建社会的土地具有主
人的身份 王毓铨 11.16
唐代的赋税制度
——从租庸调到两税法 张泽咸 11.55
太平天国同外国的关系
和对外国的认识 王庆成 12.15

历史百题

中国历史上的刑、法、
律 治 平 1.18
春秋战国百家争鸣的相
互影响 孙开泰 2.13
古代知识分子的特质 阎步克 3.16
中国古代的宗族制度 白 钢 4.17
如何划分中国农民战争
的发展阶段 简修炜 5.16
儒学发展的新阶段——
道学 冯友兰 6.3
如何看待儒学的文化遗
产 蔡尚思 6.5
儒学与中国传统文化 张岱年 6.7
具有中国民族形式的宗
教——儒教 任继愈 6.10
略论儒学之特质 朱伯崑 6.13
什么是儒学 余敦康 6.21
清代的文字狱 楚 庄 7.15

怎样读

中国古代的理财名
著——《管子》 缪文远 1.24
封建社会的丧钟
——读《二十年目睹之
怪现状》 裴效维 2.20
稗官小说与野史杂记 刘叶秋 3.22
怎样阅读新、旧《五代
史》 王树民 4.24
文康及其《儿女英雄传》 叶 易 5.21
周史遗珍须细读
——《逸周书》简介 缪文远 7.23
值得一读的《新语》 王利器 9.22
李汝珍及其《镜花缘》 孙一珍 9.25
如何利用明清的野史笔
记 任道斌 10.20
读韩愈的《原道》 周振甫 11.22
阴幼遇的《韵府群玉》 谢先模 12.24

专 文

清初一大文字狱
——《南山集》案真相　　　王树民　1.78

春秋战国时期官制尊左
尊右考辨　　　　　　　姚国旺　2.97

烟台的近代民族工业　　孙 峰　2.106

汉字在历史上的作用及
其将来　　　　　　　赵光贤　3.42

《聊斋志异》与《阅微草
堂笔记》　　　　　　詹幼馨　3.104

漫说唐代诗人和书法　　裴 芹　3.118

孟良因何不载史册
——兼谈两种考证方法　朱启新　4.88

我国古代的爱玉风尚　　殷志强　5.87

文其言与文其人
——谈经典与小说的渊
源关系　　　　　　　汪道伦　5.92

狂草逸诗 舒卷烟云
——谈张旭的诗中有书　陶文鹏　5.110

儒学发展的新阶段——
道学　　　　　　　冯友兰　6.3

如何看待儒学的文化遗
产　　　　　　　　　蔡尚思　6.5

儒学与中国传统文化　　张岱年　6.7

具有中国民族形式的宗
教——儒教　　　　　任继愈　6.10

诗文欣赏

独标胜格 诗如其人
——读陶渊明《归园田

居》之一　　　　　　陈仲奇　1.29

忧国忧民的诗史 沉郁
顿挫的宏篇
——读杜甫《自京赴奉
先咏怀五百字》　　　熊 笃　1.34

理论与艺术联姻的佳作
——元好问《论诗三十
首》之四赏析　　　　卢永璘　1.40

抒情与写实的完美结合
——蔡琰《悲愤诗》赏析　谢 孟　2.26

《西厢记·圣药王》与苏
东坡《春夜》　　　　蒋星煜　2.30

丑恶现实和美好理想的
折射——读《聊斋志异
·罗刹海市》　　　　马瑞芳　2.33

似庄似谐 寓意深远
——读杜牧《赤壁》　　魏耕原　3.28

平中见奇 语淡意浓
——读张岱《湖心亭看
雪》　　　　　　　　王景琳　3.32

碧血青磷恨未休
——读《聊斋志异·公
孙九娘》　　　　　　王林书　3.37

淳朴的山村风光图
——读顾况《过山农家》
诗　　　　　　　　　刘学锴　4.29

苏子作诗如见画
——苏轼《李思训画〈长
江绝岛图〉》赏析　　张 琦　4.31

歌颂纯贞爱情的佳作
——读元好问的两首

1988年

《摸鱼儿》词　　　　缪钺　4.34

清丽绵邈的秋歌

——说萧悫《秋思诗》　乔力　5.27

李白《子夜吴歌》(其三)

赏析　　　　　　林东海　5.29

名句别解——晏几道《鹧

鸪天》"舞低杨柳楼心月

歌、尽桃花扇底风"

　　　　　　　　臧克家　5.32

从《蟾宫曲》《叹世》看马

致远的心态　　　黄克　5.34

诗风三品　　　　王明居　7.29

《东山》的意境创造

　　　　　何必　李运瑛　7.31

慷慨奋藻　独辟蹊径

——读张衡《归田赋》　杨炳校　7.36

明彻达观　新奇真实

——读陶渊明《挽歌诗》

三首　　　　　　吴小如　7.40

借得山川灵奇处　聊申

短咏讴美名——《敦煌

甘咏》两首浅析　颜廷亮　8.69

对美的童心之爱

——敦煌曲子词《菩萨

蛮》赏析　　　　刘瑞明　8.72

一字之奇　千古瞩目

——略谈"诗眼"　臧克家　9.29

溯源《史记》　别开生面

——读韩愈的三篇文章　李立朴　9.32

怨情沉沉思绪绵绵

——温庭筠《菩萨蛮》简析　曹克明　9.39

深沉　典雅　迷离

——吴文英《鹧鸪天》赏

析　　　　　　　王英志　9.38

一首歌颂母爱的诗

——孟郊《游子吟》赏析　彭志粹　10.26

不无危苦之辞　惟以悲

哀为主——评宋代李

清照、刘辰翁、汪元量三

家的"元夕"词　　缪钺　10.28

奇思壮采石破天惊

——王和卿《拨不断·

大鱼》赏析　　　陈志明　10.32

向湘水女神致以爱慕之

深情——《九歌·湘夫

人》赏析　　　　殷光熹　11.28

诗人之文——李白《春夜

宴诸从弟桃李园序》　胡宝珍　11.32

空灵疏荡　别具丰神

——温庭筠《梦江南》赏析　唐玲玲　11.35

论证剀切　发人深省

——读《朋党论》　洪本健　12.27

天涯旅人的情思曲

——析冯去非《所思》　李敏　12.30

语语纤巧　字字妍情

——析蒋捷《一剪梅·

舟过吴江》　　　崔子恩　12.32

朱彝尊《鸳鸯湖棹歌》

(百首选三)赏析　胡铁军　12.34

文化史知识

中国古建筑中的窗　赵丽雅　1.48

律、令、格、式

1981年—1990年

——唐代的法典体系

	刘海峰	宋方青	1.53
古代帝王的生日与祝寿	孙来臣	2.40
元宵为何张灯	孙永如	2.44
明清瓷器中的吉祥纹饰	王 芳	2.48
古代相地术	詹鄞鑫	3.51
谱牒浅说	朱振华	3.57
茶之漫语	杨乐民	3.62
夏翟洛翟播彩饰仪		
——雉鸟与中国上古文化	李炳海	4.43
也谈我国骑兵的产生与		
发展	张 烈	4.48
唐代的庙市	谢重光	4.53
中国古代的"绿色倪根		
金长城"	卢 星	5.40
扇子艺术史略	魏兆铨	5.44
北京的戏楼与戏园	贺 海	5.47
宋代的递铺	汪圣铎	5.51
说"儒"	马振铎	6.64
中国古代的女子教育课		
本——《女四书》	张鸣岐	6.69
古代死刑种种	洪丕谟	7.49
烟草的发现和传入中国	许 子	7.54
先 秦 独 特 的 挑 战 方		
式——致师	祝中熹	7.59
济南乐舞杂技陶俑与汉		
代百戏	于中航	7.64
敦煌石窟中的音乐资料	阴法鲁	8.54
古敦煌民间建筑风俗	高国藩	8.59
唐代的书仪	赵和平	8.63
敦煌壁画中的乐器	郑汝中	8.68

墓碑墓碣墓表墓志	沈 翃	9.45
古代的铃	田迎五	9.50
清代的祖宗祭	杞亚平	9.53
从官、吏、僚说到清代的		
幕僚	袁庭栋	9.57
古代巫盅术	詹鄞鑫	10.39
唐朝的食堂与"食本"	陈明光	10.43
宋代的金字牌	刘 森	10.48
清代的勋章	王道瑞	10.49
月亮与兔儿爷	王连海	11.41
古代街衢沿革述略	张 庆	11.45
古代的县及县官	刘 森	11.49
古殿堂上话藻井	高林生	12.41
唐代的送穷习俗	刘桂秋	12.43
宋代的婚姻礼仪	朱瑞熙	12.46
清宫的朝会仪式	王 凌	12.51

古代科技漫语

中国古代开发利用天然		
气的历史 李仲均	李 卫	1.44
汉代的代田法和区田法	范楚玉	2.36
古代中医的诊断方法	廖育群	3.47
中国古代的兽医学	姜丽蓉	4.38
舵的发明及其对世界航		
海事业的贡献	王心喜	5.37
唐宋都城的粮食加工业	梁中效	7.44
敦煌文献中的天文历法	邓文宽	8.48
中国古代占星学的功过	柳卯林	9.42
我国古代对地下水的开		
发与利用 李仲均	李 卫	10.34
"车船"考述	周世德	11.37

我国古代计时器和近世机械钟　　陈尔俊　12.36

文史书目答问

我国现存最早的一部农业专著——《汜胜之书》　张习孔　2.52

夏庭芝和他的《青楼集》　鲍晓群　4.83

敦煌学刊物举要　　卢秀文　8.102

敦煌的童蒙读物　　汪泛舟　8.104

敦煌遗书中的佛教著作　　方广锠　10.87

陶保廉及其《辛卯侍行记》　　杨　萌　11.52

一部记载上古中、朝、日文化关系的珍贵文献　　徐桐生　12.54

人物春秋

"宫中谁第一　飞燕在昭阳"——汉代皇后赵飞燕的一生　　马晓光　1.82

杖策必因图雪耻　横戈原不为封侯——记未爱国将领袁崇焕　　陈祖武　1.87

朝野称美"杜武库"　　陶广峰　2.62

唐代天文数学家李淳风　　门　蝉　2.68

"人中之龙、文中之虎"——陈亮　林蔚兰　徐传胜　2.73

身系东晋安危的陶侃　　朱大渭　3.78

独坐幽篁里　弹琴复长啸——唐代杰出的诗人王维　　刘丽文　3.83

唐代最杰出的小说家之——李公佐　　陈正江　3.89

浩气常余百炼刚——明朝直谏名臣杨继盛　　彭妙艳　3.93

楚国名相孙叔敖　　彭　林　4.66

"要使奸雄怯胆寒"的胡铨　　谢先模　4.71

长于书檄的建安文人阮瑀　　魏明安　5.66

元大都的设计者——刘秉忠　　王　岗　5.70

近代爱国"布衣"王韬　　李景光　5.74

儒学独尊的奠基人——经学大师董仲舒　　王生平　6.73

绪绝学之传立一定之规的理学大师朱熹　　沈芝盈　6.77

王阳明——追求自我与社会和谐的哲学家　　陈宝良　6.82

春秋时代非凡的音乐大师——师旷　　张怀荣　7.81

魏晋名士夏侯玄　　李景琦　7.85

八方抽丰　一生挥霍——李渔人生的一个侧面　　侯光复　7.88

统一河西的功臣——张议潮　　谭婵雪　8.77

从凡夫俗子到一代名僧的刘萨河　　孙修身　8.81

不畏强暴的京兆尹——盖勋　　梁仲明　9.73

1981年—1990年

一个充满矛盾的历史人

物——"书圣"王羲之	刘项扬	9.77
江南才子解缙	彭国远	9.82
"拓落多智，与众不群"		
的耶曾国富律阿保机	邓军燕	10.66
龚半千与《桃花扇》	华德荣	10.71
年羹尧——一个身败名		
裂的功臣	李世愉	10.74
谋士敬翔	李鸿宾	11.71
一个短命王朝的悲剧人		
物——高颎颎	陈乃容	11.76
唐寅和他的日本友人	张希广	11.80
崇祯帝倚为千城的杨嗣		
昌	杨　勇	11.83
最大限度实现人生价值		
的张衡	刘周堂	12.61
马援的苦酒是怎样酿成		
的	刘易修	12.57
明朝宦官专权的代表人		
物——刘瑾	廖心一	12.66
郑樵的治学精神及其史		
学成就	范兆琪	12.71

考古知识讲座

什么是考古学	赵朝洪	1.67
我国的石器时代考古	张江凯	2.85
夏商周时代考古(上)	张　辛	3.70
夏商周时代考古(下)	张　辛	4.57
秦汉魏晋南北朝考古	高崇文	5.56
隋唐宋元明考古(上)	齐东方	7.76
隋唐宋元明考古(下)	齐东方	9.61

金石丛话

摩崖	施蛰存	2.55
造像	施蛰存	4.62
唐碑	施蛰存	5.63
唐墓志、塔铭、经幢	施蛰存	7.67
金石小品	施蛰存	9.65

中国历代官制讲座

(连载42)清代职官(三)	王钟翰	1.57
(连载43)清代职官(四)	王钟翰	2.58
(连载44)清代职官(五)	王钟翰	3.66

中外文化交流与比较

谈谈清代中日经济、文		
化交流与日本学者的		
有关研究	冯佐哲	1.61
儒学在日本的传播和影		
响	徐远和	6.105
中国儒学思想与西欧启		
蒙运动	何兆武	6.110
儒家伦理与新加坡精神	陈俊民	6.115
《红楼梦》在苏联	阮宝山	7.96
日本"敦煌学"研究简介	荣　昱	8.108
法国近年来的敦煌学研		
究	耿　昇	8.113
中国物品在世界上的魅		
力与影响	陈高胜	10.91
魏晋隋唐时期外侨对中		
国历史的贡献	何祖敏	11.89
马礼逊与英华书院	史静寰	12.88

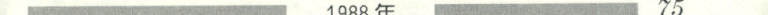

文学人物画廊

前赴后继 终成大业
——鲧禹治水(上)　　屈育德　1.73

前赴后继 终成大业
——鲧禹治水(下)　　屈育德　2.91

冷香寒彻骨 雪里埋金
簪——谈谈薛宝钗的
自我修养　　吕启祥　3.74

一个女伶的悲剧命运
——小议龄官　　刘红萍　4.102

李瓶儿与尤二姐
——《金瓶梅》、《红楼
梦》人物比较　　张福庄　7.70

"重帐深下莫愁堂"
——乐府人物莫愁女的
传说　　马晓光　9.94

语言知识

岂知灌顶有醍醐
——"醍醐灌顶"释义献
疑　　张绍臣　4.93

释"歌台暖响"　　谢质彬　4.96

中国·天室·嵩山　　王冠英　5.97

谈谈古书中的"仍"　　黄怀信　5.98

"稀"之辨　叶新源　钟家莲　5.102

敦煌遗书中的标点符号　　李正宇　8.98

"轨轨"说　　饶宗颐　8.101

释"黄帝"　　唐善纯　刘镜华　9.106

小童·子童·梓童　　常　洪　10.96

说狐　　丁广惠　10.99

"胥"字考　　元鸿仁　10.101

阿斗的大名怎样读　　吕友仁　11.112

宗教与人生

黄庭坚禅学源流述略　　祝振玉　4.98

儒学与佛教　　方立天　6.59

飞天在人间　　段文杰　8.85

说"奈河"　　项　楚　10.62

《红楼梦》与道教　　牟钟鉴　11.66

俗语佛源

菩萨低眉 广结善缘 化
缘劫 薪尽火灭
中国佛教文化研究所　1.110

生老病死 禅 宿命 裟
裟清凉 中国佛教文化研究所　2.95

方便 三昧 业报 业障
顽石点头 中国佛教文化研究所　3.116

精进 缘起 眼界 菩萨
微妙 中国佛教文化研究所　4.118

虚妄 唯心 一即一切、
一切即一 道场 智慧
中国佛教文化研究所　5.122

镜花水月 心花 五十三
参井中捞月 开山 六
根清净 中国佛教文化研究所　7.120

青年园地

秦什伍连坐制度初探　　吴翼中　1.112

千古是非心 一夕渔樵
话——漫说元曲中的隐

逸精神 朱万曙 2.109

试论李白、王维的创作
倾向的分化 万亚峰 3.123

"白露为霜"新解 金文伟 4.108

陶渊明与鸟 周海平 5.114

钱谦益晚年修史活动与
思想转变 赵 刚 5.116

先秦贞节观考略 胡发贵 7.103

国风爱情诗中植物比兴
的"奥秘" 王志忠 裘陈平 7.106

敦煌北朝的故事画艺术 赵声良 8.118

湘君、湘夫人新考过 常 宝 9.111

彩笔难续笙歌梦
——略论张炎的词 赵丽雅 9.115

浅谈《大明律》对唐律的
继承与发展 张文瑞 10.103

"寓哭于笑"——浅谈《墙
头马上》的悲喜剧风格 袁新文 11.109

借男女离合之情 抒国
家兴亡之感——浅谈
梁辰鱼的《浣纱记》 刘 斌 12.97

文史信箱

"东林"之名从何而来 夏刚草 1.112

籍·贯·籍贯 王毓铨 2.117

漫话小人国 王永宽 4.120

居庸关云台券门壁刻西
夏文是怎样辨认出来
的 吉 人 5.118

说说"二十四孝" 王炳照 6.125

十二生肖的来龙去脉 张演生 7.125

藏经洞的封闭与发现 马世长 8.93

《二十四史》汇刊本述略 王盈甫 9.118

杜甫的名号 冯建国 10.117

孟子是何时被尊为"亚
圣"的 朱维铮 11.16

轿子史话 黄新宇 12.106

文史研究动态

古往今来论钗黛
——钗黛之争综述 张庆善 1.123

近年来《西厢记》研究综
述 周绍庠 2.123

"诗界革命"研究综述 陈正荣 5.124

中日学者屈原问题论争
综述 金 菊 余 火 松 啸 9.125

近十年来对努儿哈赤的
研究综述 严衡山 马和平 10.122

日本研究新儒学的状况 李甦平 11.124

近年来楚辞研究概述 寿勤泽 12.113

文史古迹

灵岩寺与"海内第一名塑" 张永泉 1.121

登州——古代中国的东
方门户 朱亚非 2.113

世界屋脊的明珠——布
达拉宫 张 涛 4.114

艺宝库陇坻明珠
——谈麦积山石窟艺术 王纪月 5.103

古代文化的崇高殿
堂——孔庙 凌 迅 6.121

我国古代最早的国家监

狱——羑里 李合敏 7.122

嘉峪关 林 石 7.102

敦煌石窟 泳 汀 8.122

三危山与西王母 郑 雨 8.123

玉门关与阳关 罗庆华 8.126

鸣沙山与月牙泉 肖 洛 8.127

西汉名将霍去病墓 王建清 9.108

我国第二敦煌——萨迦寺 张 涛 10.126

王侯今何在 王陵气萧森——徐州的两汉诸侯

王墓葬 徐 明 11.121

今过葬王地 重忆建安人——鱼山曹植墓巡礼 吴济夫 12.110

"四世宫保"砖石牌坊 孙继青 12.112

读书札记

"凯旋"义探源 茅炙生 1.119

宫刑杂考 陈永生 7.116

《北山移文》质疑 金性尧 11.95

"作书诋佛讥君王"——读韩愈《论佛骨表》 于翠玲 11.97

"儒藏说"与《四库全书》的编纂 黄爱平 11.101

古典文学流派

谈谈建安七子 隋 文 3.112

"西昆体"浅谈 张 展 7.92

古代民族志

回回和回回民族 李松茂 1.104

草原文化的创造者之——敕勒族 吴 堃 2.102

成语典故

越俎代庖 肖冬阳 4.106

一琴一鹤 阮建明 4.107

读者·作者·编者

"后羿射日"神话形成的根据 邹德荣 3.115

张果传说还有更早的出处 李剑国 4.124

也谈"白露"为"霜" 程晓东 11.128

谁是武当山内当家拳技的创始人 李大东 12.118

文体史话

什么是"徐庾体" 李正春 1.108

儒学源流

以时兴衰的两汉经学 金春峰 6.35

中国哲学认识史上的跃进——宋明理学 张立文 6.41

宋明理学与近代新学之间的桥梁——明清实学 葛荣晋 6.48

"援西学入儒"的现代新儒学 方克立 6.54

礼制和等级观念 刘志琴 6.86

儒家伦理思想新探 罗国杰 6.90

先秦两汉儒家的大一统

1981年—1990年

思想	洪廷彦	6.95
十三经的形成与经学类		
别	年钟鉴	6.99
《坚瓠生诗抄》案与弘历		
的用心——析乾隆时		
的一起文字狱	赵伯陶	7.108
对当前敦煌吐鲁番学研		
究的一点想法	季美林	8.3
敦煌学回归故里	段文杰	8.5
敦煌壁画的保护	樊锦诗	8.6
加强敦煌汉文文献目		
勻议	[日本]池田温	8.8
我与敦煌变文研究	[美国]梅维恒	8.9
敦煌艺术概观	段文杰	8.30
敦煌佛教艺术的再认识	史苇湘	8.35
敦煌壁画的世俗性	李永宁	8.39
敦煌壁画中的佛教故事		

画	谢生保	8.43
王重民与敦煌遗书研究		
工作	刘修业	8.74
王梵志和他的五言通俗		
诗	张锡厚	8.90
戏曲曲牌与宋元民俗	翁敏华	9.69
古代田园诗与田家诗	卞良君	9.99
说"话本"	施蛰存	10.53
唐代幕府与文学	戴伟华	10.58
竹与中国文化	王利华	10.108
《七发》的形式美	徐宗文	10.113
从孔子对弟子的评价看		
其政治思想	孙开泰 李超英	11.62
道家与楚文化	吕 艺	11.105
孔子和孟子	钟肇鹏	12.76
我国的累世同居之家	宋昌斌	12.80
汉赋的铺张扬厉	龚克昌	12.84

1989年总目

治学之道

谈诗书画的关系	启 功	1.3
从《诗词例话》谈到我的		
学习	周振甫	2.3
我治学的三部曲	孔凡礼	4.3
往事回忆——和青年同		
志谈治学体会	郭豫适	5.3
我的宋明理学研究	张立文	6.3
我是怎样学习和研究的	陈骆娥	7.3

赔笑方家话治学	李思敬	8.3
热爱——治学的动力	屈育德	9.3
治学曝言	汤炳正	11.3

文学史百题

北宋词人创作环境和创		
作观念的变化(上)	邓魁英	1.12
北宋词人创作环境和创		
作观念的变化(下)	邓魁英	2.12
齐地文学与民俗	徐北文	3.15

1989年

汉赋的美学特征 邓乔彬 4.10

从"味"到"趣"——谈元散曲的审美特征 刘永华 5.10

古代的哀祭文 章明寿 6.11

"借太真外传谱新词,情而已"——明清浪漫思潮与《长生殿》的"至情"观 郭英德 7.9

唐宋词所展现的心灵世界(上) 杨海明 8.8

唐宋词所展现的心灵世界(下) 杨海明 9.7

论《诗经》"赋比兴"之"赋" 褚斌杰 10.23

金诗流变鸟瞰 张 晶 11.9

植根于乡里 勃兴于金元——说山西的戏曲

阎风梧 刘达科 12.4

历史百题

品、阶、爵、勋与公、孤——略谈我国古代的官阶及尊衔 袁庭栋 1.18

我国税收的起源 黄文楼 2.21

稷下学宫的历史启示 刘守安 3.23

明初的文字狱 魏连科 4.16

说汉初的基本国策 翟林东 5.16

中国古代的监察制度 白 钢 6.18

失效的"锁链"——浅谈"宦官之祸"的一个主要原因 伊北风 7.16

中国古代的宰相 王 素 8.13

士大夫阶层的形成 阎步克 9.14

略说乾隆的"十全武功" 黄爱平 10.28

魏晋南北朝的儒学 洪廷彦 11.16

略谈三晋文化的特色 姚莫中 12.11

专文

汉武帝与汉赋 潘良炽 1.104

略论中国雕塑与绘画的不同命运 孙振华 1.108

传奇事写奇人——谈经史与小说的渊源关系 汪道伦 2.66

情韵特胜 清美可口——毛滂和他的《东堂词》 张奇慧 2.102

古代的送别诗和悼亡诗 卞良君 2.105

齐鲁文化特征比较 李启谦 3.81

齐国疆域的变迁 安 国 3.125

大秦历史重考 〔加拿大〕戴维清 4.75

儒学、儒教与自然科学 李 申 4.98

以无声画境 传琴筝清韵——谈常建音乐诗的艺术 陶文鹏 4.101

张未的散文 张巨才 4.105

"烦琐考证"辨析 缪 钺 5.63

《昭明文选》祖饯诗中的离情(上) 〔新加坡〕王国璎 5.66

宫廷的风致 皇家的气魄——明初文化随笔 陈宝良 5.108

玄学与东晋南朝政治 郭燕徽 6.61

《昭明文选》祖饯诗中的离情(下) 〔新加坡〕王国璎 6.65

1981年—1990年

关于陆游诗的评价 胡 明 6.97
《尼姑思凡》的美感特征
　和创作方法 王季思 7.38
《西厢记》名句琐谈 蒋星煜 7.89
欧阳修史论略说 张啸虎 7.95
《红楼梦》与清代女子诗
　社——从大观园中的
　"海棠诗社"谈起 夏晓虹 7.100
读山水诗和山水画 余冠英 8.50
试论屈原的"美政"理想
　及其渊源 张福庆 8.51
王维和他的山水田园诗 田惠刚 8.56
酷吏群相——"缘饰以儒
　术"的真相 林聪舜 8.76
宋代投诉案件的登闻鼓
　考议 季 平 8.121
古代的宫怨诗和闺怨诗 卞良君 9.83
说谭嗣同的"任侠" 夏晓虹 9.87
百期寄语 编 者 10.3
百期祝词 季美林 10.4
第一号朋友——贺《文
　史知识》出刊百期 臧克家 10.8
"专门家"与"无名作者" 杨牧之 10.7
独到的境界 袁行霈 10.12
"珠玉非宝 节俭是宝"
　——朱元璋提倡俭朴事 陈梧桐 10.109
"以意逆志"的得失及其
　影响——从孟子论
　《诗》、引《诗》谈起 成 孚 10.113
"小说史意识"与小说史
　研究 陈平原 10.118

南朝山水文学与吴均
　"三书" 刘文柱 11.35
略谈杜甫七律雄浑风格
　形成的原因 孙琴安 11.53
《镜花缘》对《红楼梦》女
　性问题的反思 毛忠贤 11.56
继承历史遗产 弘扬三
　晋文化 王森浩 12.3
治世之重镇 乱世之强
　藩——山西在我国历史
　上的地位 李孟存 常金仓 12.36
戏曲发展的重要史证
　——谈山西的戏曲文物 黄竹三 12.45
山西的地理形势与建置
　沿革 张纪仲 12.105
洪洞古槐与明代移民 李广洁 12.108

怎样读

《宋元学案》——四百年
　儒学沉浮史 陈金生 1.26
《文子》其书 卢仁龙 2.26
《周易》与儒、道、墨思想
　的形成及其演变 张立文 3.21
关于《宋诗选注》的对话
　 王水照 内山精也 5.23
读《陔馀丛考》 王树民 6.24
《李师师外传》与宋代文
　言小说 周维培 7.22
《考信录》——探索科学
　古史体系的先导名著 陈其泰 9.21
方内游仙 坎壈咏怀

——如何看待郭璞《游仙诗》　倪其心　10.34

怎样读《典论·论文》　杨 明　11.22

诗文欣赏

缜密·疏朗·静谧　王明居　1.31

顾盼摇曳　掩映动人
——说曹丕《燕歌行》其二　魏耕原　1.34

离绝寻常　笔墨畦径
——李贺《黄头郎》诗赏析　齐天举　1.38

也无风雨也无晴
——从《定风波》看苏轼词的旷达风格　赵仁珪　1.41

"出世"与"入世"的矛盾
——杜牧《将赴吴兴登乐游原》主旨寻绎　杨宝林　2.30

诗中之画　画外有诗
——说柳开《塞上》诗　张 鸣　2.34

借事相发　余韵悠长
——王安石《明妃曲》二首赏析　赵伯陶　2.36

剑气箫声两销魂
——龚自珍《湘月》赏析　王兆鹏　2.40

写照一时　传诵千古
——《诗经·齐风·东方未明》赏析　张 文　3.76

奇士风采的赞文
——《颜厨说齐王》赏析　孙树木　3.79

依依留别道心声

——何逊《赠韦记室黯别》赏析　魏明安　4.27

孟浩然王维诗风格琐谈　冀 勤　4.30

悲歌一曲了此生
——徐君宝妻《满庭芳》读后　臧克家　4.33

温婉有味见涵养
——《砚山亭记》赏析
　林家英　赵云天　4.35

感时叹逝　推理散忧
——读王羲之《兰亭诗》　杨 明　5.29

绿色的联想
——谈古诗中的色调美　张 琦　5.34

活跃生命的写真
——赵岩〔中吕·喜春来过普天乐〕欣赏　方智范　5.37

登高望远的审美心态
——读王鹏运《八声甘州·送伯愚都护之任乌里雅苏台》　王海若　5.40

此爱至深　此情至真
——读孟郊《结爱》诗　廖高群　6.29

哀辞之绝唱,动人之挽歌——读韩愈《欧阳生哀辞》　李知文　6.31

花间词中的别调
——毛文锡边塞曲《甘州遍》赏析　程郁缀　6.35

沉静的崇高,缥缈的美
——蒋士铨《苏幕遮》赏析　赵 谦　6.39

流动·新巧 王明居 7.25

中日友谊之花盛开唐代诗国——简析王维、晁衡、李白的几首诗 苏者聪 7.27

沁人心脾的幽美境界——读李白《峨眉山月歌》 魏耕原 7.31

马致远的散套《耍孩儿·借马》简析 石泽溢 7.34

谨严·直率 王明居 8.20

内在孤寂心绪的默观与审美——李煜小词《捣练子令》赏析 杨 栋 8.22

"天问"式的呼唤——试说秦观的《踏莎行》词(郴州旅舍) 吕乃岩 8.24

月色泯尘念,淡泊返自然——浅说宋濂两首诗的意境 陈葛满 8.30

古拙·洗炼 王明居 9.25

《春望》忧患意识的艺术魅力 檀默君 9.28

委婉纤曲巧说"愁"——李清照《武林春》试析 江林昌 9.31

于无声处的恸哭——读谢翱《登西台恸哭记》 徐 釣 9.33

"前度刘郎今又来"——读刘禹锡的两首桃花诗兼谈"桃花诗案" 鲍传龙 10.39

身在江海之上 心居魏阙之下——司空图《退栖》诗赏析 傅 易 10.42

意态兀傲 意境天开——说黄庭坚《登快阁》诗 张 鸣 10.44

意象的融化——说谢逸《江神子》词 杨景龙 10.47

忧愁郁恒 激愤慷慨——读司马迁《报任少卿书》 贾君清 11.26

晚唐诗苑的一支奇葩——温宪《杏花》诗赏析 郑伯勤 11.30

赋手文心,开倚声家未有之境——评张惠言《水调歌头》(珠帘卷春晓) 缪 铖 11.32

说王维《过香积寺》 张燕瑾 12.44

萨都剌《满江红·金陵怀古》赏析 李正民 12.47

集史、诗、文于一体的《游晋祠记》(附原文) 胡铁军 12.50

古代科技漫话

坎儿井及我国古代的灌溉系统 李仲均 李 卫 1.45

针灸古今谈 廖育群 2.44

山东古代瓷器艺术简说 刘凤君 3.49

我国古代的渔业 李仲均 李 卫 4.39

中国古代的"水长城" 倪根金 卢 星 5.42

人痘与牛痘接种术 汤学良 6.41

1989年

中国古代种稻史	何平和	7.43
大火星与古历法	郑慧生	8.33
博物与本草——中国传统的分类学	(台)刘君灿	9.39
明清建筑珍宝——园林艺术	廖育群	9.42
明代的纺织技术	胡湘生	10.51
中国浆系的演变	周世德	11.39

我国历史上的助学制度	崔运武	5.59
齐刀币管窥	文 初	6.46
中国古代女子的拜仪	孙诚来	6.48
合浦珍珠	苏立柱	6.52
清帝大婚礼仪	李国荣	6.56
"四灵"与"玄武"	詹鄞鑫	7.48
"痄腮承蜘"与古人的"食蝉"习俗	董志翘	7.54
漫话开斋节	李松茂	7.56
中国历史上的赎刑	李衡梅	8.36

文化史知识

漫谈画眉 夏桂苏	夏南强	1.50
宋代的酒肆	张 庆	1.54
拆字与相字	陆锡兴	1.57
周代的市场	李建国	2.48
漫话冠礼	陈 耀	2.52
鲤鱼漫谈	邢湘臣	2.56
宋代的服装风尚	朱瑞熙	2.60
从孔子闻韶说到齐国乐舞	乔荣涛	3.56
齐国的武技	王赛时	3.62
齐国军事科技漫谈	王培元	3.64
齐故都瓦当	李发林	3.68
商代的六艺	朱启新	4.43
巫祀中舞祭的模式——八卦舞谱	周 冰	4.49
《诗经》中的乐器	石 夫	4.52
宋代立春习俗	吴宝琪	4.55
我国早期的假山	马国钢	5.47
斑鸠与古代的尚齿敬老	李炳海	5.51
"江州车"和"木牛流马"	周晓薇 王其祎	5.55

公证在中国的起源和演变	宋加兴	8.39
漫话我国古代书肆的起源	杨希义	8.41
唐都长安的商业区	高林生	8.46
漫话"先生"	袁庭栋	9.45
包装古今谈	陈 星	9.49
汉代的军用地图	庄春波	9.51
唐都长安的居民区——坊	张 庆	9.54
古代的藏冰与使用	王赛时	10.56
先秦的巡守礼	李建国	10.60
话骰子	麻国钧	10.63
西夏的礼仪风俗	朱筱新	10.68
生动泼辣的宋代滑稽戏	汪圣铎	11.44
清代礼制与生活方式	张仁善	11.49

人物春秋

"茶神"陆羽	郁志群	1.69
晚唐政治家李德裕	田廷柱	1.73
珍珠无价玉无瑕		

1981年—1990年

——秦淮名妓董小宛的一生　马晓光　1.78

西汉匈奴族杰出人物——金日磾　陈全仁　2.82

东晋伟大的旅行家——法显　卢鹰　2.86

"虽苏武不能过"——南宋刚正名臣洪皓　徐茂明　2.91

"才兼文武，出将入相"——唐代著名军事家李靖　张文才　4.62

湘军著名首领胡林翼　胡渐逵　4.68

"明湖第一词流过客"——王梦湘　钱鼎芬　4.72

一曲琵琶弹至今——昭君故事的历史面貌　（台）陈季菱　5.70

驴面天子——郭威　于学义　5.75

清正敢言的刘宗周　林金树　5.79

曹魏时期杰出的法官——高柔　邓奕琦　6.69

学成文武　勋勒旌旗——明朝名将谭纶在蓟镇　封越健　6.73

明代复社领袖张溥　岳岐　6.78

景帝是个好皇帝吗?——从《史记》论景帝之为人　（台）蔡信发　7.67

明代"曲坛盟主"——沈璟　朱万曙　7.71

宦海沉浮　刚直名世

——士林领袖李梦阳的仕宦生涯　石麟　7.76

"破肚将军"蓝理　王政尧　7.80

史籍中的第一个清官——孙叔敖　王兆兰　8.60

皇后之冠邓绥　李渊英　8.60

往年壮心在　尝欲济时难——中唐诗人元结　徐传胜　林蔚兰　8.71

刚果壮烈的悲剧皇帝曹髦　李景琦　9.62

万里常为客　孤愤自清然——北宋青年诗人王令的一生　吴九高　9.65

明代女诗人黄峨　陈延乐　9.69

"大义当前，威武有所不屈"——晚清外交家杨儒在中俄谈判中　钟康模　9.73

蜀之勇将魏延　冯康波　10.77

善照"镜子"的唐太宗　汪瀛　10.80

浩然正气　高风峻节——纪念谢枋得逝世七百周年　胡林辉　10.87

杨炎的功过与悲惨结局　陈明光　11.60

联合农民军抗清的文安之　谢源远　11.65

润松露鹤有徐夜　张光兴　11.69

得周天子册命之封的霸主——晋文公　马冰　12.73

伟大的戏剧家关汉卿　力耘　12.78

"卓然不惑，求是辨诬"

——清初著名学者阎若

璩　　　　　　黄爱平　12.83

山西历史传说人物三题　李德芳　12.88

文学人物画廊

巾帼英雄木兰女

——木兰传说初探　　竞　侪　1.62

真切、完整的人物形象

——也谈李瓶儿　　沈天佑　2.110

关羽的"义"——读《三国

志通俗演义》　　王少敏　5.87

取经路上的凡夫俗

子——猪八戒　　侯光复　7.85

戏曲中的第一个侠妓

——关汉卿《救风尘》中

的赵盼儿　　　黄竹三　9.79

直烈遭危　抱屈天亡

——小论晴雯　　吕启祥　10.73

开放性：婴宁们的魅力

——对《聊斋志异》一个

女性形象系列的思考　翁　新　11.90

读书札记

漫说《西游记》中的"女

儿国"创作　　　陆鸿飞　1.97

"刑不上大夫"考辨　王志国　4.113

白居易为何荐徐凝而抑

张祜　　　　　吴在庆　4.116

汉宫孤雁为谁鸣　　鲁业华　5.92

贾府方位·赶围棋

——读《红楼梦》新校本

札记　　　　　　徐永森　5.94

"虚成虎"还是"帝成虎"　张涌泉　7.127

涂山究竟在何处　　张志康　8.82

"芥舟"新解　　　戴伟华　8.84

禹——站在文明门槛的

伟人　　　　　施　雄　9.92

"东门"何以指代社稷　倪祥保　9.96

《说文解字》收字知多少　蒋述尤　10.98

汉乐府《东门行》新解　李国阳　10.102

古代战争中的歼敌数字　孙红蒐　11.96

增之一分则太长

——读新校本《红楼梦》

札记　　　　　　徐永森　11.98

读诗札记

流离之痛　爱国之情

——杜甫《月夜》解　　杨承丕　2.73

一生襟抱向谁开

——从杜甫诗看杜甫与

严武的友谊　　李翼云　2.74

语言知识

《曹刿论战》中的"加"字　侯慧章　1.91

《桃花源记》一处断句的

辨析　　　　　　徐　风　1.92

"德"字新释　　　何　飞　2.127

释"悲"、"哀"　　朱庆之　4.82

古代"死"的别名　　龚延明　4.84

从"老身"谈起

——漫话古人自谓　方南生　5.103

释"来"　　　　　谢质彬　6.102

话说"五两竿" 黄崇浩 6.104

"是礼"与"知礼"

——谈伦换概念和词义

的确定性 陈 绂 8.92

"捉刀"和"操刀" 旷 钟 8.95

释"梼机" 唐善纯 9.112

陇右方言词语特点浅

说 元鸿仁 9.113

"加"字释义商兑 朱 城 11.78

"有教无类"解 谢质彬 11.79

宗教与人生

"观世音"的来龙去脉 王景琳 1.87

财神的来历 王景琳 2.79

图腾·八祠·封禅

——齐地的原始宗教和

宗教学说 郑杰文 3.71

灶神的演变及其作用 王景琳 7.60

文史书目答问

《黄帝内经》的整体观 宋丹凝 2.70

《晏子春秋》——中国最

古老的传说故事集 孙绿怡 3.109

《百家姓》杂谈 袁庭栋 4.57

道教类书《云笈七签》 朱越利 5.83

世界第一部法医学专著

《洗冤集录》 陈洪宜 7.63

说《古书疑义举例》 陈 捷 8.108

布衣未必叹飘零

——读谢榛《诗家直说》 赵伯陶 11.74

大型学术著作丛书《山

右丛书初编》 孙安邦 12.70

文史工具书介绍

类书成因简说 王铁军 4.61

书 评

读《敦煌与中国佛教》

——介绍日本集体巨著

《讲座敦煌》 周一良 4.92

《敦煌石窟艺术论集》简

介 辛 夷 4.96

探微知著 独臻妙境

——《〈水经注〉选注》述

评 曹道衡 跃 进 8.124

青年园地

梦幻文学的一朵奇葩

——读陆游的纪梦诗 郑新华 1.93

苏轼何时开始接触佛

教 刘 石 2.116

"不鼓自鸣"析 袁 禾 4.111

杀人何必恶婆婆

——试析刘兰芝爱情悲

剧的原因 郭利群 5.106

试论阮籍的《咏怀诗》 王 涛 6.108

《左传》成书年代质疑 毕清江 7.116

悲秋题材与文人心态 刘 宁 8.102

日本遣隋使来华年次考

略 石晓军 8.104

"火浣布"考述 李树辉 10.106

宋太宗首次北伐败因 陈 烈 11.102

文史信箱

我国古代的"十二时" 王启明 1.113

八股文为什么沿用了五百余年——略谈八股文在当时的功用 刘海峰 2.119

西夏史料简说 聂鸿音 4.118

胡床、小床和椅子 朱大渭 5.112

"葵"已退出蔬菜领域了吗? 罗承晋 6.112

颐和园中的三层戏台是如何使用的 朱家溍 7.119

中国清末的百科全书 钟少华 8.110

民间文学与中国古籍 程 蔷 9.115

曹操的"唯才是举"令发布于何时 张显传 11.104

董永故事发生在什么年代 宋焕文 11.107

文史古迹

千年遗址 南国完璧——楚耶都漫话 周有恒 1.119

著名私人藏书楼——海源阁 范景华 2.123

临淄古墓群 张宇声 3.114

齐都故城 张龙海 3.116

齐古长城 高思林 3.119

滕王高阁临江渚 谢先楼 4.122

古代的地方政权机关"县衙"——河南内乡县衙博物馆 钟 炜 5.117

仓颉、仓颉庙 李广阳 6.120

札什伦布寺与班禅灵塔——藏汉民族团结的象征 陈崇凯 8.117

西藏佛教第一座正规寺院——桑耶寺 张 涛 9.123

我国戏剧史上富有纪念价值的文化遗址——玉茗堂 邹自振 10.125

我国现存最早的砖塔——嵩岳寺塔 李合敏 11.109

文殊道场五台山 陈扬炯 12.112

历史名城

军事重镇晋阳城 杨 文 12.99

蒲州 宁志荣 12.102

文史研究动态

四十年来《西游记》研究状况简评 郝 浚 1.122

第三届全国《西游记》研讨会概述 田 荣 1.125

近年来齐文化研究综述 宣兆琦 3.121

近十年来关于宋玉赋真伪问题研究综述 李生龙 4.125

十年来我国的民俗学研究 王文宝 5.121

近十年来淝水之战讨论概述 景有泉 6.123

近年"汤沈之争"研究综述 陆 林 7.123

1981年—1990年

钟嵘《诗品》研究综述　　曹　旭 11.114

心理美学散步

从"断片的人"到完整的人——谈现代人的审美需要　　童庆炳　1.83

主体心理意象的诗化——谈审美联想　　童庆炳　2.96

心理定向与美的幻觉——谈审美投射　　童庆炳　4.86

与天地万物相往来——谈审美移情　　童庆炳　5.97

换另一种眼光看世界——谈审美心理距离　　童庆炳　6.82

胸次淡泊与美的发现——谈审美虚静　　童庆炳　7.108

心灵与自然的沟通——谈"异质同构"　　童庆炳　8.96

欲望的替代性满足——谈审美升华　　童庆炳　9.106

返回人类精神的故园——谈心理原型　　童庆炳　10.92

审美中的苦难与甘美——谈审悲快感　　童庆炳　11.83

三晋文化

发祥于河东地区的华夏文化　　李元庆　12.18

从《唐风》《魏风》谈中国诗歌传统　　子　今　12.23

东周时期山西民族融合

鸟瞰　　唐嘉弘　徐难子　12.27

明清晋帮商人的兴衰　　张正明　12.32

齐地英杰

杰出的医学大师扁鹊　　黎　虎　3.85

齐国的文学家淳于髡　　赵蔚芝　3.90

傲倪一生鲁仲连　　张光兴　3.94

段成式及其父子　　张福信　3.97

山西风情

近世山西民居特色　　乔志强　12.58

山西皮影　　张　一　朱景义　12.62

醋香飘三晋　　英　梅　亚　娜　12.65

绚丽多姿的艺术奇葩——山西民间剪纸漫谈　　张　余　12.67

文化源流

独具特色的地域文化——齐文化　　王志民　3.30

齐文化与黄老之学　　安作璋　3.36

《管子》的民俗思想　　王德敏　3.42

齐地仙话与齐文化　　孙元璋　3.46

文史杂谈

也谈孟子是何时被尊为"亚圣"的　　刘培桂　8.88

秦始皇"焚书坑儒"辨析　　张世龙　6.93

中外文化交流与比较

西学输入与中国近代的出版事业　　李占领　9.58

中国名著在国外

《管子》研究在国外 陈书仪 3.104

鸭水相邻话《红楼》——《红楼梦》在朝鲜的流传及研究 胡文彬 7.103

中法文化交流的瑰葩——《红楼梦》在法国的流传 胡文彬 9.98

书画欣赏

从《润格》帖看郑板桥的书法 秦永龙 8.87

古典文学流派

桐城派的源流 高传明 1.66

读者·作者·编者

陈抟并非四川安岳人 纪 明 2.101

关于"奈河"的一点补充 季美林 4.71

《北山移文》不应否定 胡格非 5.127

商周帝王非以天干命名 赵光贤 6.105

解"白露为霜"——谈《蒹葭》的时间环境 贾雪枫 6.106

关于姓氏的数字 张书岩 6.107

杜甫自号"少陵"考辨 刘真伦 8.64

鲁仲连的生卒年 李继昌 9.91

关于"铸型" 施蛰存 11.119

"我与《文史知识》"征文

良师挚友无穷期 王知择 10.13

平生风义兼师友 陈宝华 10.15

一个布依族读者的心里话 罗吉红 10.17

我想做真正的中国人 陈建中 10.18

我与《文史知识》的三次交往 石泽毓 10.19

《文史知识》是我的良师益友 余象乾 11.120

一件小事 姜光斗 11.122

从《文史知识》得到教益 乐时鸣 11.123

我与《文史知识》 高林生 11.125

魅力源于质量 信任来自读者 邱少春 11.127

笔 谈

祝贺"齐文化专号" 李美林 3.3

继承历史文化传统,发扬淄博精神 杜祥荣 3.3

千年沧桑话淄博 李新泰 3.4

齐学的历史价值 张岱年 3.8

多彩的古代地区文化 李学勤 3.10

其 它

齐国古都名人简表 丁龙洞 3.101

山西历史大事简表 张文颖 12.41

山西历代名人简表 刘幼生 12.94

山西主要文物古迹分布图表 张文颖 12.116

1990年

治学之道

从学和治学	褚斌杰	1.3
工作和治学	倪其心	2.3
学林寻步	陈美林	3.3
谈学术工作的基础	刘家和	6.3
我的佛教研究	方立天	7.3
筏上戈语	严迪昌	8.3
学习整理中国古代音乐史料小记	阴法鲁	9.3
路越走越远——研究中国古代文学思想史的体会	罗宗强	10.3
自学答问	卞孝萱	12.3

文学史百题

宋诗漫谈(上)	吴小如	1.10
宋代的传奇小说	程毅中	2.10
宋诗漫谈(下)	吴小如	2.16
论北魏诗歌的发展	曹道衡	3.11
稚拙质朴、绰约多姿的高山族民间文学	曾思奇	5.3
正始玄风与正始文学思想	罗宗强	6.11
王渔洋——清初诗坛上充满矛盾的"一代正宗"	张光兴	7.8
从《水浒传》谈古代小说的社会学研究	骆冬青	8.9

千年词史简述	张璋	9.12
记言与写心——谈经史与小说的渊源关系	汪道伦	10.16
文化世族与吴中文化	严迪昌	11.11
"等为梦境，何处生天"——《南柯梦》《邯郸梦》荒诞意识谈	郭英德	12.9

历史百题

"中体西用"说及其历史作用	吴一泉	1.17
清代的科场案	纪耕新	2.19
传统文化在近代中国的命运	金冲及	3.19
台湾开发者的历史足迹	孔 立	4.4
中华民族在台湾的抗侵御侮史	施联朱	5.10
关于清初文化政策的思考	陈祖武	6.19
明代的"知识宣官"	方志远	7.13
削除三藩与康乾盛世	李治亭	8.14
鸦片战争与中国近代爱国主义	陈知恩	9.18
吴楚七国之乱	唐赞功	10.22
丰富多彩的吴文化	李学勤	11.18
沈家本与中国近代法制	梁治平	12.16

 1990年

怎样读

"此情深处,红笺为无色"——晏几道《小山词》浅说　　黄国衍　1.25

浅谈《文献通考》　　仓修良　7.20

读《唐代政治史述论稿》　　王宜瑗　8.21

美枣生于荆棘——柳宗元的政论文学作品　　张啸虎　9.26

怎样读《隋唐制度渊源略论稿》　　陈苏镇　10.28

徐霞客及《徐霞客游记》　　吕锡生　11.26

诗文欣赏

平淡　　王明居　1.32

缠绵排恻　荡气回肠——薛道衡《豫章行》赏析　　顾伟列　1.36

视角转换——说李商隐《夜雨寄北》　　葛兆光　1.39

寄托遥深　淡而无痕——读欧阳修《戏答元珍》　　熊　笃　1.43

绚烂　　王明居　2.26

独抒性灵　不拘格套——读袁宏道《虎丘记》　　徐　甸　2.28

只求同道——读张岱小品文《闵老子茶》　　徐城北　2.34

体兼说,序文含情,理——读袁枚《黄生借书说》　　王英志　2.36

刚健　　王明居　3.27

细看来,不是杨花,点点是离人泪"——说曹植《吁嗟篇》　　魏耕原　3.30

朝过三清又拜佛——李商隐与佛教的关系兼说《华师》一诗　　亦明　3.24

既情深而兴雅　亦排恻而洒落——黄周星《满庭芳·送友人还会稽》试析　　赵齐平　3.37

思乡念国两情深——说丘逢甲《得颂臣台湾书却寄》　　周先慎　4.45

相思树底说相思　多情应解思公子——读梁启超《台湾竹枝词》　　宇文平　4.49

台湾八景以及高拱乾题咏　　任　葵　5.16

玉山神游——《望玉山记》赏析　　林邦钧　5.22

一字之差　境界全非——重读杜牧的《秋夕》　　臧克家　6.23

析薪破理　辞约旨达——读司马光《训俭示康》　　赵伯陶　6.25

人生最贵是真情——郑板桥词〔贺新郎·赠王一姐〕赏析　　董国炎　6.30

生命意象的超越——苏曼殊《春雨》诗解

析　　　　　　　邵迎武　6.33
读戎昱的《苦哉行五首》　张世林　7.24
直中见曲　寄慨深长
——苏轼《满庭芳》赏析　周先慎　7.28
奇思隽语传画境
——黄庭坚《次韵子瞻
题郭熙画秋山》赏析　张　晶　7.32
又一曲悲歌　　　　　丘良任　7.35
唐苑群芳第一香
——吟味李世民《秋日
二首》之二　　　　　许永璋　8.25
人格形象的展现
——说杜甫《旅夜书怀》
诗　　　　　　　乔　力　8.28
不惜歌者苦　但伤知音
稀——从更深广的角度
看晏几道《临江仙》(梦
后楼台高锁)词　缪　钺　8.31
独辟蹊径　别具一格
——略谈韩愈"两序"的
艺术特色　　　　孙连琦　9.31
从旁逸出　独擎大纛
——冯惟敏《僧尼共犯》
传奇赏析　　　　凌　迅　9.35
一缕幽约怨排的春魂
——读张惠言《木兰花
慢·游丝同舍弟翰风
作》　　　　　　吴翠芬　9.39
涉想神奇　辞采瑰玮
——《楚辞·招魂》赏析　潘啸龙　10.31
布局谨严　意脉清晰

——读王安石《赠光禄
少卿赵君墓志铭》　洪本健　10.36
黄遵宪政治思想的演变
——从集外佚诗《侠客
行》谈起　　　　钱仲联　10.40
空灵旷逸　情致亲人
——读文征明《月夜登
阊门西虹桥》　　黄　燃　11.57
孤独的思乡曲——戴叔
伦《除夜宿石头驿》
　　　　　　　　葛兆光　11.59
含蓄　　　　　　王明居　12.43
长江儿女之歌
——崔颢《长干行》欣赏　李家骥　12.46
说辛稼轩《永遇乐·北
固亭怀古》　　　黄瑞云　12.49

古代科技漫话

我国古代制造、使用砖
瓦的历史　李仲均　李　卫　1.47
中西古代宇宙理论的对
比　　　　　　　江晓原　2.40
我国古代的井盐　何珍如　6.37
山西煤炭开采史略　秦瑞杰　7.37
说锦　　　　　　胡湘生　8.35
中国古代的外科手术　曾国富　9.42
中国古代的砖瓦　王月桂　崔桐东　10.43
吴地的造船与水运　辛元欧　11.62
吴地水利的开发与利用　何荣昌　11.68

文化史知识

说"嘤嘤"　　　季美林　1.52

1990 年

清代的诏书与颁诏礼仪	李松龄	1.56
古代毒盅术	詹郭鑫	2.44
谈谈先秦的聘礼	张 庆	2.50
唐代的博学宏词科	刘海峰	2.54
古代官服上的十二章纹	李晓华	3.47
中国古代的信鸽传书	许惠民	3.51
蜡烛琐言 夏桂苏	夏南强	3.56
台湾的婚丧礼俗	(台)徐福全	4.24
闽台民俗谈	国 强	4.32
台湾歌仔戏的过去、现		
在与未来	(台)曾永义	4.37
从台湾少数民族文身习		
俗看原始艺术	郭 然	5.32
浅谈台湾书院的发展	(台)林衡道	5.36
古代熏香琐谈	张 庆	6.42
古人的"郡望"	曹 之	6.47
古枕趣说	王赛时	6.50
"万人"与《万舞》	王克芬	7.42
鲜卑婚俗中的"戏弄女		
婿法"	吕一飞	7.44
漫话宋代的"客至则设		
茶,欲去则设汤"	马 舒	7.47
钱币探源——铜铸币演		
变略说之一	李邦经	7.52
玉器与先秦文化	彭 林	8.40
唐代的御史台	胡沧泽	8.46
漫话"孔方兄"——铜铸		
币演变略说之二	李邦经	8.51
漫话"袖子"	齐冲天	9.46
皓月香风话中秋	陈 钧	9.51
说"钱"——铜铸币演变		

略说之三	李邦经	9.55
中国封建皇帝的名位制		
度 柏 桦	李春明	10.49
谈古代日常生活中的		
"三食"习惯	胡新生	10.53
漫话翁仲	周明初	10.56
宋代的医院	高林生	10.60
紫砂漫话	冯其庸	11.72
明清吴地中秋习俗	杨晓东	11.76
吴地的乡土艺术——惠		
山泥人	柳家奎	11.80
独具特色的土墩葬	何 迪	11.83
说"腊"	张 恬	12.61
漫话古代的足球	张 爽	12.63
古代的巫术与迷信犯罪	殷啸虎	12.68

武侠小说漫谈

武侠小说与中国文化	陈平原	1.69
武侠小说原型流变的伦		
理基因	拓跋逵	2.58
武学巅峰与老庄佛禅的		
无心境界	葛兆光	3.42
论侠意识	刘新风	6.79
"武功"的文化价值和艺		
术魅力	罗立群	7.65
劫·连环劫·生死劫		
——新武侠小说讲故事		
的诀窍	禾 戈	8.55
唐代武侠小说与社会生		
活、文化思想之关系	刘荫柏	9.60
金庸古龙比较说	曹正文	10.81

1981年—1990年

豪侠世界品柔情 罗立群 12.51

人物春秋

北魏汉化的先驱者——

崔浩 曹道衡 1.79

"一廉如水 一猛如虎"

——明代的经济改革家

庞尚鹏 余三乐 1.85

"英略过人"的一代枭雄

桓温 李景琦 2.67

"滑稽多智,沉浮取容"

——冯道做官与作诗 郭兴文 2.72

举世无双的"大树将

军"——冯异 郭士正 3.62

东汉清白吏——杨震 段国超 3.68

绝代才情无觅处

——明末才女倪仁吉 张 羽 3.74

毁誉参半的郑芝龙 邓孔昭 4.57

开台第一位进士——郑

用锡 (台)张炎宪 4.62

清代能吏蓝鼎元 陈鸿舞 5.55

刘铭传及其在台湾的

"新政" (台)吴密察 5.59

爱国志士丘逢甲 潘国琪 5.63

杀头相似风吹帽 敢在

世上逞英雄

——罗福星革命述略 陈克进 5.69

崛起寒微的宋武帝刘裕 陶 易 6.64

朱勔与花石纲 李 晓 6.69

蜚声日本的朱之瑜 孙传钊 6.73

唐代中后期削藩名将李

愬 张文才 7.77

晚明著名学者焦竑 向燕南 7.82

北宋第一位临朝太后

——章宪明肃刘后的一生 李润英 8.60

抗倭名将任环 范金民 周惠仓 8.65

吴承恩生平述略 刘修业 9.74

学习西方自然科学的先

驱者徐光启 张友文 9.80

勇而多智 屡建战功

——五代著名军事家周

德威 方积六 10.68

勇革积弊的县令——陆

子通 孔凡礼 10.73

文武兼备 卓然大家

——明代散文家、唐宋

派主将唐顺之 黄道京 10.77

功业显赫的吴王阖闾 王卫平 11.87

南宋杰出的诗人范成大 钟必琴 11.92

唐代英儒第一家

——经学大师孔颖达其

人其学 李建国 12.84

"虾蟆天子"——朱由崧 卢兴轩 12.90

文史书目答问

陈第与《东番记》 贾 宁 4.54

清代的几部《台湾府志》 李秉乾 5.45

连横及其《台湾通史》 雷玉虹 5.48

《丛书集成初编》——

部完备而实用的古籍

丛书 陈 抗 6.61

"四库底本"漫谈 刘 乾 7.90

《十六国春秋》 吕叔桐 8.96
《菜根谭》是本什么书? 王同策 9.107
沈家本与《历代刑法考》 崔文印 12.57

宗教与人生

西王母的演变 王景琳 1.94
神界的地方官——城隍 王景琳 3.81
台湾的民间宗教 (台)郑志明 4.41
海上女神妈祖与妈祖崇
　拜 周世跃 5.27
《道藏》与山西之翰墨因
　缘 师道刚 6.54
东晋——唐时期的佛教
　寺院庄园 谢重光 7.73
落成与葬礼
　——血的信仰之一 詹鄞鑫 8.69

古法丛谈

成文法 "诏不当坐" 梁治平 1.75
经义决狱 梁治平 2.65
"法"中之"儒" 天下为
　公 梁治平 3.59
诸法合体 梁治平 6.84
法中"阴阳" 梁治平 7.71

文学人物画廊

身居权要 心存淳厚
　——平儿平议 吕启祥 1.90
千载芳名留古迹 六朝
　韵事著西泠
　——苏小小事迹的演变 马晓光 2.76

书痴郎玉柱 万振一 3.77
贾儿小析 张鹤 7.87
"作好作恶者皆龙友也"
　——谈谈《桃花扇》中的
　杨文骢 孔 瑾 12.94

古典文学流派

"江西诗派"杂谈 张 展 2.80
别树一帜的阳湖文派 黄建民 10.102

语言知识

汉语的模糊量词及其意
　义容量 王 宁 1.105
岁名载、兹的来由与古
　代物候纪年法 王 晖 2.84
台湾的俚谚 (台)姚汉秋 4.82
漫谈台湾语言 (台)罗肇锦 5.73
反切说略 王一鸣 6.88
释"售" 崔俊清 6.92
释"天下旷荡" 张万起 7.100
释"公" 周俊勋 7.102
"春酒"辨析 萧东海 8.90
古代与"朋友"义有关的
　特殊词语 江蓝生 8.93
"龙龛"试解 毕素娟 9.92
联绵词"栗烈"及其流变 梅 季 9.94
汉语古今词义撮谈 彭翔鹏 10.106
"百里"与县、县令 张万起 10.108

心理美学散步

陋劣之中有至好

——谈审丑快感　　　　童庆炳　1.98

古代心理诗学

寻找艺术情感的快适度
——"乐而不淫、哀而不
伤"新解　　　　童庆炳　6.93

出路在于超越语言
——如何摆脱"言不尽
意"的困境　　　童庆炳　7.74

美的极致与"格式塔质"
——浅议"气"、"神"、
"韵"、"境"、"味"的超越
性　　　　　　　童庆炳　8.83

从"物理境"转入"心理
场"——"随物宛转、与
心徘徊"的心理学解
　　　　　　　　童庆炳　9.85

刹那间的直接把握
——"即景会心"与艺术
直觉　　　　　童庆炳　10.96

有所"吐"才能有所"纳"
——"才、胆、识、力"作
为诗人的心理结构
　　　　　　　　童庆炳　12.72

文史信箱

"台湾"名称的由来　陈国强　4.88
嘉庆皇帝游历过台湾
吗?　　　　(台)林庆文　4.92
澎湖名称的由来与演变　丛　耕　5.116
诸葛"草庐"究竟在何处　黎　虎　6.110
二十四史检索工具书述
略　　　　　　毕于洁　8.104

"足下"、"陛下"、"阁下"
及其相关称谓　袁庭栋　9.98
孟姜女故事的演变与流
传　　　　　　俞允尧　10.113
"江湖诗祸"的产生及其
影响　　　　张宏生　12.99

青年园地

金色猪与河伯——也谈
猪八戒形象的原型
　　　　　　　姚立江　2.102
浅析唐太宗纳谏及影
响　　　　　　李　波　2.106
"伍子"新解　　陈立仲　3.108
也说"什伍"——兼与吴
翼中同志商榷　车新亭　6.103
陶诗中的历史人物　聂鸿飞　6.107
敦煌歌谣《儿郎伟》的价
值　　　　　　黄　征　7.104
孟子仕观初探　李思明　9.103
释"三昧"　　　伍　皓　10.110

读书札记

中国古代媒人的称谓　徐向东　2.126
历史与现实的指南
——读《汉书·匈奴
传·赞》随笔　朱先春　3.110
关于"江东三虎"　赵齐平　8.99
漫话"扶头酒"　　聂在富　8.102
译注古文切忌望文生
义　　　　　　白　涛　8.120
《诗经》中的宣姜故事
　　　　　　　金性尧　10.85

秦始皇以赵为姓　　　　赵光贤　10.89

《史记·太史公自序》一段话被误解　　　　赵光贤　10.90

《聊斋志异》中关于清兵在山东屠杀的史事　　　　牟小东　10.91

读史札记

元朝设澎湖巡检司的年份　　　　张崇根　5.106

"隋代台湾移民福建五千户"质疑　　　　龚融　5.110

中外文化交流与比较

清代画家沈铨的日本之行　　　　张希广　2.109

基督教新教在中国的最早传播——十七世纪的荷兰传教士与台湾平埔族　　　　龙基成　5.101

古代东渡吴人对日本文化的影响　　　　耿曙生　11.104

中国名著在国外

《红楼梦》在美国的流传与研究　　　　胡文彬　1.109

从东方来的巨著——《红楼梦》在英国的流传与研究　　　　胡文彬　2.95

"视线所窥,永是东方"——《红楼梦》在德国的流传与研究　　　　胡文彬　3.100

文史古迹

历史古城——随州　　　　沈献智　1.116

百丈金身开翠壁　魏巍佛阁与山齐——乐山大佛建造始末　　　　于树德　2.112

唐陵之冠——桥陵　　　　孙焱　3.117

鹿港龙山寺　　　　(台)游胜冠　4.109

台北孔庙　　　　(台)杨旻玮　5.113

唐晋斯源　文物精华——晋祠介绍　　　　任志录　6.116

漳河畔邺城故都　　　　牛润珍　7.112

漫谈岱道城　　　　张秀英　7.116

南苑旧宫德寿寺——清代中央与西藏地方关系史上的一处重要遗迹　　　　李继昌　8.112

浔阳江头琵琶亭　　　　息亭风　9.112

洪洞明代监狱与苏三　　　　贺海　10.122

历史名城

太湖明珠——无锡　　　　冯普仁　11.110

苏州城三题　　　　高泳源　11.115

文史研究动态

四十年来奴隶社会法律制度研究状况简介　　　　刘斌　1.119

李白词真伪问题研究综述　　　　章尚正　2.116

浪漫的蛮荒探险者——台湾的民族学研究　　　　(台)许木柱　詹琪芬　4.113

1981年—1990年

四十年(1949—1989)来中国大陆的台湾民族学研究　　宇　晓　4.118

大陆学者如何评价郑成功　　颜章炮　5.119

赤手擎天,柱撑半壁河山——浅谈台湾对郑成功的传说和评价　　(台)陈三井　5.123

全国第二届赋学研讨会综述　　田耕宇　6.120

十年来宦官研究综述　　景有泉　7.107

八十年代山水文学研究纵横观　　章尚正　8.115

近四十年来"两税法"研究综述　　魏明孔　刘进宝　9.114

关于《离骚》创作时地研究的综述　　江林昌　10.124

吴文化研究的回顾与展望　　文　达　11.118

近十年孔尚任及《桃花扇》研究综述　　朱万曙　12.103

乡土文艺

俯仰天地　返璞归真——高山族人祖神话漫议　　李文甦　5.78

台湾高山族民间舞蹈　　李才秀　5.82

高山族民歌的色彩差异　　苏　琴　5.86

文化源流

谈谈吴人的"文身断发"风俗　　殷伟仁　11.31

从《白鹤舞》到《白纻舞》——吴舞探索　　殷亚昭　11.36

吴方言与文学　　范伯群　翁寿元　11.42

吴文化中一枝花——苏州评弹　　蒋云仙　11.48

名人足迹

中山先生在台湾　　(台)林政言　4.106

梁启超游台北　　(台)孙秀玲　4.107

书　评

一部学习和研究郑板桥书法的必读书——《郑板桥判牍》评介　　秦永龙　3.113

可贵的开拓,有益的探索——读《中国文学概论》　　孙　静　12.114

古代民族志

台湾土著民族　　(台)石　磊　4.96

书画欣赏

吴地书风天下逸　　张铁民　11.100

读者·作者·编者

南方藏冰亦有悠久历史　　孙无痕　2.124

《江南才子解缙》订误　　杨济莹　2.125

也谈焦仲卿与刘兰芝悲剧的原因　　潘朝禄　车光斌　6.123

两点异议——与徐北文同志商榷　　张启成　7.117

"鸡鸣"、"人定"起于何时 赵益夫 7.119

《避暑漫抄》非陆游撰辑 孔凡礼 10.76

"台湾专号"正误 (台)叶大沛 12.109

情如磐石心自坚

——读"台湾专号" 王向东 12.112

"我与《文史知识》"获奖征文

我是《文史知识》的老朋友 黄庆来 1.123

无限感慨涌笔端 沈 耕 1.125

历史与现实之桥 向 伟 1.127

我与《文史知识》 任六吉 1.128

《文史知识》

——我的良师益友 刘桂秋 3.121

智者的良友 成功的桥梁 徐 智 3.123

我与《文史知识》 尹庭亭 3.124

我与《文史知识》 陶鸿飞 3.126

我与《文史知识》 杨晓萍 7.121

不尽源泉滚滚来 董祥起 7.122

期待 黄金贵 7.124

意往新文化 神游旧典坟 朱英贵 7.126

读者·作者·编者及其它 魏耕原 8.121

我与《文史知识》 王全力 8.123

良师益友话今昔 施亮如 8.124

共度三千天 王 健 8.126

恨相见得迟 喜挽回得及——我和《文史知识》

的友谊 梁颂诚 9.119

那排挺且直的书脊 齐荣龙 9.121

求教的良师 会心的益友 张楚军 9.123

吾爱吾师 邵汉清 9.125

乡土文学

台湾汉族及原住民的神话故事 (台)阮昌锐 4.14

童谣和游戏——台湾早年流传的童谣 (台)林焕彰 4.20

专 文

中国古代的侠 张 英 1.60

幸欤不幸欤

——从李商隐到西昆体 禾 戈 1.65

水·被褐·生死 张伯伟 2.88

谈谈郑板桥的题画诗文 许图南 2.92

散谈"夺胎换骨法" 黄勤堂 3.87

宋代的国家藏书 王承略 3.94

考古出土的台湾古史 (台)臧振华 4.67

孙吴对台湾的经营 张崇根 4.72

清代台湾的移民高潮 邓衍源 4.77

亦神亦祖敬义民

——略述客家义民节 (台)刘远月 4.102

《国文天地》杂志简介 (台)连文萍 4.127

《马关条约》与台湾民众的反殖民斗争 许良国 5.40

雾社事件始末 (台)蔡君逸 5.52

郑成功对台湾高山族的民族政策 师 连 5.89

1981年—1990年

台湾十八世纪的林爽文起义 实 之 5.93

抗俄战争中的台湾藤牌军 林其泉 5.97

我国古代的审计 刘冬凌 史金满 6.53

山西古建筑及其壁画彩塑艺术 柴泽俊 6.98

说神韵 吴调公 7.55

说"道情" 刘光民 7.60

武王克商之年的管见 赵光贤 8.74

清代的山水诗 陶文鹏 8.79

古小说中"狐精"形象的由来及演变 段 晓 8.110

关于词的起源 张 晶 9.65

鸦片战争始末 周 源 9.69

淡泊自守的学者钱钟书 季 进 10.9

西汉中后期的奢侈之风 刘欣尚 孙伦熙 10.63

百越史三题 李锦芳 10.118

历史的启示 缪根宝 11.3

发扬吴地经济文化的开拓精神 郁家树 曲大利 11.5

研究前景广阔的吴地文化 刘家和 11.6

源远流长的吴文化 唐嘉弘 11.9

笔谈吴文化 吴大琨 11.10

从考古学谈吴文化 梁白泉 11.53

吴歌渊源何处寻 金 煦 11.84

中国第一个文化园林——吴文化公园 华建良 邱爱群 高燮初 11.124

"衢门"小释 蒋 韶 12.117

胡适研究专题

胡适与"红学" 吕启祥 12.24

从"整理国故"看胡适对传统文化的态度 李占领 12.31

大陆胡适研究十年述评 雷 颐 12.37

汉魏女性的爱情婚姻理想 黄仕忠 12.78

其 它

编者的话 4.3

台湾大事略表(1360—1945) (台)连文萍 4.124

吴地名人录 何 草 11.96

编后 12.127

1991年——2000年

1991年

治学之道

追忆俞平伯先生的治学		
作文之道		
——为悼念平伯师而作	吴小如	1.3
"王力精神"试说		
——纪念王力先生诞生		
90周年	李思敬	2.3
治学的三点感触	刘起釪	3.3
顺其自然地攀登	周勋初	4.3
大漠风尘觅学问		
——黄文弼先生的治学		
道路	黄烈	5.3
试述陈寅格先生治学特		
点(上)	卞僧慧	6.3
试述陈寅格先生治学特		
点(下)	卞僧慧	7.9
严谨与平易——记余冠		
英先生的为人和治学	徐公持	7.3
游国恩先生与楚辞研究	沈玉成	8.3
余嘉锡先生的治学与育		
人	周祖谟	9.3
我治学的几点经验	李洵	10.3
我研习中国历史地理学		
的过程	史念海	11.3
实与冷——对范文澜治		
学精神的两点体会	蔡美彪	12.3

文学史百题

论《水浒传》(百回本)的		
后半部——兼论《水浒		
传》的民族思想	吕乃岩	1.8
宋代咏物诗概述	徐建华	2.14
"事事修饰,望之嫣然"		
——南朝文学史中的陈		
后主	曹道衡	3.8
《西游记》:奇特的精神		
漫游	刘勇强	4.11
波澜壮阔的明代政治悲		
剧	谢柏梁	5.10
先秦散文中的比喻		
——兼述诗情领悟式的		
思维方式	戴培庆	6.11
滴仙人的梦幻曲		

——漫谈李白诗歌的一

种特色	倪其心	7.13
中国古代民歌的成就	余冠英	8.9
清代四大诗说评说(上)	王英志	9.9
清代四大诗说评说(下)	王英志	10.16

宋词的声调之美与入声

字的关系	徐培均	10.8
清代的文言小说	王火青	11.10
新儒学与清代小说	董国炎	12.8

历史百题

明初的立法及其特色	姜晓萍	1.15

从"以刑统例"到"以罪统刑"——春秋战国时

期的法律变革 武树臣	马小红	2.19
昭武九姓及其文化东渐	王 素	3.13
秦汉的考课制度	马 彪	4.18

多元一体的《周礼》治国

思想	彭 林	5.17

太平天国革命的近代化

趋向——纪念太平天

国金田起义140周年	郭毅生	6.16

戊戌年"经济科"的历史

命运	李 俊	7.21

历史的变迁与"士"的形

义源流	阎步克	8.16

中国古代的逐级审转复

审制度	巩富文	9.15
明代的巡按御史	王世华	10.21

魏然兮立的历史丰碑

——纪念辛亥革命八十

周年	李 侃	11.18

中国古代的"人治"与

"法治"之争 武树臣	马小红	11.24
西晋政治与放达之风	孙立群	12.15

专 文

玄奘《大唐西域记》中

"四十七言"问题	季羡林	1.53
半夜两年梦 除夕不同吟	朱启新	1.91
清代台湾防务建设述评	许良国	1.95
《明月三五夜》题解	蒋星煜	2.63

《战国策》序跋中的古代

文论	郭维森	2.103
春秋季节与传统诗词	刘 畅	3.66
高山族洪水神话断想	尚 诚	3.69

论清代满族词坛及词作

特色	张佳生	3.88
林纾的古文与文论	夏晓虹	3.92
《三国演义》故事的流传	刘乃和	4.91
蒲松龄的审美价值观	张光兴	4.95

儒家思想对古代美术表

现方法的影响	朱禹慧	5.55
唐熙武备思想浅析	贺 海	5.79

贯穿一部俗文学史的梁

祝故事	黄秉泽	6.62
漫话《清史稿》	傅振伦	6.68

苏轼所说的"元轻白俗、

郊寒岛瘦"指的是什

么?	吴小如	7.38

"尊尊"与"亲亲"

——孔子的"直"与封建

法制 武树臣 马小红 7.99

唐代的"北门"与"北门学士" 徐茂明 7.101

松鹰鹤岁寒三友等传统画题的形成 杨耀 7.104

《诗经》时代劳动人民婚恋观刍议 贺松涛 石燕秋 8.57

"熔铸新思想 以入旧风格"——论黄遵宪对诗歌传统的继承 周云乔 9.73

人物品题与汉末标榜之风 王泽民 9.77

唐代的秀才与秀才科 刘海峰 9.105

内算与外算 俞晓群 10.89

说"宝卷" 刘光民 10.92

《长恨歌》的新评价 罗继祖 11.91

《金瓶梅》的布局 张国风 11.95

中国最早的华侨组织——华侨联合会 金建华 11.100

蝉与中国古代文化 张乃格 12.76

怎样读

谈谈《骈体文钞》的编选宗旨 曹虹 3.21

《孙子兵法》在中国历史上的地位与影响 黄朴民 8.22

韦鸿铭的《春秋大义》及其世界影响 黄兴涛 9.22

诗文欣赏

明快 王明居 1.23

一片好音 情移神旷——说《诗经·周南·芣苢》 魏耕原 1.24

淡妆浓抹 独具情趣——读袁宏道《西湖二》 王英志 1.27

悲壮激越的"抚时感事之作"——读黄遵宪的《台湾行》 洪兆平 1.30

繁丰 王明居 2.25

重返大自然的欣喜——谈苏轼《和陶归园田居》(之二) 张福庆 2.28

说宋祁《凉蟾诗》 吴小如 2.33

别出心裁 借古讽今——谈刘因《白马篇》的创新 熊笃 2.36

简约 王明居 3.26

一出谐趣横生的独幕诗剧——说汉乐府《陌上桑》 魏耕原 3.28

自然之景与禅悦之情——说赵师秀的《数日》 张宏生 3.33

错综用典 寄概遥深——读元好问《洛阳》诗 魏明安 3.35

一首取譬俏险的隐语诗——古绝句《薤砧今何在》 邹然 4.24

立意高妙、气势雄迈的奇赋——枚乘《七发》赏析 潘啸龙 4.25

人生须臾与时空无限

1991年—2000年

——苏轼《前赤壁赋》主题阐释　　张　晶　4.30

智留绝命词　生命写挽歌——读徐君宝妻《满庭芳》词　　韩啸雯　4.34

王遂的两首爱国诗　　孔凡礼　5.25

《恒娘》之美在何处　　宋成德　5.29

古香古色传薪火　新词

新句开风气——梁启超学术修辞赏议　　林文钦　5.33

维鹊在梁不濡翼　茕蔚朝陟季女叽——《诗经·曹风·侯人》赏析　　姚庆瑞　6.24

柳的情结——姜夔《长亭怨慢》词赏析　　曹　旭　杨保国　6.27

看似闲适　其实悲壮——陆游《游山西村》主题异想　　王质华　陈宗祥　6.32

悲歌一曲泣鬼神——读黄宗羲《苍水》诗　　王齐洲　6.35

简淡传神　妙趣天成——李白《怨情》诗赏析　　杨希武　7.27

语短意长　含蕴深婉——杜甫诗《赠高式颜》赏析　　侯青林　7.29

杨花千里雪中行——读吴融《春归次金陵》　　吴伟斌　7.31

妙在含糊——说贾岛《寻隐者不遇》　　王明居　7.35

柔婉　　王明居　8.29

揽景会心　咏叹自然——读《迢迢牵牛星》　　叶新源　钟家莲　8.31

痴情憨态　语出天然——《子夜歌·夜长不得眠》赏析　　刘桂秋　8.33

委婉曲折　深情毕现——《望江南·天上月》别解　　章宏楠　8.36

遭乱流寓　自伤情多——读王粲《七哀诗》（之一）　　徐公持　9.28

说温庭筠〔菩萨蛮〕《小山重叠金明灭》　　吴小如　9.31

侠肝义肠　仙姿玉质——《聊斋志异·红玉》评赏　　周先慎　9.35

深于情　善于典——毛泽《惜分飞·富阳僧舍代作别语》词赏析　　周少雄　10.31

格高韵绝的自我写照——陆游《卜算子·咏梅》词新析　　张涤云　10.35

对比奇绝　唱叹生辉——李煜《虞美人》词赏析　　黎烈南　贾志强　10.38

忧国怀衷肠　报国抒壮志——读刘克庄《贺新郎·国脉微如缕》词　　张忠纲　11.30

记建楼之微事　明治国

之大道

——读宋濂《阅江楼记》 陈葛满 11.34

平白之中蕴激情

——顾贞观《金缕曲》二

阙试析 于 平 11.38

诗人眼里的地方感 高泳源 11.41

钩沉索隐 以《易》明心

——谢灵运诗《登池上

楼》意旨探微 于春海 于衍存 12.22

骈文早衰而清音独远

——读王勃《滕王阁序》 刘尚林 12.25

沉郁的忧愁 从容的逃

难——读周茂源的《鹤

鸣天·夏雨生寒》 赵静涛 12.30

中国古代史学批评纵横

一个有待辛勤耕耘的园

地——古代史学批评的

历史和理论 瞿林东 1.34

直书与曲笔——史家作

史态度与"心术" 瞿林东 2.40

采撰的得失

——如何对待历史事实 瞿林东 3.39

史法和史意

——从形式与内容的审

视到思想的剖析 瞿林东 4.56

天与人及天人之际

——关于历史变化动因

的认识 瞿林东 5.58

人意·时势·事理

——关于历史变化动因

的认识(续) 瞿林东 6.38

会通与断代——观察历

史的两种视野 瞿林东 7.59

读史当观大治乱得失

——史学批评的一条重

要标准 瞿林东 8.38

史学的审美——史书的

体裁体例和文字表述 瞿林东 9.41

史论的艺术——关于历

史评论的评论 瞿林东 10.63

心术与名教——史学批

评的道德标准和礼法原则 瞿林东 11.65

国史·野史·家史的是

非——史学批评的方法

论举例 瞿林东 12.33

古代科技漫话

中国古代水法冶金技术 雷生霖 1.40

中国古代犁的发展及其

使用 何平和 4.36

世界上最早的人造耕

地——架田 任 翔 5.38

汉代钢铁冶铸业的辉煌

成就 曾国富 7.40

我国古代的桥梁 李仲均 李 卫 10.41

中国古代利用动力能源

的历史 黄 晞 11.45

文化史知识

神秘的"三" 王 镝 1.44

说驴 程章灿 1.49

1991年—2000年

二月二日知何节	尹荣方	2.47
漫说古代的床　夏桂苏	贾南强	2.51
饮食园圃中的国色天		
香——豆腐	黄金贵	2.57
盟与誓——血的信仰之二	詹鄞鑫	3.45
中国古代的求雨方式	张庆捷	3.51
漫话闹房	曹定军	3.56
古代祭祖漫谈	许水涛	3.59
话说《狮舞》	王克芬	3.64
寒食·改火·复活节	虎　朴	4.41
中国古代的茶具	姚伟钧	4.45
我国最早的楹联	谭蝉雪	4.49
清宫《春牛芒神图》	李松龄	4.53
古代的烽火报警	武继山	5.42
宋代的药局与药肆	张　庆	5.45
古代的微型马戏	黄新宇	5.49
漫话"镇水兽"	姚立江	5.52
我国古代的广告形式	易　严	6.44
也谈古代落成礼	张孝纯	6.49
我国古人的名字连贯	常善奎	6.52
契丹族的礼仪风俗与服		
饰	朱筱新	6.56
卜用甲骨钻、凿的起源		
及其形态	段　渝	7.46
说"木展"	方　川	7.50
也说唐代的"坊"		
——兼述唐代"坊"、		
"里"的不同性质	赵　超	7.52
宋代马戏	施惠康	7.55
古代婚龄漫谈	张　涛	8.44
"七夕"风俗谈	庄俊华	8.49

咳唾之道	陈嘉祥	8.52
说"玺宝"	王恩厚	9.52
沉祭说略	王　建	9.58
"虹蜺"与两头蛇传说	詹鄞鑫	9.61
媒人的称谓及特点(上)	徐　甸	9.67
媒人的称谓与特点(下)	徐　甸	10.58
中国古代建筑中的门	宋　远	10.46
话说抓周习俗　李松龄	屈春海	10.51
斗鸭史话	何小颜	10.55
宋代的"队舞"与"舞队"	沈逸波	11.49
轿子小考	赵声良	11.52
唐朝的侍老制度	陈明光	11.57
明清时期的祖先崇拜	常建华	11.61
足衣种种	王作新	12.40
古代的烟花爆竹	白云涛	12.43
"十二金钗"事义本原		
——兼说中国古代女性		
高髻风俗	五维舟	12.47
明清县衙主要建筑的功		
能	刘鹏九	12.52

人物春秋

不困厄　焉能激		
——司马迁，一个饱含		
血泪、忍辱发愤的悲剧		
英雄	何水清	1.66
作为文学家的张衡	季镇准	1.72
刘表的悲剧	王永平	1.79
锦心绣口　奇气侠肠		
——女中人杰柳如是	曹纪农	2.67
作洋文、讲儒道的"怪		

1991 年

杰"——辜鸿铭	李占领	2.71
中国现代会计创始人谢		
霖事略	黄太冲	2.77
东晋士族高门中少有的		
务实人物——庾翼	陈明光	3.72
陈朝"一代文宗"——徐		
陵	陶 易	3.77
唐代杰出的宫廷舞蹈		
家——杨贵妃	李润英	3.83
封建监察制的一个缩		
影——崔遹	邓奕琦	4.64
立政为民 诗法自然		
——尤袤政治、文学思		
想简析	戈春源	4.69
正直不阿的学者程廷祚	陈美林	4.74
被人忽略的人道主义者		
庄周	田居俭	5.61
动荡的年代 幸运的文		
人——五代时的"不倒		
翁"冯道	王志安	5.69
一个特立独行的学者		
——汪中治学精神述要	陈祖武	5.75
"生子当如孙仲谋"		
——雄才大略的东吴英		
主孙权	唐兴礼	6.71
事近小臣毙		
——略谈李邺之死	王元军	6.77
东汉刚正不阿的净		
臣——李固	赵 胜	7.79
一代名优珠帘秀	丰家骅	7.83
零落才名谁继起 先生		

格调不由人——清代		
著名戏曲作家孔尚任	李 简	7.87
一代人杰——虞翊	刘荣升	8.69
才高八斗、命运多舛的		
曹植	吴家荣	8.76
"威名著于南北"的抗金		
名将刘锜	王云裳	8.84
神清骨冷无尘俗		
——梅妻鹤子的隐士林		
逋	郑 扬	9.87
"俭岁之梁稷 寒年之		
纤纩"——洪迈和他的		
笔记小说	高 兴	9.93
"困苦之后，不忘用世"		
——两下诏就的何栋如	赵承中	9.98
沙陀诗家 并州豪杰		
——记金末奇人李汾	董国炎	10.76
千古一太守——况钟	周国荣	10.80
富有文才的名相李德裕	周建国	11.78
东皋心越在日本	张 羽	11.83
处世多磨难 身后有是		
非——蔡邕其人其事	陶 易	12.66
一生肝胆如星斗		
——北宋诗人苏舜钦及		
其创作	张 晶	12.72

文学人物画廊

"汉朝累世簪缨辈，不及		
貂蝉一妇人"——文学		
人物貂蝉形象漫议	马晓光	1.85
扭曲的灵魂 悲剧的命		

运——《金瓶梅》中的潘金莲　宋培宪　叶桂桐　2.81

不可逃脱的悲剧命运——十二钗中话李纨　厚艳芬　3.106

杨贵妃传说故事探源　解家福　5.98

正直多情的才子　无能救国的书生——谈谈《桃花扇》中的侯方域　孔　瑾　7.94

中国的战争女神——九天玄女　周晓薇　8.101

忠孝·侠义·忠君·反叛——谈宋江其人　汪道伦　10.84

宗教与人生

漫话孟兰盆会　王景琳　2.107

谈我国民间的观音信仰　孙秋云　4.101

明清时期的佛教信仰　常建华　5.93

慧远与县鸢　施光明　6.81

浴佛节与佛成道节　王景琳　7.108

西王母演变补说　蒋宗福　7.114

古今海龙王信仰概观　吕洪年　8.90

说莲花喻　陈　洪　10.103

乐山大佛与弥勒像的中国化　千树德　11.87

语言知识

文化语言学　伍铁平　吴涌涛　2.85

释"磨旗"　蒋冀骋　2.88

"碗盘"乎？"五碗盘"乎？——《世说新语》阅读一题　骆晓平　5.102

词语溯源二例　朱庆之　8.97

"毕月"辩讹　贾笑孟　6.101

古今词义感情色彩变化举例　戴建华　7.123

《水经注·三峡》中的"奔"和"以"　涂太品　9.108

谈"头颅"　齐冲天　10.108

《烛之武退秦师》中的"说"字　汪少华　11.108

《木兰诗》注解订疑　席文天　11.110

说"盲人骑瞎马"的"瞎"　方一新　12.82

说"倒过醑来了"　伍翰仁　12.83

中国名著在国外

梦在红楼传佛国——《红楼梦》在泰国的流传和研究　胡文彬　1.100

书传佛国有新篇——《三国演义》在泰国的流传与影响　成盛中　8.96

石头渡海到狮城——《红楼梦》在新加坡　胡文彬　9.115

有益的尝试　良好的开端——漫谈《红楼梦》在西班牙的出版　赵振江　10.97

红楼一梦连欧亚——《红楼梦》在捷克斯洛伐克　胡文彬　11.102

彩石光珠从古重——《红楼梦》在缅甸的流传　胡文彬　12.85

青年园地

篇目	作者	期.页
"青春"为酒名说	傅 易	1.115
中国奴隶社会爱国主义初探	赵志远	2.111
简评刘秀强化皇权的措施	赵 跃	2.116
释"卧"	张世超	3.112
杜牧山水诗的艺术风格	王金昌	3.115
漫话古诗文中的蝉	曹海东	4.114
中国古典美学的两个基本范畴:壮美与优美	彭修银	5.112
《四库全书》的绢面究为何种颜色	陈东辉	5.115
话说"渔父"形象	于翠玲	6.107
从汉魏晋宋诗的流变看《文心雕龙·明诗》	辛保平	8.109
禅与苏轼	余 恕	9.121
《苏轼"将青搞勐软饥肠"句正解》献疑	林 怡	10.116
《屈原列传》中"夺稿"问题新解	李雨昌	11.112
对"郑声淫"的重新审视	张小平	12.94

文史信箱

篇目	作者	期.页
释"庶吉士"	王恩厚	1.117
"头衣"种种	王作新	5.120
说"麒麟"	梅显懋	6.116
谈"鸠"	王永宽	6.121
说"弹棋"	刘秉果	10.121
诗韵杂谈	仲跻培	11.114

古人的室名	曹 之	12.105

文史古迹

篇目	作者	期.页
南宗衢州孔氏家庙	陈定萃	1.120
肥城陶山范蠡墓	程兆奎	4.124
藏传佛教寺庙——承德普宁寺	杨时英	5.116
黄教圣地塔尔寺	冯 波	6.124
克林德碑——公理战胜碑——保卫和平牌坊	颜仪民	7.126
石刻珍品——单县牌坊	吴济夫	8.124
绍兴古城邑的形成与变迁	宋行标 赵云耩	9.124
兰亭和兰亭故事	周幼涛	10.126
诗人笔下咏镇江	贺 海	11.125

文史研究动态

篇目	作者	期.页
词的起源问题研究综述	韦尚正	1.122
近代湖湘文化研究综述	严衡山	2.120
近十多年来《史记》文学成就研究概述	俞樟华 张新科	3.119
冯梦龙研究六十年	傅承洲	4.118
近年来魏晋南北朝文化史研究的回顾与展望	梁满仓	5.123
建国以来《吕氏春秋》研究述评	王纪刚	6.110
千古之谜谁解说——敦煌藏经洞封闭时间及原因讨论综述	刘进宝	7.118
司马迁经济思想研究综述	俞樟华	8.119

近年来北魏孝文帝改革
研究综述　　　　景有泉 10.117

四十年骆宾王研究概述
　　　俞樟华　梅新林 12.109

古代心理诗学

苦心危虑而极于精思
——"穷者而后工"的心
理学内涵　　　　童庆炳 1.106

诗的潜在次序的发现
——释"无意于佳乃佳"　童庆炳 2.89

拔地倚天　句句欲活
——"语不惊人死不休"
的理论意义　　　童庆炳 3.97

有限向无限的生成
——浅谈"含蓄"与"简
化性"　　　　　童庆炳 4.84

情感的二度审美转换
——"情景交融"说浅释　童庆炳 5.105

诗美常在咸酸之外
——"味外之旨"臆解　童庆炳 6.91

武侠小说漫谈

武侠小说与中国文化传
统　　　　　吴　桦 1.59

奇诡玄巧源于道
——新武侠小说生成的
文化背景　　　舒文治 4.79

融合·超越·凝固
——谈新武侠小说的来
龙去脉　　　石　麟 5.83

武侠文化与中华民族男
性精神品格的构建　路云亭 7.73

《儒林外史》人物论

"隐括全文"的"名流"王
冕　　　　　　　陈美林 7.66

"暮年登上第"的老童生
周进　　　　　　陈美林 8.63

中举前后的范进　　陈美林 9.82

由"能员"而"钦犯"的王
惠　　　　　　　陈美林 10.69

"衣列衣冠"的严贡生　陈美林 11.72

"胆小有钱"的严监生　陈美林 12.61

读书札记

说"撒盐空中差可拟"　沈玉成 1.112

"蹲鸱"趣谈　　　周士琦 1.113

《离骚》"正则"、"灵均"
解　　　　　　褚斌杰 2.95

唐代佛教对士大夫处世
态度的影响　　郭绍林 2.98

杨·柳·杨柳　张先觉　郅化志 3.108

诗人和盗贼　　　高庆鸿 5.86

读《西游补》札记
——有关"噩梦"、"正
梦"的两点想法　阎中雄 5.89

官渡之战曹操并非以少
胜多　　　　　张铁民 6.86

释"外承欢之汋约"
　　　　天鹤　天华 6.89

"罄"及其释义　　程邦雄 8.105

炊饼、馒头及其他 张传曾 8.107

鲜明的时代烙印

——略谈西门庆之死

叶桂桐 宋培宪 9.111

夏史三题 唐善纯 10.112

也说"画虎类狗" 今 翊 12.89

乾隆皇帝与《贰臣传》 杨 钊 12.91

文史工具书介绍

尤袤与《遂初堂书目》 张克伟 3.103

中外文化交流与比较

荷兰高罗佩的汉学研究

与《狄公案》 李保华 4.109

世界第一部中国文学史

——纪念《中国文学史

纲要》问世110周年 李明滨 12.55

古法丛谈

五声听狱 讼师 梁治平 9.48

书 评

古代文体研究的新收获

——读褚斌杰教授《中

国古代文体概论》增订

本 谭家健 韩 雪 8.114

读者·作者·编者

《记言与写心》中的一段

文字有误 肖振宇 2.76

关于吴均三书与柳宗元

山水记 黄稀芸 2.102

谁误解了《太史公自序》

一段话？ 王英志 5.125

关于"阵云" 程晓东 4.100

《左传》成书年代质疑》

的质疑 王伯虎 4.106

"聊赖"释义辨证 汪维辉 4.107

对季进同志文章的两点

意见 章学良 6.104

读《"王力精神"试说》 辛世彪 7.125

烽、燧、表析 王宗祥 11.121

烽火报警何时止 林仙庭 11.124

也说"毕月乌" 吉发涵 12.99

其 他

元代唐僧取经归来图 刘大有 2.127

封三说明 3.7

1992 年

治学之道

吴祖缃先生教我们怎样

读小说 程毅中 1.3

周叔弢先生的版本目录

学 周珏良 2.3

1991年—2000年

向钱基博先生问学的点滴回忆　　　　　　李清怡　3.3

漫谈治史的求实和求新　黄烈　4.3

评文论史便神飞

——学理者如是说　王梓坤　5.3

有关汉语现象的一些思考——《汉语现象论丛》

前言　　　　　　　启功　7.3

从《启功韵语》说启功　李侃　7.12

学术性的启示

——读《启功丛稿》一得　傅璇琮　7.14

平实中见功夫　　　　赵守俨　7.17

开启功先生的诗论和韵语　　　　　　　程毅中　7.20

见多识广　由博返约

——读启功先生《古代字体论稿》　　陈金生　7.23

忆夏承焘师　　　　　蔡义江　8.3

牟润孙的史学师承　　牟小东　9.54

广博与专精——关于治学的几点体会　　傅振伦　10.3

习史治史杂谈　　　　冯尔康　11.3

学史的一生　　　　　罗继祖　12.3

文学史百题

我国古代小说的发展及其规律　　　　　吴祖湘　1.10

不应忽视的辽代诗歌　张晶　2.13

辞赋的源流、类型及特点　　　　　　　程千帆　3.10

唐以前的小说人物结构　汪道伦　4.11

清代常州派词论评说　方智范　5.9

唐诗与长安　　　　　霍松林　6.18

试谈中国讽刺小说　　吴小如　7.25

江郎才尽与才士悲剧　倪其心　8.10

古代的寿辞　　　　　刘尊明　10.8

《赵氏孤儿》对历史素材的改造　　　　周先慎　11.12

宗教·哲理·人生

——略论汉魏六朝游仙诗　　　陈洪　王奕　12.12

历史百题

清代的宗族法　　　　朱勇　1.14

北宋中期的政风之变　刘复生　2.19

唐初的"用刑宽简"和"恤刑慎杀"　　王国平　3.16

夏的变迁与中西文化交流　　　　　　　唐善纯　4.15

"开门七件事"与"三百六十行"

——漫说古代商业文化　王春瑜　5.16

陕西在秦汉时期历史中的地位　　　　　史念海　6.4

三秦思想文化特色　　张岂之　6.12

清代的秋审制度　　　郑秦　7.30

避讳制度纵横谈　　　楚庄　9.62

清代监察官行使言责的特权与禁限　　　王国平　10.15

王守仁的个性与明代士风　　　　　　　方志远　11.19

中国古代的直诉制度　巩富文　12.19

文史研究动态

蔡元培研究述评	欧阳哲生	1.29
六十年来《醒世姻缘传》研究综述	万建清	2.24
十余年来对明代宦官的研究综述	吴 悟	3.22
《上高监司》的作者究竟为谁？	侯光复	4.51
近年来辛亥革命史研究概况简介	陈 铮	5.21
近三十年李清照《词论》研究综述	李 扬	10.22
海外简帛研究综述	沈颂金	10.25
《莺莺传》研究综述	程国赋	12.27

古代科技漫话

制糖话古	杨东甫	1.51
我国古代的天文台		
	李仲均 李 卫	4.23
牵星法与天文导航	王月桂	7.41
先秦历法中的"三正"	杜建民	9.67
我国古代的栈道及隧道		
	李仲均 李 卫	10.26

文化史知识

从"荒阅"到"质要"
——中国奴隶制法一瞥 武树臣 1.34

古人傅粉施朱谈 夏桂苏 夏南强 1.38

瑶族服饰花纹图案琐谈
盘福东 何英德 1.43

说"踏歌"	张 庆	1.47
说"赋"	尹荣方	2.31
漫话"胭脂"	何坦野	2.35
束帛、币及其作用	商慧明	2.39
风采各异的龙舞	王克芬	2.43
中国历史上的流放制度	马 新	3.28
晚清的水师学堂	崔运武	3.34
姓氏与台湾同胞的"根"	王泉根	3.39
古代食人习俗浅析	马育良	4.28
上巳节的节期	周幼涛	4.32
我国古代的铜镜 王月桂	张协成	4.35
中国古代的"柑"	殷啸虎	4.41
宋代的簪花习俗	张 庆	5.27
上衣与下裳	王作新	5.31
漫话屠苏酒	戴祖铭	5.37
漫话"相思卦"	刘桂秋	7.46
澡堂史话	何小颜	7.50
古棋戏樗蒲	王宏凯	7.55
卜筮决婚	曹定军	9.70
漫话宋代的"伪钞"	汪圣铎	9.74
两汉的画像之风	陶 易	10.32

辟邪·祈福·美色与药
——我国古代桃文化漫说 孙秋云 10.36

中国古代的溺女陋习	黄朴民	10.41
中国古代的饮食器具	姚伟钧	11.29
漫话乌龟	王立新	11.33

广汉三星堆大耳人像与
僰耳习俗 曾湘军 11.38

雕梁画栋 金碧辉煌
——浅谈中国古建筑的

1991年—2000年

色彩 白文明 11.41 春日趣谈"榆荚"诗

汉代的图书和图书馆 汪启明 12.33 "春在溪头芥菜花"

中国古代的廷杖 曹国庆 12.38 ——辛弃疾《鹧鸪天·

代人赋》赏析 吕美生 4.57

诗文欣赏

盘折激荡 意深情长

层层叠进中的侠客世界 ——陆游《青玉案》词赏

——谈《虬髯客传》的艺 析 张涤云 4.60

术视角 凌 子 1.56 "神气"与"灵气" 张小平 5.55

发自肺腑、自然真诚的 说王维《鸟鸣涧》诗 宁 恩 5.57

佳作 自然之景与心灵信息

——苏轼小品二篇浅析 吴小如 1.61 ——说 宋 祁 的《玉楼

"赋友"：伦理观念的新 春·美景》 陈学广 5.61

变化——说《聊斋志 "国风"第一篇飘渺文字

异·娇娜》 张宏生 1.65 ——说《诗经·秦风·

至深至广 至巧至妙 蒹葭》 魏耕原 6.60

——洪迈《稼轩记》欣赏 吴功正 2.53 京都大赋的典范之作

龙虎散兮风云灭 千古 ——班固《西都赋》赏析 王成林 6.64

恨兮凭谁说——宋王 从平易中见深沉

清惠《满江红·题汴京 ——陶渊明《与殷晋安

夷山驿》词赏析 钟振振 2.57 别》诗赏析 缪 钺 7.76

高吟击棹歌 横刀向天 王维笔下的凉州风情

笑——介绍谭嗣同的三 ——读《凉州郊外游望》

首爱国诗 王志英 2.61 诗 方步和 7.79

谈"朦胧" 王维昌 王明居 3.50 两首咏蝉诗 一代士子

诗的曲与直——从两首 心——读贾岛的两首咏

《喜雨》佳作谈起 王敦洲 3.54 蝉诗 周凤章 7.83

饱蕴民族精神的雄浑篇 "物化"与"幻化" 张小平 8.69

章——读《水浒传·武 落寞中的心灵慰藉

松打虎》 刘清渭 3.57 ——说司空曙《喜外弟

着笔于"异" 寓意于恨 卢纶见宿》 张宏生 8.72

——读魏禧《大铁椎传》 王志英 3.62 魂系江南——读白居易

郭 振 4.55

1992 年

《忆江南》(三首)	何永康	8.74
欲罢不能 去留两难		
——读梅尧臣《东溪》	邵汉清	8.76
笔调闲淡 情趣独具		
——周权《渔翁》赏析	阮文兵	8.78
女性英雄的赞歌		
——说《木兰诗》	徐公持	9.85
沉郁顿挫 慷慨苍凉		
——读辛弃疾《水龙吟·登建康赏心亭》	王宽心	9.90
写秦川胜景 通悟性志趣——王维《山中与裴迪秀才书》赏析	文卉	10.49
诗的多方位审美		
——杜牧《江南春绝句》赏析	刘坦宾	10.52
一首别开生面的送行诗		
——读郭祥正《送梅直讲圣俞》	孔凡礼	10.54
拯救与逍遥——读王阳明《因雨和杜韵》	张放鸣	10.58
《大风歌》与《秋风辞》	赵伯陶	11.57
诗从肺腑出 出辄愁肺腑——读孟郊《闻砧》诗	李家骧	11.61
平淡隽永 似瘦实腴		
——冯延巳《玉楼春》词赏析 黎烈南	邓长生	11.63
肥瘦深浅各有态		
——李清照《如梦令》与朱淑真《西江月》比照	周懋昌	11.66
月到中秋分外明		

——苏轼《阳关曲》中秋作	吕美生	12.50
大气包举 思致入微		
——赏辛弃疾《破阵子》一首	董国炎	12.52
清新隽永 如诗如画		
——大错和尚《鸡足山石洞下潭记》赏析(附原文)	曹勋鹤	12.56
也谈《左公柳》	吴奔望	12.59

人物春秋

李林甫其人	谢正洋	1.87
从风流才子到清廉知县		
——冯梦龙生平与性格述要	傅承洲	1.93
"任侠放荡"的少年曹操	王永平	2.75
诗僧齐己	夏 莲	2.79
先天下之忧而忧		
——记北宋著名文学家范仲淹	李 简	2.85
家风清廉刚正 青史千秋留名		
——杨震及其子孙事略	金铁纯	3.76
最早记录水浒人物的艺术家——宋末画家龚开其人其事	朱禹慧	3.85
元代著名维吾尔族外交家、旅行家——拉班·扫马	王永生	3.90
清初著名散文家魏禧	周红兵	3.94
赵佗对统一岭南的贡献	吉书时	4.70

1991年—2000年

猖傲一生的赵秋谷	张光兴	4.75
诗人朱嘉	蔡厚示	5.76
酸甜苦辣一书生		
——毕沅的为官与为人	刘玉平	5.81
盛世英主唐玄宗	黄永年	6.27
取胜若神的秦将白起	彭 林	6.33
"精练策数"而"抉难		
保"的钟会	李景琦	7.97
唐代开国元勋裴寂	郭绍林	7.102
南宋著名学者叶适	周梦江	8.92
寻求兴邦之道		
——清末维新派陈炽	周红兵	8.98
"漆道人"——道安其人		
其事	梁晓虹	9.101
千古一高僧——玄奘		
林 怡	林励灏	9.106
靠钻营升官 靠卖官发		
财——北魏宦官刘腾	梁满仓	10.71
武则天的诗歌创作	沈立东	10.75
西学传人利玛窦	阿 巍	10.79
休屠王阏氏和她的子孙	徐庭云	11.73
从灶丁到思想家		
——泰州学派的代表人		
物王艮	张 晶	11.78
清代江南大侠甘凤池	郭松义	11.82
南朝战史上的奇迹创造		
者——萧梁名将陈庆之	朱大渭	12.75
将军·学者·旅行		
家——陈第	黄黎星	12.81
"仰观神策驱天狼"		
——李光地与清初统一		

事业	陈梧桐	12.85

怎样读

饱含爱国思想的历史著		
作——读魏源《道光洋		
艘征抚记》	陈永康	1.22
《赵氏孤儿》的审美特征	周先慎	7.36

读书札记

说"抵"	梁治平	1.107
"老饕"苏轼	尹 波	2.96
百户尚牛酒	黄瑞云	2.99
"之"应是"莲"之误	李凤能	4.109
"空城计"和"实城计"	沈玉成	7.114
《离骚》为何也称"经"	黄建荣	7.117
唐人所谓"进士"多非进		
士	丁 鼎	8.111
中华先民崇拜烟火图腾		
——《尧典》记载的文化		
人类学史实	张祥平	9.116
"羲和敲日玻璃声"新解		
沈家庄	蒋安全	9.119
赤壁有九何处是	毛 欣	10.97
《滕王阁序》杂谈	傅勃荣	11.108
王侯的自责自谦	尹振环	11.110
《琵琶行》中的"阿姨"作		
何解释?	蒋祖励	11.114

语言知识

古汉语词类虚实两分形		
成的轨迹	李会民	2.101

"野人与之块"正解 崔俊清 3.115

"影响"今义的来源 朱庆之 4.99

释"越×日(月,年)"的"越" 张斯忠 4.101

说《埃下歌》中的"逝"字 师为公 5.100

"同胞"解 张 文 5.103

释"眇"、"盲"、"瞎" 黄金贵 7.119

"冢"、"塚"辨 程义铭 8.108

虫部字及其文化蕴含 李海霞 9.121

说"深则厉,浅则揭" 王功龙 10.100

"愁"字的由来及其本义 齐冲天 10.103

春秋战国时的"一介之使" 刘德辉 11.97

"胡卢"释义 胡渐逵 11.100

文史古迹

漫话玉女峰 高 洪 1.124

隋唐避暑胜地九成宫 王元军 2.122

北京最古的寺庙——潭柘寺 徐时仪 3.121

"无波古井因涛重 有色遗笺举世珍"——漫话成都薛涛井 张斯炳 4.117

卢沟史话与诗篇 贺 海 5.124

"登临出世界"的大雁塔 高 凌 晓 亮 6.122

久负盛名的华清池 徐卫民 6.125

始皇东巡第一刻石 门宗耀 7.125

双塔山上话辽塔 阎学仁 8.125

世界屋脊的"宝贝园林"——罗布林卡 陈崇凯 10.123

千古名刹——崇觉寺 田立振 11.118

诗情画意古戒台 贺 海 12.118

武侠小说漫谈

阿Q与韦小宝——兼谈中国文化深层的另一种影响 王从仁 1.75

中国武侠作品在印尼——中国文学"移居"海外的奇特现象 杨启光 4.91

新武侠小说里的中国喜剧精神 丁 进 5.41

武林世界与历史真实 方志远 8.64

中国名著在国外

杜诗在日本的传播 许志刚 1.110

中国古典文学名著在越南的流传 胡文彬 2.115

《长恨歌》在日本 安 源 9.111

青年园地

略论建文帝及其改革 梁心琴 3.117

崔浩之诛 张庆捷 4.111

《柱凝眉》质疑 欣 龙 4.114

诗中翘楚 人中鬼魅——中唐诗人元稹和他的《莺莺传》 刘 毅 5.110

这海棠不是那海棠——话说秦观《海棠春》的著作权 吴 蓓 8.120

"西北有高楼"中"西北"

的涵义 李金松 8.123

也说"齐鲁青未了" 陈立仲 9.125

秦汉督责之术比较研究——兼谈李陵与司马迁的冤案 赵志远 10.107

邱心如和她的《笔生花》 咸世隽 11.116

屈原《桔颂》试析 苏旗华 12.102

文史信箱

汉民族共同语言的确立 王兴佳 5.120

饕餮源流小史 朱存明 10.110

"鲤鱼跳龙门"的真相 尹荣方 12.111

文史书目答问

张海鹏和《学津讨原》 李春光 3.72

沈德符与《万历野获编》 张秀芳 5.73

《坛经》浅说 黄志辉 8.104

宗教与人生

胡麻与古代服食求仙风习 尹荣方 5.96

长安城寺院的分布与隋唐时期的佛教 辛德勇 6.95

从弥勒净土到阿弥陀净土的嬗变 施光明 10.85

高禖形象的演变与汉字中的生殖文化密码 周幼涛 11.103

中外文化交流与比较

明末清初陕西的传教

士 贾二强 6.76

明末清初中国文化在德国——兼叙早期德国汉学 吴孟雪 8.80

书 评

赋体文学风貌的再现——读《中国历代赋选（先秦两汉卷）》 曹道衡 跃 进 1.119

精当翔实 评传交辉——读陈美林《吴敬梓评传》 史 平 3.124

《北京历史上的今天》简介 李振声 9.127

全人格的展现——读徐汉明新编《稼轩集》 王兆鹏 10.119

既深且广 亦精亦博——评《南北朝文学史》 钟志熙 11.124

文学人物画廊

"八股才女"——鲁小姐 朱万曙 1.99

古法丛谈

监护 梁治平 2.105

文化源流

西周中期历史的转变及文化圈的扩大 斯维至 6.39

延绵数百年的关中学派 任大援 6.46

1992年

驷骡车辚话秦声　　焦文彬　6.52　也说"麒麟"　　　王永波　5.106

秦地风情

《"野人与之块"正解》质

疑　　阙绪良　殷　达　陈延嘉　7.122

陕西面食小录　　贾平凹　6.67　也谈"胭脂"　　　万　方　10.115

秦人葬俗探源　　韩养民　6.71　"焉支山"质疑　　张昭平　10.118

文物与文明

也说"倒过醑来了"　魏连科　11.121

"倒醑"应该是"倒嚼"　韩振飞　11.123

华夏文明面面观

对《"影响"今义的来源》

——陕西考古成就巡礼　黄新亚　6.81　一文的管见　　张孝纯　12.105

从半坡遗存看原始人的　　　宋人所谓"进士"也多非

生活　　　　王志杰　6.90　及第进士　　　龚延明　12.107

艺术明珠

专　文

西安碑林——石刻书法　　　《世说新语》:魏晋名士

艺术宝库　　赵望秦　6.105　心态录　　　李建中　1.82

法门寺地宫出土文物与　　　《易经》中的方法论思

中西文化交流　韩金科　6.109　想　　　　　王德胜　2.67

历史名城

仓颉的传说及索隐　　杨　琳　2.70

西汉的重农贵粟政策　黄绍筠　3.98

秦都咸阳　　雷依群　6.113　香与文人生活情趣　　周积明　3.102

北方军事地理枢纽——　　　辛词为何大量用典　　黎烈南　3.106

潼关　　　　侯甬坚　6.118　宋代诗文的单篇传播

读者·作者·编者

——兼谈宋代文学的商

品化　　　　王兆鹏　4.80

对周祖谟同志文章的一　　　赵岐《孟子章句》政治思

点质疑　　　胡士春　2.126　想管窥　　　洪廷彦　4.86

谁误解了《太史公自序》　　奇葩一朵《三字经》

一段话？　　赵光贤　2.127　——从一部蒙学教材看

杨、柳通用考　曾　良　4.122　我国传统教育的精华　朱辉光　5.86

谈尊左、尊右的产生先　　　中国古典诗歌的对仗艺

后及其内涵差异　张霭堂　4.125　术发展鸟瞰　　王德明　5.91

1991年—2000年

《刑法议》与"清议人律" 马小红 7.66

说唐诗"三李" 周汝昌 7.71

从胡适"姓氏公案"说到绩溪"三胡" 徐子超 7.92

汉乐府诗《江南》臆说 王鲁昌 10.61

秦国用人的得失与秦文化 赵世超 10.65

沈约诗歌诵变理论的成功实践——《八咏》 俞纪东 11.70

清代书名漫谈 王纯 11.93

庄周哲学与苏轼的书法审美观 王元军 12.92

《关雎》婚俗背景新考 黄维华 12.98

纪念《吐鲁番出土文书》出版

吐鲁番文书与两晋南北朝隋唐史研究 王素 8.16

由锥形走向定型化的契约——谈谈吐鲁番出土契券 陈国灿 8.24

军政合一在边陲——从高昌郡看十六国时地方军政制度 严耀中 8.31

从吐鲁番文书看鞠氏高昌土地制度 吴震 8.35

千年旧帐的妙用——吐鲁番文书对中古寺院经济研究的推动 谢重光 8.39

护照与签证功能合一的过所 程喜霖 8.42

吐鲁番文书与均田制研

究 杨际平 8.46

戈壁滩上的唐代府兵 李方 8.52

九江历史文化专栏

山水胜地文化名郡——话说九江四题 罗龙炎 9.3

中国山水文学的摇篮——庐山诗文略说凌 左义筠 9.11

镇江锁湖 吴楚咽喉——军事重镇九江 周乔建 9.18

中国近代史上的九江通商口岸 张化孚 9.23

何处桃花源？——康王谷：桃花源的地理原型 李奇瑞 9.29

烟水苍茫一古亭——烟水亭 王光华 9.32

馨香飘逸 名动京关——双井茶与黄山谷 王河鲁 9.35

仙踪渺黄鹤 人事忆白莲——庐山宗教文化鸟瞰 梅俊道 9.39

白鹿洞书院 邓星明 9.45

庐山仙人洞及其传说 吴清汀 9.49

灌去缪尘写青山——谈唐寅《庐山图》 周曙 9.51

中国古代史学批评纵横

素养·职责·成就——史学批评论三题 瞿林东 1.68

比较与批评——兼谈史学批评的活力 瞿林东 2.46

时有古今 述有体要
——史学批评与知人论世 瞿林东 3.66

鉴识和探赜
——走出史学批评的误区 瞿林东 4.63

史学批评家的历史命运
——关于批评的批评 瞿林东 5.48

史学批评的社会意义、
——史学批评的不同视
角和层次 瞿林东 7.59

中国史学发展概说

历史意识与史学意识 瞿林东 8.57
最初的步履 瞿林东 9.78
成一家之言 瞿林东 10.43
史学的多途发展时期 瞿林东 11.51
发展中的重要转折 瞿林东 12.44

《儒林外史》人物论

"铮铮有名"的廪生王
德、王仁 陈美林 1.102
汤奉与汤奏 文治与武
功 陈美林 2.90
"科名蹭蹬"的豪门公于
娄瑋、娄瓒 陈美林 3.110
名士杨执中和高人权勿
用 陈美林 4.103
"穷翰林"鲁氏父女 陈美林 5.114
庙中校俫的制义选家马
静 陈美林 7.107
蘧府四代人 望族陵替
史 陈美林 8.114

从拆字少年到内廷教习
的匡迥 陈美林 10.90
牛布衣、牛浦郎和牛玉
圃 陈美林 11.87

日本的中国史研究(连载)

引言 刘俊文 1.114
东洋史学的创立与发展
（上） 刘俊文 2.108
东洋史学的创立与发展
（下） 刘俊文 3.42
中国史研究的学派与论
争(上) 刘俊文 4.45
中国史研究的学派与论
争(中) 刘俊文 5.64
中国史研究的学派与论
争(下) 刘俊文 7.86
中国史研究的学派与论
争(续) 刘俊文 8.85
中国史研究的机构与团
体(上) 刘俊文 9.94
中国史研究的机构与团
体(中) 刘俊文 12.68

德国的汉学研究

引言 张国刚 11.44
传教士时代的德国汉学 张国刚 12.61

其 他

编者的话 6.3
陕西历代名人简表 吴悟 6.100

1993年

治学之道

从古典到现代学		
——通古今的王瑶先生	陈平原	1.3
季羡林先生的治学道路	蒋忠新	2.3
定位从师交流考察		
——和青年朋友谈治学	白化文	3.3
怎样才能深入地理解杜		
诗	萧涤非	4.3
胡士莹先生的治学道路	萧欣桥	5.3
治学浅谈	黄永年	6.3
中途小识——谈谈我对		
文学史模式的探求	陈伯海	7.3
从事古典文学教学与研		
究的几点体会	韩兆琦	9.3
历史研究与理性思维		
——金宝祥教授访谈录	沈颂金	10.3
我与《周易卦辞详解》	新极苍	11.3
和青年朋友谈一谈治学		
之道与术	王树民	12.3

成因及意义	尚 定	3.10
"诚斋体"与宋诗的超越	张 晶	4.12
传统文化与王国维境界		
说体系	孙维城	5.11
戏剧对小说的接受的文		
化价值	李真瑜	6.11
严嵩与嘉靖中后期文坛	廖可斌	7.10
古代文学作品中的足球		
运动	刘秉果	8.15
古代论说文的起源和发		
展	伊北风	9.10
英雄割据虽已矣 文采		
风流今尚存——曹操		
文学批评与曹丕、曹植		
文论中若干问题新探	顾易生	10.11
论晚清革命派小说理论		
体系	左 信	11.13
激荡千秋的慷慨悲壮之		
咏——略谈"建安文学"		
兴起的原因	潘啸龙	12.10

文学史百题

韩文浅说	吴小如	1.10
腔高板急 激越慷慨		
——说梆子腔和梆子		
戏	周传家	2.8
"龙朔文场变体"的历史		

历史百题

名亡实存的宰相		
——明代中、后期的内		
阁	怀效锋	1.16
明代的乡绅	任 昉	2.15
历史上的畸形政权——		

李武政权 黄永年 3.18
基督教传教士与近代中
西文化交流 陶飞亚 4.18
濼纬事要 阿 蘅 5.17
祀与戎——中国古代法
律的源头 马小红 6.17
百家争鸣的尾声
——战国末期到秦汉之
际的思想轨迹 葛兆光 7.17
旧中国与国际奥委会 范汝强 8.11
古代社会的吏员 吴吉远 9.18
关于清初学术的几点认
识 陈祖武 10.18
"黄袍加身"的悲剧和笑
剧 田居俭 11.21
东汉的外戚四大家族 马 彪 12.15

诗文欣赏

渔隐的世界——朱敦儒
《好事近·渔父词》欣赏 朱野坪 1.62
意识流程的奇葩
——读吴文英词《花犯
·郭希道送水仙索赋》 王次梅 1.64
慷慨意气 愤懑心声
——读张惠言《水调歌
头·春日赋示杨生子
拊》五首其二 王英志 1.67
物象与意象 张小平 2.27
铺垫蓄势 抒情写意
——谈谈关汉卿《单刀
会》的谋篇布局 郭明志 2.30

抚今追昔 愤怨难抑
——谈张养浩的三首怀
古小令 宋道基 2.34
淬茫迷蒙的西湖雨景图
——读张可久小令《红
绣鞋》《西湖雨》 吴战垒 2.37
缭绕着绮丽传说的山水
奇赋——宋玉《高唐
赋》欣赏 潘啸龙 3.61
语景皆寄情 曲终意尤
存——读关汉卿〔汉调
·大德歌〕《冬景》 蒲向明 3.64
宝刀侠骨 雪耻洗盖
——读秋瑾《宝刀歌》 王英志 3.66
空有姑苏台上月 如西
子镜照江城——欧阳
炯《江城子》词赏析 钟振振 4.58
咏物名篇 讽世佳作
——读王磐〔朝天子〕
《咏喇叭》 丰家骅 4.61
借古城之盛衰 写胸中
之波澜——朱彝尊《卖
花声·雨花台》读析 张乃良 4.64
寓蝉以人性 代蝉融高
洁——骆宾王《在狱咏
蝉》赏析 汤 固 5.25
慷慨与苍凉共调 壮词
与悲歌同声——读陆
游《谢池春》《壮岁从戎》
词 蔡守湘 5.27
轻倩秀艳——读杜牧《村

行》 王明居 5.31

诗与画的交响曲

——王维《鹿柴》浅说 李相文 6.24

奇耻大辱的坦白悲唱

——李煜《相见欢·林花谢了春红》新释 邓彦如 6.25

丈夫舐犊 迁人情真

——陈师道诗二首赏析 董国炎 6.28

骨劲气猛的四言绝唱

——说曹操《步出夏门行》 李景琦 7.37

骁腾横行 诗坛一绝

——岑参马诗纵横谈 朱炯远 7.41

李煜词中的春花与秋月 黎烈南 7.44

二十四字论生平

——苏轼《自题金山画像》赏析 周懋昌 7.48

惊心动魄的《拔河赋》 张鲁雅 8.95

时空交感 顾盼神飞

——杜甫《阁题绝句四首》之一解读 刘坦宾 9.89

为问新愁 何事年年有

——冯延巳《鹊踏枝》赏析 李萱 9.92

层递琴中韵 婉转意精新——读贺铸《小重山》词 徐祝林 李笑野 9.96

孤慎茫茫塞天地

——《诗经·邶风·柏舟》浅探 唐佩璠 10.32

博喻与哲理——苏轼《百

步洪》(其一)试析 张晶 10.36

假境见意 旨冥句中

——说朱庆余《近试上张水部》 鲍传龙 10.40

桃花扇底浩叹多

——孔尚任《莺啼天》赏析 吕美生 10.43

玄风弥漫中的一朵鲜花

——湛方生《帆入南湖》赏析 魏宏灿 11.32

两种距离感的把握

——何逊《日夕望江赠鱼司马》赏析 傅刚 11.34

以奇笔写奇人——读苏轼《方山子传》附《方山子传》 张宏生 11.36

真与幻 张小平 12.23

香茗醇酒 佳味共品

——两首《咏雪》诗对读 姜元华 陈田青 12.26

读《西塞山怀古》 秦汉 12.29

寻找失落的春天

——读况周颐三首《减字浣溪沙》词 吕歌 曹旭 12.31

文化史知识

卜用甲骨的用后处理 段渝 1.23

唐宋的知制诰 张东光 1.27

独特的雍正朱批密折 郭福祥 1.31

古代的狱具 殷啸虎 2.60

少数民族的姓名制度 王大良 2.64

我国古代书籍的装帧

夏桂苏 夏南强	3.30
漫谈古代的地道战 陶 易	3.38
漫话契约 郑春喜	3.45
古代的九拜礼 李建国	4.34
漫话铜鼓 叶旭明	4.38
金陵酒肆话古 王寨时	4.43
古代人名的活用 郭文瑞	5.45

灵禽、祥物、卜具与戏物

——我国古代鸡文化漫

说 陈宁英 孙秋云	5.50
话说明代的梨园 陈宝良	5.55
话说"石敢当" 方 川 余守坤	6.36

乾隆西域武功图及铜版

印刷 江晓原	6.40
温室史话 康 弘	6.43

帽文化中的一朵奇

葩——馍头 滕维雅	7.68
汉代的饮酒习俗(上) 陈爱平	7.74
中国最早的公债 胡宪立 郭熙生	7.79
古代长跑略说 王 军	8.50
古代奥林匹克运动漫谈 邱剑荣	8.53

中国古代的马球场

林厚儒 帅培业	8.58

中国古代冷兵器与武术

器械 刘梦溪	8.62
争奇斗异话发式 王恩厚	9.29

百褶裙与铜鼓关系谈

盘福东 赵戈茸	9.34
汉代的饮酒习俗(下) 陈爱平	9.37
唐代长安的胡食风尚 张 庆	9.44

古代赐书小考 曹 之	10.57

"纳须弥于芥子"

——中国古代微型工艺

漫活 俞 莹	10.63
古代服色等级制度 杜建民	11.43
廊丽多姿的面膈 王恩厚	11.49

一件研究百越文化的重

要实物——绍 M306:

13 铜屋模型考辨 周幼涛	11.54
"澄心堂纸"小识 王寨时	12.50
漫话"汤饼" 柳明烨	12.53
古代陶瓷"开片"考辨 王一农	12.56

中外科技交流漫话

源远流长的中日科技交

流 汪前进	1.35
中朝科技交流史略 汪前进	2.46

历史上中越科技的双向

流播 汪前进	4.28

中缅科技交流的历史足

迹 汪前进	5.33
中柬科技交流史述略 汪前进	7.63
中菲科技的因缘 汪前进	9.48

古代科技漫话

元气学说的科技史价值 关增建	3.50

我国古代石油的发现与

利用 张亚洲 陈立宇	5.60

中国古代选种育种的成

就 范楚玉	6.32
胎教探源 傅 荣	10.46

1991年—2000年

我国古代对化石的认识 张 平 11.40

十进位值制

——被人漠视的"先知" 金 也 12.36

德国的汉学研究(连载)

筚路蓝缕的先驱

——十九世纪的德国汉

学 张国刚 1.48

世纪之交的转折

——德国汉学学科的建

立 张国刚 2.53

卫礼贤和法兰克福"中

国学社" 张国刚 3.70

外交官出身的汉学家

——福兰阁和佛尔克 张国刚 4.67

土生土长的"莱比锡学

派"——孔拉迪及其弟

子们 张国刚 5.39

大墙外的汉学家

——查赫与库恩 张国刚 6.46

从柏林到北京——西来

取经与东行求法 张国刚 7.57

战后的残局和汉学的重

建 张国刚 9.63

从"三分天下"到"诸侯

称霸"——五十年代到

七十年代的德国汉学

（上） 张国刚 10.50

从"三分天下"到"诸侯

称霸"——五十年代到

七十年代的德国汉学

（下） 张国刚 11.58

"中国热"时代的汉学 张国刚 12.41

人物春秋

集文史哲医于一身的杰

出医家——皇甫谧 张丽君 1.82

多才多艺的北宋科学家

徐寿亭 袁炳亮 1.86

弈坛双星——清代围棋

大师范西屏和施襄夏 王宏凯 1.91

"猜忍"而有"雄略"的司

马懿 李景琦 2.85

隋代名将杨素 张文才 2.90

清代著名戏剧家洪升 李 简 2.95

"刊落浮词,独求真解"

——清代著名学者顾广

折 漆永祥 3.94

"能争汉上为先著,此复

神州第一功"

——谭人凤与辛亥革命

谢正洋 岳振业 3.99

承平之歌 丧离之诗

——唐代宫廷名伶李龟

年 李日星 4.83

兰香自烧 膏明自煎

——周起元的一生 何万年 4.87

王毛仲与唐玄宗政权 王元军 5.81

举刺不避权贵 犯颜不

畏逆鳞

——漫话清官包拯 张习孔 5.86

咸称居官清正 天下廉

1993年

吏第——清代著名

清官于成龙	金铁纯	5.91
一个需要再认识的人		
物——谯周	李伯勤	6.51
嘉靖中叶第一边臣——		
翁万达	孙卫国	6.56
"优秀皇帝"——符坚	陈 丹	7.86
明末叛将刘泽清 徐寿亭	金云祥	7.90
博学兼得 化杂为纯		
——明末清初武术家吴		
殳	林伯原	8.105
一代风骚 一世英名		
——孙中山、秋瑾与体		
育	易剑东	8.110
孙思邈与养生	裘啸虎	8.116
才子袁枚	王英志	9.69
孙之獬与薙发令	石业华	9.74
近代杰出外交家黎庶昌	钟安西	9.77
忠精烈烈、硬骨铮铮的		
颜真卿	刘新科	10.91
祁项与鸡片战争 崔克诚	高淑明	10.95
身死从人说是非 诗史		
应留才者名		
——严嵩诗文杂掇	曹国庆	11.81
武艺绝伦 识量沉深		
——隋文帝先君杨忠	王光照	11.87
徐霞客与佛教	江桂苍	12.78
一代儒臣张之洞	何晓明	12.84

语言知识

佛典的譬喻	梁晓虹	1.100
"风调雨顺"补解	黄桂初	1.105
"食"、"蚀"略说	虎子朝	1.117
"揠苗助长"≠"拔苗助		
长"	黄怀信	4.98
"告了"与"角先生"释	张 崇	5.113
双反翻语——反切的一		
种特殊运用	宋子尧	6.87
释"生"	赵 宣	6.90
"挈乳"略说	知 常	7.109
"金石为开"置疑	张子开	7.110
"爵"和"尊"	黄桂初	7.112
释"面首"	沈玉成	9.111
《史记》中同义词运用的		
特色	方文一	9.113
论"有"	齐冲天	10.108
说"胜日"	师为公	10.112
"拜送书于庭"新解	夏业昌	11.113
"解释"异释	陈一凡	12.106

文史古迹

水泊梁山	吴济夫	1.125
圆明园——颗被毁灭		
的明珠	乔 红	2.123
承德园林和寺庙的建造		
艺术	陈显华	3.125
历史名城古寿春	陶 易	4.117
天下关庙话解州	张少鲲	5.122
道教发祥地崆峒山	徐时仪	6.117
定军山下武侯墓		
——全国最早的武侯祠	左汤泉	7.125
独具魅力的西山八大处	乔 红	9.119

世界上最古老的铁索
　桥——霁虹桥　　　张焕明 10.119
举世仅存的摩尼教寺遗
　迹——泉州华表山草庵　林英乔 11.118
赤山法华院
　——中国境内的新罗佛寺　宫天夕 12.110

中外文化交流与比较(连载)

明清欧人对中国语言文
　字的研究(一)　　吴孟雪　1.42
明清欧人对中国语言文
　字的研究(二)　　吴孟雪　2.40
明清欧人对中国语言文
　字的研究(三)　　吴孟雪　3.55
明清欧人对中国语言文
　字的研究(四)　　吴孟雪　5.101
明清欧人对中国文献的
　研究与翻译(一)　吴孟雪　6.71
中国古代艺术与日本戏剧　汤兰升　6.78
明清欧人对中国文献的
　研究与翻译(二)　吴孟雪　7.51
中国古代养生保健和古
　希腊养生法的比较　乐祖光　8.99
明清欧人对中国文献的
　研究与翻译(三)　吴孟雪　9.56
明清皇宫的西洋乐器　毛宪民 10.82
从日本汉诗看中日文化
　交流　　　　　　　袁忠鑫 11.77

日本的中国史研究

中国史研究的机构与团

　体(下)　　　　　刘俊文　1.56
中国史研究人才的训练
　与培养　　　　　　刘俊文　2.74
中国史研究资料的保藏
　和利用　　　　　　刘俊文　4.76

中国史学发展概况

辉煌的时代　　　　　瞿林东　1.71
多民族史学的新发展　瞿林东　2.68
走向社会深层　　　　瞿林东　3.77
总结与嬗变　　　　　瞿林东　4.47
新旧更迭的开端　　　瞿林东　5.68

武侠小说漫谈

中国武侠小说源头辨　倪斯霆　1.77
中国武侠小说在越南的
　流传　　　　　　　胡文彬　2.106
武侠小说与人类的超人
　崇拜心理　　　　　孙玉明　3.87

文史书目答问

费密的《弘道书》　　陈祖武　1.95
浅谈《大明一统志》　傅贵九　4.92
中国古代的体育图书　林荇兰　8.66

怎样读

说《西京杂记》的文史价
　值　　　　　　　　程章灿　2.22
《十二楼》:与世隔膜的
　欢喜地　　　　　　何予明　3.26
怎样读《后汉书》　　黎　虎 10.25

怎样读《三国志》 童 超 11.27

文史研究动态

近年来高唐神女研究述评 魏崇新 2.80

史传文学与古典小说关系研究综述 王成军 5.76

近年来洋务运动史研究综述 李占领 6.98

"洛阳为丝绸之路起点"论研究综述 来学斋 薛瑞泽 7.31

我国体育史学研究的回顾与展望 谭 华 8.123

近年来骈文研究述要 莫道才 9.25

近十年三言二拍研究之回顾 王立言 苟人民 10.101

吴文化研究的新进展 王卫平 11.97

近年来建安文学研究综述 王 巍 12.93

文史杂谈

"一片汪洋都不见,知向谁边?"
——徐福东渡史料辨析 谢 方 2.99

"黑云压城城欲摧"别一解 沈玉成 2.103

读者·作者·编者

"樽蒲"质疑 [日本]大谷通顺 2.104

也说"同胞" 郑 红 3.123

《也谈〈左公柳〉》一文的

补充 罗继祖 4.126

《武则天的诗歌创作》疏误二则 吴雅甫 4.127

金人、元人所谓"进士"也往往不是及第进士 丁 鼎 6.121

"圭璧"的理解及其它 曾 良 6.124

也说"角先生" 蒋宗福 10.122

"拔苗助长"之争鸣（选登） 景 健 初钊兴 10.124

"凉州七城"考 李国丰 11.121

司马光、王安石俱主张罢诗赋考经义 王兆鹏 11.124

文史信箱

古人为何称公婆和岳父岳母为舅姑？ 江林昌 3.108

孔子的话自相矛盾吗？ 周振甫 4.96

"万岁"的起源与演变 杜波澄 5.126

"月中桂"与"吴刚伐桂" 尹荣方 6.93

我国农历的异称 王月桂 郭俊峰 12.115

古代民族志

略谈山戎 张秀荣 4.100

月氏 唐善纯 7.106

体育文化笔谈

中国体育传统与当代体育 伍绍祖 8.3

中国体育博物馆与体育史研究 谷丙夫 8.5

体育文化散论 周西宽 8.9

文化源流

题目	作者	期.页
导引行气的源与流	郝 勤	8.19
古代相朴的起源与发展	周伟良	8.26
射箭述略	刘世明	8.29
跳伞溯源	赫建华	8.33
从古代捶丸到现代高尔夫球	肖 冲	8.36

体育文物

题目	作者	期.页
丝绸之路体育文物掠影	谷丙夫	8.69
精美绝伦 叹为观止——记中国体育博物馆陈列的几件文物	于 洁	8.73
汉画像石中的手倒立	崔宝生	8.77
现存最古老的棋经——敦煌本《碁经》	雪 凌	8.80
阴山岩画中的鹿棋	潘 华	8.81

书画欣赏

题目	作者	期.页
描绘龙舟体育的五代宋元界画	佘 辉	8.120

宗教与人生

题目	作者	期.页
峨眉山普贤道场的形成	千树德	6.83
道教与玉文化	刘素琴	10.86
龙门卢舍那佛雕像造型依据武则天说纠谬	郭绍林	11.92
为忧苦流寓之思 寄兴于江湖僧寺——漫谈唐代的艺僧	施光明	12.73

文学人物画廊

题目	作者	期.页
浮生若梦忆芸娘	吕启祥	7.83
应伯爵和他的混饭术	徐景洲	9.123

专 文

题目	作者	期.页
宋词与亭台楼阁	刘朝兴	1.106
周公政治体制的形成及其特征	胡安全	2.109
唐末宋初"诗格书"综论	王增斌	2.113
自古词人多寂寞——谈唐宋词中的孤独心态	杨海明	3.83
苏轼的诗与唐代绘画	朱禹惠	3.115
刘禹锡与瑶族先民	黄方平	3.119
魏晋南北朝淮河流域的水利和旱涝灾害	洪廷彦	4.54
论《长恨歌》的主题意义	商继增	4.72
香港中国文化史研究之特色	(香港)黄嫣梨	4.107
李益及其边塞诗研究综述(1978—1991)	赵以武	4.121
崇祯与宦官	何 草	5.63
谈关汉卿的悲剧与喜剧	黄德全	5.96
也谈官渡之战	赵荣栻	5.108
瑶族《过山榜》	张冠梓	6.61
十六国北朝时期的豪侠风尚	李 凭	6.66
试论"状元"	邓 瑞	6.105
南朝诗中的次韵问题	启 功	7.25
"楼中老人日清新"		

——从《和陶咏三良》诗看苏轼晚年的思想变化 张福庆 7.94

中国古典悲剧的"闪光"尾巴及其成因 刘坎龙 7.113

数与数术学 俞晓群 7.118

从考古发现谈中国古代的体育运动 崔乐泉 8.40

谈谈中国古代体育的娱乐性 武江生 8.46

文武吉甫 万邦为宪——中华古代体育巡礼 旷文楠 8.82

中国少数民族传统体育活动一瞥 胡小明 8.89

古代绝命辞纵览 韦尚正 9.83

神的色彩 人的世界——元道教题材剧人物形象撮谈 丁淑梅 10.69

诗人与驴古代诗人创作生活及审美心理管窥 刘尊明 10.75

两宋末年爱国妇女的诗词 张明叶 11.65

历代文人乞丐小议 岑大利 12.61

多情的中国燕子 王希杰 12.66

唐代文化漫议 丁伟志 12.89

明成化斗彩鸡缸杯 叶佩兰 12.114

读书札记

玫瑰花与紫罗兰——说诗词之辨 刘 石 1.110

殷人秘史 唐善纯 1.114

漫话"轮台" 李惠兴 1.119

为什么三国人物多单名 王泉根 3.111

呼保义考 陈嘉祥 6.92

南宋著述人金述略 孔凡礼 7.98

明清两代田地、人口、赋额的增长趋势 彭雨新 7.102

何物"枳首蛇" 周士琦 9.99

沈万三并非死于明初 伯 骅 9.103

宋代学士院与翰林院、翰林司 龚延明 11.104

亿佬二事考辨 国光红 11.108

五柳先生的读书方法论 石泽毓 12.100

"Hoppo"来源考 桂敏海 12.104

书评

寻求突破的契机——评谢正光《钱遵王诗集笺校》 张宏生 4.113

《夏完淳集笺校》的成就和值得商榷的问题 黄云安 11.71

《《入唐求法巡礼行记》校注》简评 赵仁珪 11.76

青年园地

谈秦观的"女郎诗" 吴河清 1.122

唐人的宗教信仰与舍宅置寺观 雷巧玲 2.119

《石钟山记》的思想与艺术价值 聂鸿飞 3.104

《诗经》中的边塞诗——兼谈边塞诗的起源 何新国 4.103

1991年—2000年

说"殡而后葬" 陈作飞 5.115

略谈"清议" 陈勇勤 5.118

大洪水的历史传说与汉字"昔"、"灾" 廖 森 6.113

论元朝对儒学的崇尚——兼谈当时知识分子的地位 张广爱 7.122

略论秦汉的相权 张凯声 9.106

魏晋南北朝的妒妇之风 张兆凯 10.114

谢安在淝水之战中的"静以制动"策略 娄瑞芬 11.115

"冯唐"典故的误解 曾 良 12.108

其他(封面、二、三图介绍)

舞蹈纹彩陶盆 1.9

秦代兵马俑 2.37

唐三彩骆驼载乐俑 文 卉 3.37

唐瓷瑰宝

——青釉凤头龙柄壶 陈润民 4.125

独树一帜的德化白瓷 陈润民 6.126

蜚声中外的汝窑瓷器 陈润民 10.127

釉里红松竹梅纹玉壶春瓶 陈润民 11.112

明成化斗彩鸡缸杯 叶佩兰 12.114

1994年

治学之道

历史 史学 理论

——我是怎样研究中国史学史的 瞿林东 1.3

积累·体验·对话 童庆炳 2.3

"敦煌守护神"的回答 坚 泓 4.3

商鸿逵教授学术二三事 商 传 5.3

致力于文学史研究模式的转换 王钟陵 7.3

自甘淡泊 潜心宋学——记著名宋史专家邓广铭教授 方 健 8.3

登临纵目 寻胜探幽——学习、研究古代文学的历程回顾与体会 顾易生 9.3

贵在有所发明——蒋礼鸿先生的精品意识 黄 征 10.3

研究民族史的点滴体会 李松茂 11.3

读书与研究 赵逵夫 12.3

文学史百题

殉道与超越——论《史记》的悲剧精神 韩兆琦 王 齐 1.11

将军白发征夫泪——谈谈边塞诗 黄堃大 2.10

汉魏文章与洛阳 罗宗强 3.18

日本中与南宋初期诗风

演变 张 鸣 4.12

元诗发展概说 张 晶 5.11

满族民间文学一瞥 王宏刚 6.25

漫谈唐以前的诗与画 俞灏敏 7.19

略论宋代哲理诗 金舒年 8.19

关于乐府民歌的产生和写定 曹道衡 9.17

蒲松龄爱情悲剧的审美特点及其局限性 张光兴 10.9

"竞以稗说传"的作家探索士人出路的作品——纪念吴敬梓逝世二百四十周年 陈美林 11.8

散曲在中国文学史上的地位 黄 卉 12.12

历史百题

明末的党争与"三案" 任 旷 1.18

从唐代考试中的舞弊方式看唐宋时期的社会变革 易 禾 2.18

河洛的历史地位与河洛文化的性质 李学勤 3.14

明代的廷杖与皇权 王恩厚 4.19

近代婚姻家庭的变迁 岳庆平 5.18

古代的吉林 张甫白 6.12

论长白文化 李澍田 6.18

元史与回回史 李松茂 7.12

略谈永贞革新 王 素 8.12

乾嘉学术与乾嘉学派 陈祖武 9.11

中国古代赌博的流变 涂文学 10.15

甲午中日战争与国际关系 戚其章 11.14

明清时期徽商的公关艺术 王世华 12.20

怎样读

翁方纲诗学"三论" 王英志 2.38

谈《汉书》 张传玺 5.25

刘基和他的《郁离子》 周先慎 7.25

《周易》：从人学、神学到哲学 胡嵩生 胡 建 8.39

王充及其哲学巨著《论衡》 张习孔 9.68

方以智和他的《通雅》 王功龙 12.28

诗文欣赏

淡妆浓抹总相宜——两首《忆江南》赏析 周懋昌 1.26

文词峻洁 文意多变——读朱熹《送郭拱辰序》 吴功正 1.29

"轻喜剧"与"朦胧诗"两首《鹧鸪枝》的比较 龚 刚 1.33

悲凉慷慨 情景交融——读屈大均《念奴娇·秣陵吊古》 寒冬虹 1.36

千古第一檄文——《吕相绝秦》 刘鑫全 2.26

两样情思 一种闲愁——读杜牧《赤壁》与苏轼《念奴娇》（大江东去）

中对周瑜的抑扬 卞良君 2.30

英雄失路 慷慨悲歌
——读刘琨《重赠卢谌》 李景琦 2.32

吊古时战场 抒胸中块
垒——读纳兰性德《满
庭芳》 朱鉴珉 2.35

"洛阳纸贵"——说左思
《三都赋》 王志民 3.25

此情不关风月 沉著更
兼豪放——欧阳修《玉
楼春》赏析 孙克强 3.29

王维"诗中有画"的艺术
特色 雨 田 4.67

命意深而出语秀
——读杜甫《月》诗 羊玉祥 4.70

惜花伤春的无限心曲
——读李清照《如梦
令·昨夜雨疏风骤》 郭明志 4.73

抒人生感慨 吐文士悲
辛——范当世《人日和
杜公迟酬高蜀州诗》解读 张永芳 4.76

以缠绵情意 表节义肝
肠——读张籍《节妇吟》 董昌运 5.31

一曲《水调》觅知音
——苏轼中秋词主旨索
绎 高圣峰 5.34

谭嗣同《狱中题壁》新解 樊修章 5.39

最是动情杨柳色
——王昌龄《闺怨》诗赏
析 高 锋 7.48

两怀高洁 不厌相看

——李白《独坐敬亭山》
欣赏 刘坦宾 7.52

借歌抒怀音情并茂
——读刘禹锡三首听歌
七绝 周懋昌 7.55

一塌糊涂的泥塘里的光
彩和锋芒
——陆龟蒙《蚕化》赏析 徐 滨 7.59

绘有限之象 蕴不尽之
意——谈李商隐诗的多
重美感效应 王泽文 8.72

漫话晚唐五代诗中的
"雨" 黎烈南 8.77

情由景观,既是伤春更
自伤——冯延巳《采桑
子》词赏析 吴在庆 赵 莹 8.82

愁肠百结 自成绝唱
——试谈李煜离愁词的
艺术表现手法 雨 田 8.84

因形换步 随类赋彩
——谈《陌上桑》的艺术美 张永鑫 9.78

王维《辋川集》的艺术特
色 朱 绩 9.80

《秦妇吟》的艺术成就 刘鑫全 9.84

终身之困 难言之隐
——李商隐《锦瑟》新释 郑官柱 10.23

沉醉岂能换悲凉
——说晏几道《阮郎归》 刘耀业 10.28

醉人的风物 婉妙的情
思
——介绍杨维桢的两首

1994 年

《西湖竹枝词》	潘啸龙	10.32
说"风流"	张小平	10.35
人生选择的孤傲和哀愤		
——读屈原《卜居》	潘啸龙	11.23
"何以称我情，浊酒且自		
陶"——陶潜《己酉岁九		
月九日》赏析	李　健	11.27
神品赐为一绝句		
——辽　道宗《题《菊花		
赋》》赏析	黄震云	11.29
纵一叶之微　凌万顷之		
波——读魏学洢《核舟		
记》	何永康	11.32
盛世哀音　人生悲歌		
——读黄景仁《癸巳除		
夕偶成》	钟尚钧	11.35
中国诗歌中渔父意象的		
发轫之作		
——读楚辞《渔父》	郭　杰	12.32
"词不迫切而味甚长"		
——王维《酬张少府》赏		
析	张忠纲	12.36
即物以明理　即事与寓		
情——读刘大櫆《游万		
柳堂记》 张颖东	魏宏灿	12.40

文化史知识

先秦医巫的分流和斗争	李建国	1.39
"父与夫孰亲"——先秦		
宗法伦理观的一次裂变	武树臣	1.43
风筝史话	谢先模	1.48

东晋南朝间隐者的经济		
和生活状况	何锡光	1.51
说"九锡"	蒋宗福	2.70
宋元的商标与广告	伊永文	2.75
中国古代乐器发展漫谈		
（上）	刘承华	2.80
河洛教育话源流	袁君敬	3.58
从洛阳含嘉仓的发现看		
我国隋唐时期的粮食		
储备	余扶危　唐俊玲	3.63
洛阳历代方志纂修说略		
	来学斋　薛瑞泽	3.67
漫话古人食鱼	王赛时	4.27
我国古代的雨具	方南生	4.32
宋代京城的防火措施	韩金选	4.36
中国古代乐器发展漫谈		
（下）	刘承华	4.39
味香色艳说花馔	何小颜	5.46
古代谷类食品类谭	王作新	5.51
冰雪文化·木文化·火		
崇拜	陈见微	6.66
朝鲜族的还甲礼俗	李善洪	6.72
清代"功牌"小考　刘厚生	陈思玲	6.74
周代的语文规范	李建国	7.29
中国古代居室建筑中的		
"家"观念	姜晓萍	7.33
"八珍"浅释	邢湘臣	7.38
隶书小史	陈　虎	8.49
古代的拱揖跪拜	张　标	8.55
唐代的马球场	张新清	8.60
释菜、莫菜漫议	李炳海	9.23

1991年—2000年

我国古代的田猎活动	张 庆	9.27
我国古代的信息传递		
王月桂	马建义	9.30
珍珠琐谈	安 京	9.37
井字·井·河姆渡古井	陈忠来	10.63
东晋南朝的围棋	文 强	10.68
古代饮食中的钉胡	王赛时	10.73
一千多年前的龟兹乐谱	钱伯泉	10.76
图腾、祥畜、灵物与劣类		
的象征——我国古代		
狗文化漫谈 孙秋云	陈宁英	11.50
古代的秋千习俗	方 川	11.56
我国的琉璃文化	贺 海	11.61
漫说秦汉虎符	王关成	12.52
漫话字舞	丰家骅	12.57

人物春秋

南风烈烈卷宫闱		
——西晋皇后贾南风传		
略	李润英	1.55
风流才子唐伯虎	宋 戈	1.62
不畏强御陈仲举	介永强	2.45
三度临朝的褚太后	李润英	2.50
周公营建洛邑 李 民	刘学顺	3.77
杰出的机械制造家马钧	杨荣瑰	3.80
武纬文经的唐代名相张		
说	王新年	3.84
二程及其洛学	袁尔钜	3.88
咏絮才高 林下清风		
——东晋才女、名士谢		
道韫	李景琦	4.46

贞观盛世时期的布衣宰		
相马周	杨希义	4.50
也学君王著赭黄		
——金海陵王完颜亮	孙 湛	4.57
入唐新罗高僧金乔觉	王 波	5.79
五代典型军阀刘知远	曾国富	5.83
吴大澂与图们江	傅朗云	6.77
西望白山云气渺 图们		
江水自悠悠——吴禄		
贞的延吉筹边生涯	田毅鹏	6.82
张作相在吉林	张景权	6.86
不附权臣的苏纳海、朱		
昌祚、王登联	李琳琦	7.68
含冤千古的戴名世	张 健	7.73
诗坛久作风骚主 闺阁		
频添弟子班		
——随园与女弟子	王英志	7.79
长孙无忌——贪恋权势		
的悲剧人物 李 波	喻雅君	8.30
晚唐宫廷名伶李可及	李日星	8.34
东汉经学大师郑玄	李树军	9.51
"吾有绝粮无绝茶"		
——记清初茶癖诗人杜		
濬及其"论茶四妙"	马 衍	9.55
中国留学教育的创始人		
容闳	汪志国	9.60
近代国语运动的急先锋		
卢戆章	陈立中	9.64
郝经的名操与节气		
崔克诚	刘润香	10.83
风流自翊 娱僧一方		

——南汉开国之君刘岩 张金铣 10.88

张良的任侠本色 韩云波 11.75

田丰,一个不应被遗忘的谋士 王永平 11.78

但明伦小传 吴丕 11.83

弘扬南宗禅的神会大师 张晶 12.66

刘长卿的创作道路 蒋寅 12.70

一部外史冠儒林——一代才子吴敬梓 傅贵 12.75

中外文化交流与比较

明清欧人对中国舆地的研究(1) 吴孟雪 1.76

明清欧人对中国舆地的研究(2) 吴孟雪 2.58

明清欧人对中国舆地的研究(3) 吴孟雪 4.84

明清欧人对中国舆地的研究(4) 吴孟雪 5.56

东海僧传五字诗——中日文化交流历史的一点新发现 孔凡礼 1.82

再谈cini问题 季美林 2.56

伊朗文化、印度文化和洛阳 沈福伟 3.72

中国古代四大发明及其西传 于希贤 5.62

明代通往东疆的丝绸之路——"开原东陆路至朝鲜后门" 杨旸 6.62

明清欧人对中国历史的研究和介绍(1) 吴孟雪 7.84

明清欧人对中国历史的研究和介绍(2) 吴孟雪 8.87

明清欧人对中国历史的研究和介绍(3) 吴孟雪 9.45

嵯峨天皇与汉文化 李光复 李昕 10.58

中西文化交流的使者——卫匡国 沈颂金 11.97

朱之瑜与中国学校科举制度在日本的传播 赵子富 12.47

古代科技漫话

中国古代兵器的铸造与武艺的发展 崔大庸 1.84

论夏代青铜器 杜迺松 2.64

中国古代机械技术一瞥 张柏春 4.62

我国古代先进的农田水利工程 范楚玉 5.42

中国古代的矿物学知识 艾素珍 10.39

我国古代杰出的蔬菜、果树园艺技术 范楚玉 11.46

我国古代农业生产工具的发明创造 范楚玉 12.43

中外科技交流漫话

中国与印度尼西亚的科技交流 汪前进 7.41

中泰科技交流的历史回顾 汪前进 8.64

读书札记

黄鹤楼神仙的嬗变

	周晓薇 王其祎	1.91
从山海关地方志看"关门之变"	吴烨南	1.95
关于虞史的初步推索	唐善纯	2.100
虞姬和五言诗	沈玉成	2.105
郦道元笔下的洛阳	陈桥驿	3.107
"传胪"的出典	汪家熔	4.90

生产、生殖、祖社及太阳树——中国古代桑文化

谈片	钟 年	4.92

说苗——兼谈我国壅作的

起源	莫 铭	7.90

圆社、圆情、蹴圆——《金瓶梅》中的足球

术语	刘秉果	7.93
"中兴名将"小考	侯 会	8.104

从华太师为唐伯虎改名说起——"部曲"制度

及其变迁	叶九如	8.110
书信探源	马增芳	9.104
"登州"的由来	初刻兴	9.106
再说"噶噶"	季美林	10.45
"伪名儒不如真名妓"	罗继祖	10.48
蜡梅、杨梅与气候变迁	陈国生	11.102

读唐人《旅次朗方》诗辨

惑	周云乔	11.104

浅谈《山经》中的文化区

别	周幼涛	12.92

以鬼为不神——孔子"执无鬼而学祭礼"漫议

	王恩来	12.95

整理出版古籍要正确标点、断句

	孙心伟	12.98

语言知识

汉语亲属称谓的连锁文

化现象	郭锦桴	1.102
鸠与鹊	周士琦	1.105

文言词语在后世的俚俗

化现象	苏宝荣	2.85
释"伯、叔"	黄瑞云	2.88

方和方×里、平方里关

系辨析	袁长江	4.105

"醍醐"、"三昧"的早期用例——兼谈汉语佛

教用语溯源	朱庆之	4.108

"朱门酒肉臭"的"臭"是

香吗？	汪少华	5.101
说"怒目"	曾 良	5.103
释"方局"	刘翠	7.100
"拜"礼仪和语义	朱 玲	7.102
陵、东陵与"东陵大盗"	刘复生	8.70
"堕于骞驼前"释	刘喜军	8.98

《离骚》灵氛筮语用两

"曰"字发微	黄灵庚	8.101
"江左"语源考	曾 良	9.97

关关、复关、闵关——《诗经》疏证之一

	胡振华	9.99
"两小无猜"辨	鲍思陶	10.104
"三寸丁谷树皮"诠释	张 泽	11.106

释"家" 黄 顿 11.108

文史研究动态

八十年来扬州八怪之研究 黄俶成 1.112

河洛地区汉墓的发现与研究 韩国河 3.111

居延汉简的发现及其学术价值 刘进宝 4.98

《文心雕龙》成书年代问题的回顾与展望 跃 进 5.88

近四十年《文选》研究概述 毛德富 10.94

建国以来甲午战争史研究概况及热点聚焦 海 莹 11.67

楼兰、尼雅出土文书研究概述 沈颂金 12.79

文史古迹

"惟楚有材 于斯为盛"——长沙岳麓书院 黄 鹤 1.117

安西榆林窟 赵声良 2.122

龙门石窟 王振国 刘景龙 3.116

玄奘故里 徐金星 3.120

仙城佛国九华山 徐时仪 4.115

江南第一名山齐云山 徐时仪 5.105

指点江山述摩崖 宋兴国 6.124

阏伯始封之墟 尼圣习礼之邦——历史文化名城商丘 王万军 7.105

造型独特的晋祠美人鱼

塑像 常文林 8.124

宗教文化艺术的宝库——雍和宫 槿 泓 9.118

"洞庭天下水 岳阳天下楼"——江南名楼岳阳楼巡礼 黄 鹤 10.116

名寺名僧话东林 叶 平 11.119

释迦也失与色拉寺 陈崇凯 12.101

宗教与人生

佛教与古代法制 殷啸虎 2.95

道教与河洛 温玉成 3.100

明清时期的道教信仰 常建华 4.80

菊花与美酒——略谈陶渊明的道教观 陈 洪 王 奕 5.67

满族烧香萨满跳神——浅谈满族信仰礼俗文化 石光伟 6.55

神秘的"阿央白" 李哲良 7.96

汉唐间洛阳佛教述略 郭绍林 10.78

被遗忘与被发现的历史古迹——谈摩尼教和吐鲁番摩尼教考古新发现 王玉东 11.65

文化源流

河图洛书之谜 蔡运章 3.35

河洛文化与河洛人、客家人 朱绍侯 3.40

洛阳历史上的三大碑林 宫大中 3.47

洛阳五大都城遗址 苏 健 3.51

驰名中外的西团山文化　　董学增　6.32

东北的文明古国

——夫余　　　　李健才　6.39

月亮泡与"四时捺钵"　　张旋如　6.46

叶赫逸史拾零　张云樵　衣作华　6.49

文史信箱

洛阳究竟为几朝古都　　史为乐　3.123

说说宋词的异名　　　　暴拯群　5.121

"黄龙府"究竟在于何处?　　　　　　　罗节文　6.122

关于"宽永通宝"的通信　汪圣铎　7.111

《源氏物语》与《红楼梦》　经美英　10.111

陈圆圆史事轶闻辨误　　陈生玺　11.116

青年园地

一个英雄复仇的神话

——关于元杂剧《赵氏孤儿》的结构　　　　彭　牧　2.117

"儿童相见不相识"别解　　　　　　　　童　强　5.109

唐宋词凭栏现象浅析　　何新国　5.112

真女性的光芒　　　　　王艳平　7.119

略谈江南自强军　刘鹏举　张　力　8.113

项羽"不肯过江东"吗?　张子侠　9.112

郑和下西洋与中国社会的发展　　　　　时　平　10.106

玄学的虚静对魏晋山水诗的作用　　　　魏宏灿　11.112

漫说清道光年间的盐政改革　　　　　　何　草　12.106

文史书目问答

《古逸丛书》：中日文化交流的载体　　　　陈东辉　1.108

梁启超论清学史二种　　　　　　黄爱梅　童　赞　8.25

文史工具书介绍

说《文献通考·经籍考》　南丽华　9.41

书画鉴赏

敦煌写经的变法与求新　李正宇　1.121

文学人物画廊

冰清玉润　丰姿动人

——谈《玉簪记》中的陈妙常　　　　　　宋道基　9.89

古代民族志

略谈奚族　　　　　　　张秀荣　2.110

专 文

为什么韩愈诗文中未提过母亲?　　　　卞孝萱　1.69

柳永因何被晏殊黜退

——从柳永《定风波》看两种"趣味"的对立　　杨海明　1.72

我国古典诗歌特具的优越性　　　　　　杨石青　1.99

谈谈刘勰对"情感"的认识　　　　　　祁志祥　2.41

谈谈《尔雅》的词典属性 李亚明 2.91

谈谈温庭筠词中的女性形象 黎烈南 2.106

中国古代的节令体育 熊志冲 2.113

周秦时期河洛地区的交通形势 王子今 3.32

珍品荟萃 异彩纷呈——洛阳文物精华展 苏 健 3.83

古代中国的军事枢纽区域——南阳盆地 张力仁 4.96

"赤子之心"加"成人之思"——借用旧说来论李煜词 杨海明 4.111

古人类学与古文化学 李 凭 5.72

柳词三题 韩经太 5.94

康熙东巡吉林 习书仁 6.59

极富特色的吉林乡邦文献——评《长白丛书》 衣保中 陈玉峰 6.103

《战国策》与纵横家 杨 钊 7.62

诗法举隅——说"翻进" 张福勋 7.116

咏史诗的基本特征和美学鉴赏 杨仲义 8.44

传统文化与国学 倪其心 8.92

古代的题壁诗 曹 之 8.118

诗与真——漫谈陶渊明与酒 [德国]卜松山 8.121

"武圣"的嬗递及其文化底蕴 黄朴民 9.72

古诗文中的"海客"形象 郭 振 9.92

"卵"与中国创生神话 廖 群 仪平策 9.108

话说我国鱼形纹饰的演变 辛艺华 10.50

阴铿诗《和《登百花亭怀荆楚》》释解及其他 赵以武 10.101

西方人在华办报活动述略 李 凭 11.38

从唐诗看唐代洛阳的生活画卷 丁毅华 11.88

中国现代高等教育最早的发祥地 席龙飞 11.93

论词的浑厚与空灵 徐志平 12.62

蝴蝶在诗词曲中的比兴语义 曾 良 12.86

《忆秦娥》(箫声咽)与唐代长安交通 王学太 12.115

读者·作者·编者

读《〈百喻经〉选译（十则）》 张子开 1.124

"饥馑"再考 李祥林 4.126

也谈"绿衣监使守宫门" 马 达 5.125

也说"不求甚解" 游修龄 7.124

也谈陶渊明的读书 姜兰宝 7.126

释"白云迴望合,青霭入看无句 陈文照 8.43

"前任绣衣郎"和"相门出相"释——兼答侯光复同志 孔繁信 10.121

《传胪的出典》献疑 严仲华 10.124

1991年—2000年

蒸饼、笼饼考辨 李祥林 11.123
青衫与江州司马 侯玉芳 11.125
瑶族《过山榜》何来？ 蔡 郁 12.112

笔 谈

弘扬河洛文化 重振古
都雄风 张世军 3.3
河洛文化——文明史上
的一枝奇葩 张书田 3.6
河洛在中国文化史上的
地位 张岱年 3.8
说洛阳为"天下之中" 刘家和 3.10
河洛文化 源远流长 韩国磐 3.12
浅谈吉林文化 李 洵 6.3
祝愿东北文化繁荣昌盛 张松如 6.5
"行有余力,则以学文" 佟 冬 6.7
东北地方史研究的新成
果 金景芳 6.8
长白文化 永放光辉 蒋锡金 6.10

艺术明珠

乐舞交流话友谊 王克芬 6.108
喜连成科班与吉林巨商
牛子厚 周克让 6.113

考古与文物

再现古都历史的辉煌
——洛阳地区重要考古
发现概述 段鹏琦 3.94
高句丽好太王碑 王健群 6.117
绚丽艺苑一奇葩

——吉林金碑简介 陈相伟 6.119

吉林风物

白山松水话三宝 丛佩远 6.90
长白山天池 汪玢玲 6.95
吉林雾凇 杨立新 6.100

书 评

一部齐文化研究的开创
性力作
——《齐文化概论》评介 柯 文 1.125
《近代汉语词汇研究》简
评 之 言 2.127
读《神怪情侠的艺术世
界》 吴 心 4.119
一部有特色的《红楼梦》
校注本 肖 屋 4.122
独抒己见于诸家学说之
外——读陈良远《中国
诗学体系论》随笔 马立鞭 5.117
介绍一本对神秘预言作
科学研究的书 山 夏 7.108
回族历史人物的评价问
题——读李松茂《回族
伊斯兰教研究》 杨志玖 7.112
金针度人 后学津梁
——评介《敦煌文学概
论》 白化文 8.126
读谭丕模先生《中国文
学思想史合璧》 李修生 9.123
图文并茂 雅俗共赏

——读《敦煌艺术之最》 关友惠 9.126

其他(封面、二、三图介绍)

西夏供养菩萨壁画	文 卒	1.25
清康熙青花万寿大花瓶	陈润民	2.121
洛阳历史大事纪略	潘 兴	3.103
涅槃经变·奏乐婆罗门	文 卒	4.11
卖鱼图		5.126
清乾隆珐琅彩婴戏纹双连瓶	陈润民	5.127

民间艺术奇葩

——宋磁州窑裹戏纹枕 陈润民 7.123

古于阗吉祥天女壁画 8.29

宋耀州窑清釉刻花牡丹纹瓶 陈润民 8.123

明宣德青花枇杷绶带鸟大盘 陈润民 9.103

宋钧窑月白釉出戟尊 陈润民 10.127

清康熙五彩竹雀纹茶壶 陈润民 12.117

1995年

治学之道

研治古典诗学的体会	王英志	1.3
陈垣的励耘书屋	刘乃和	2.3
求真、实证、新解——谈石泉教授研究历史地理的方法	鲁西奇	3.3
黄药眠先生的治学精神和学术品格	童庆炳	5.3
素业专精 海人不倦——回忆顾颉刚先生	汪玲玲	6.3
刘盼遂先生的治学方法	聂石樵	7.3
略谈前辈学者对唐长孺先生治学的影响	牟发松	8.3
谭其骧与《中国历史地图集》	王文楚	9.3
乘一总万 举要治繁	陈良运	11.3

我的治学之路 谢 方 12.3

文学史百题

中国古代的书信之文	郭预衡	1.10
唐宋词中的"音理"和"理趣"	杨海明	2.19
柳宗元《江雪》接受史研究	陈文忠	3.10
闽中诗派与闽中十子	杨起予	4.19
性灵文人与阳明心学	吴兆路	5.9
略谈中国古典小说中的诗文融合传统	郭 杰	6.10
《聊斋志异》:继承与总结	周先慎	7.14
清代的学者之文	陈平原	8.12
中州万古英雄气——金代文学概说	翟钢绪	9.9

1991年—2000年

中国古代穆斯林文学的特点及成就 林 松 10.22

豪放词的出现与发展 李谷鸣 11.11

元人散曲的神韵 黄 克 12.10

历史百题

唐灭高昌的意义 李 方 1.17

明代的吏治 任 昉 2.12

"西学中源"与近世学风 阿 蒙 3.19

马尾船政局与晚清社会 王 民 4.13

唐太宗与史学 张志鹑 5.18

开明的中国古代法律 马小红 6.17

明初削藩的悲喜剧 王世华 7.7

南朝的侯景之乱 文 锐 8.19

清代灾赈制度中的"报灾"与"勘灾" 吕美颐 9.17

伊斯兰教在中国历史上的地位 秦惠彬 10.14

乾嘉考证学风的形成及其文化意义 陈其泰 11.19

清代的皇族 郭松义 12.15

怎样读

不妨读读历代正史地理志 周振鹤 8.59

中世纪喀喇汗王朝时期的突厥语文献 李增祥 10.49

文史工具书介绍

丁福保和《说文解字诂林》 韩华梅 1.38

文史书目答问

晁公武与《郡斋读书志》 南丽华 2.44

主张"文尚自然""文贵其简"的《文则》 陈亚丽 8.46

《古兰经》在中国 金宜久 10.55

诗文欣赏

迷人的田野风光 醉人的泥土芳香——《过故人庄》、《游山西村》对读 周慈昌 1.52

贤淑刚烈的悲剧——读戴复古妻《祝英台近》 朱思信 1.56

梦醒忽惊喻秋语 易代兴亡总似梦——说张岱《西湖梦寻·自序》 乔 力 1.59

枯兰衰柳叹消沉——端方《多丽·为易实甫题兰兰柳柳便面》解读 吴正明 1.63

古朴的习俗 浪漫的风情——说《诗经·郑风·溱洧》 陈 晓 2.52

清新流畅 音近旨远——杜牧《秋夕》诗赏析 坚 泓 2.55

李煜《玉楼春》词赏析 〔新加坡〕王力坚 2.57

读张先的两首词 蔡义江 2.60

别有佳处惬人意

——说《登飞来峰》与《题西林壁》 汤文熙 2.64

真淳热切 坦率无忌

——《诗经·摽有梅》赏析 董昌运 3.58

以孤独解构诗美

——陈子昂、李煜比较一例 吕美生 3.60

半是依恋 半是挽歌

——《东京梦华录序》赏析 吴功正 3.64

人与造物的感通

——读赏苏轼《游金山寺》 张 晶 3.67

好山好水好文章

——读袁枚《游武夷山记》 王子宽 4.77

铺色设彩 景美情深

——杜甫"江碧鸟愈白"绝句赏析 张 铭 5.25

感情真切 描绘入微

——读辛弃疾《西江月·遣兴》 秦新民 5.27

谈《三国演义》的卷首词 丰家骅 5.30

衰朽只悲同调尽

——赵翼《随园吊袁子才》浅解 杨树彬 蔡国平 5.33

最难消遣是黄昏

——读《诗经·君子于役》 跃 进 6.25

意中有景 景中有意

——读两首描写洞庭湖景观的唐诗 白吉昌 6.27

报国欲死无战场

——贺铸《六州歌头》赏析 储兆文 6.31

"移用不得"的咏花诗 卢传畲 6.34

意味无穷话《秦离》 朱思信 7.21

欧阳修词《诉衷情·眉意》小析 蔡义江 7.24

梅格人品两奇绝——读苏轼《西江月·梅》 周懋昌 7.26

几样青山几多情

——辛弃疾词中的山 黎烈南 7.29

把酒论英雄，傲然笑古今——杨慎《三国演义》卷首词赏析 朱正平 7.34

妙韵难尽画幅中

——王维《鹿柴》诗赏析 赵海菱 8.67

无物似情浓 桃杏嫁东风

——说张先《一丛花》词 厚艳芬 8.69

物境与心境的交融

——说秦观《如梦令》 周先慎 8.72

两首悼亡词的比较阅读 周志恩 8.75

意境壮美 语言清丽

——说隋炀帝杨广《春江花月夜》(其一) 魏宏灿 9.23

俯瞰人生得失的审美叩问——读杜甫《缚鸡行》 张 晶 9.26

说刘克庄《诘猫赋》 张忠纲 9.29

独任性灵 自具韵味

1991年—2000年

——袁枚《独秀峰》赏析 张 慧 9.34

《来复铭》浅析 哈吉·易卜拉欣 10.111

林则徐《竹枝词》中的新疆穆斯林生活 叶哈雅 10.115

寓情于景 情景交融——王维《辋川闲居赠裴秀才迪》赏析 姚敏杰 11.25

彩笔绘雷雨 神鬼含变态——刘禹锡五言古诗《清晨登天坛》赏析 吴在庆 11.28

秋千下的哭泣——读李商隐无题诗

《八岁偷照镜》 廖 敏 11.32

寂寞心曲 孤傲情调——读苏轼《卜算子·黄州定惠院寓居作》 刘宗德 11.37

大开大阖起伏跌宕——说柳永《夜半乐》 刘耀业 12.22

苏轼《丁公默送蝤蛑》品赏 钱仓水 12.25

慨丧心态笼罩下的"意识流"——吴伟业《过淮阴有感》解析 沈金浩 12.27

痛苦灵魂的呻吟——纳兰性德《采桑子》赏析 张乃良 12.30

文化史知识

中国古代的"成人"观念 胡发贵 1.24

古代宫廷象棋活动 毛宪民 1.29

我国古代的画院 赵险峰 1.34

茶禅一味 降大任 1.36

周代的养老致孝 李建国 2.26

我国古代庶生子的继产权 邢 铁 2.30

古代的水嬉 康 弘 2.34

台湾的民间禁忌 程明欣 2.39

黄河流域冬至节的产生与变异 郭春梅 3.80

宋代的有价证券 汪圣铎 3.85

惠东女服饰与长住娘家风俗 叶 青 4.95

永定客家与土楼民俗文化 罗庆泗 马例文 4.98

漫话茶黄 郭 鹏 5.50

叶子戏的流传与变迁 王赛时 5.56

"砌末"漫谈 王彦永 5.61

三分损益法与十二平均律——我国古代的音律学成就 王月桂 聂为生 6.41

漫谈胡食 段塔丽 6.46

我国古代的游泳 梁存信 6.51

佛教与茶文化——略谈宋代的"水丹青"和"水书法" 刘竹庵 6.55

中国古代商人的营销策略 姜晓萍 7.41

古代的物价管理 杨光华 7.45

明清时期徽州妇女的重商精神 王 波 7.50

漫话古铃 张 鹤 7.53

古代的婚月和婚会 李建国 8.26

1995年

宋代的妇女生活 钟 年	孙秋云	8.30	北宋书画家米芾	王美英	1.81
明清宫廷的围棋活动	毛宪民	8.35	张汤的幸与不幸	田 静	2.80
茶的别号	马 舒	9.58	善于谋事而不善于谋身		
中国古代纳凉风扇考	何小颜	9.65	的郭崇韬	沙宗复	2.86
古代"藏钩"游戏的几种			法学匡时为国重		
形式	张仁善	9.67	——中国近代法律学家		
从回族汉文匾联看中国			沈家本	李忠兴	2.93
伊斯兰文化的特色	冯今源	10.59	出身儒门的大商人子贡	梁 民	3.94
伊斯兰教在中国为什么			鲜为人知的辛亥功		
又称为回教或清真教	马寿千	10.63	臣——程家柽	汪志国	3.99
中国的伊斯兰教建筑	沙秋真	10.67	利玛窦与福建士大夫	林金水	4.44
伊斯兰文化中的汉文碑			"新福州"港主黄乃裳	詹冠群	4.50
刻	李兴华	10.71	"非常之人 超世之杰"		
新疆维吾尔族的音乐舞			——雄才大略的魏武帝		
蹈	袁炳昌	10.75	曹操	张 文	5.72
王杖鸠首说	祝中熹	11.43	梅尧臣与宋诗风	周明辰	5.79
史书、方言中所见的称			"独身任一代文献之寄"		
谓"越级"现象	陈满华	11.47	——元代杰出史家苏天		
古代的赏花习俗	王赛时	11.52	爵	江 涌	5.85
风格独特的徽派古民居	张善安	11.57	至今犹忆李将军——西		
乾隆皇帝与福建刻本			汉抗匈奴名将李广	商继增	6.80
——漫话福建刻书业	连镇标	12.50	为人磊落负奇气 激扬		
摇篮小史	陈见微	12.53	讽议真君子		
"满汉全席"溯源	邢湘臣	12.58	——明末东林名士杨涟	姜晓萍	6.84
			第一次鸦片战争前后的		
人物春秋			曾国藩	吴 丕	6.90
勋业千秋留赤壁 风流			"清谈误国"的王衍	孔 毅	7.59
一代说周郎——三国			佛学宗师鸠摩罗什	赵 锐	7.63
著名军事家周瑜的一生	李景琦	1.71	"两宰相"之一的苏辙	高秀芳	7.67
隐居镜湖的晚唐诗人方			走"终南捷径"的名隐士		
干	吴在庆	1.76	种 放	马斗成	8.49

1991年—2000年

明末清初著名画家朱奋	黄细嘉	8.54
爱好文义的刘义庆	李宗长	9.88
生子当如李亚子——五代名将李存勖	曾国富	9.93
晚清外交英才——刘瑞芬	汪志国	9.99
刘智与《天方三字经》	艾月洁	10.80
王宽阿訇办学二三事	陈进惠	10.84
利欲熏心的李斯	田 静	11.81
忠诚耿介的陆赞	张 燕	11.86
都堂一纸诏 千载恨悠悠——王炎治边业绩及其悲剧结局叙略	孔凡礼	11.91
"屈伸舒卷,动有操术"——北宋重臣吕夷简	李学诗	12.73
明代著名政治家李东阳	冯宪军	12.79

中外文化交流与比较

明清欧人对中国科技的介绍和应用(一)	吴孟雪	1.85
明清欧人对中国科技的介绍和应用(二)	吴孟雪	2.74
明清欧人对中国科技的介绍和应用(三)	吴孟雪	7.83
明清欧人对中国科技的介绍和应用(四)	吴孟雪	8.82
波斯伊利汗国仿行的元朝钞法	王永生	2.68
泉州与古代中外海上交通	胡沧泽	4.64
福州先生与琉球学生	赖正维	4.70
移人间情 达灵境意——话说利玛窦及明清		
西方传教士墓地艺术	林 华	5.38
传教士与中国的留学教育	易 安	6.59
汉唐儒学在朝鲜的传播及其影响	陈尚胜	9.44
黄公度先生与日本汉诗界的文字因缘	伯 骅	9.49
理学在朝鲜的传播及其影响	陈尚胜	11.66
中朝实学思想的交流及其影响	陈尚胜	12.32

古代科技漫话

开创性的潮时推算图——唐窦叔蒙《涛时图》	艾素珍	5.35
我国历史上的农业土地利用成就	范楚玉	6.37
失而复造的指南车	周士琦	7.77
中国古代天文学的"世界之最"	王德昌	8.78
沈括对中国地学发展的贡献	艾素珍	9.36
伊斯兰天文学在中国的传播和发展	陈久金	10.86
伊斯兰医学对中国医学的影响与贡献	宋 岘	10.91
"一中同长"话周率	金 屯	11.39

读书札记

"断章赋诗"与"歌诗必

类"的有机统一——浅析《左传》赋诗的特点　陈绂　1.103

文字狱该如何认定　喻大华　1.107

释"物卢之矛"、"诸稽郢"　李锦芳　2.103

晋人吟诗与"洛生咏"　范子烨　2.106

秋神与冬神的斗争——论共工、颛项争帝神话　尹荣方　5.103

《醉翁亭记》中的"射"　王垂基　5.110

乌纱帽考论三题　龙建春　6.106

千古漫说貂蝉女　宁业高　夏国珍　6.111

江淮"筋力于王微，成就于谢朓"释　谢文学　8.98

《三字经》成书年代小考　张子开　8.100

词题问题管见　张墨林　武桂霞　9.102

姑恶鸟、鬼鸟的传说与传统家庭伦理　尹荣方　11.98

《逸周书》中的一篇战国古赋　刘光民　12.98

读史札记

说《梁书·止足传》　洪廷彦　7.93

"先汉兴隆，后汉倾颓"说辨疑　李学诗　7.97

语言知识

"执与"句分析　方文一　1.99

释"王气"　师为公　2.117

"产"有"生、活、鲜"义

——浅谈词义的"感染"　张显成　2.120

中华问候语的文化释义　朱玲　3.109

古来何谓"玉阑干"？　谭雪京　3.111

福建的方言　陈泽平　4.106

《江南》"田田"解　贾雯鹤　5.114

"傈然"辨析　惠朂华　5.116

《周易》"突如"正诂　吴辛丑　6.102

"望其旗靡"新解　曹海东　6.104

说"比数"　刘尚慈　7.101

"颜色"词义考辨　卫理　7.105

"怒"在辞书中漏收的两项动词义　刘乃叔　8.114

《季氏将伐颛臾》中的"故"字　汪少华　8.116

"的卢"释义　胡渐逵　8.118

说"胆"　吴晓龙　9.108

说"洗骨"　阮堂明　9.113

伊斯兰教对维吾尔语言文字的影响　王振忠　10.103

经堂语与小儿锦　寅住　10.108

"拂士"新解　易思平　11.101

车乘礼制与古文训释　杨振国　11.104

略说表示时间的"处"与"何处"　徐兴华　12.103

文史研究动态

华安仙字潭摩崖石刻研究概述　傅朗　4.109

七十年来宋玉研究述评　金荣权　5.90

对宋词风格流派研究的回顾与思考　潘裕民　6.95

1991年—2000年

建国以来曹丕研究综述 孙明君 7.118

中国伊斯兰教史研究漫议 李松茂 10.30

国外的中国伊斯兰教研究 沈 青 10.38

文史古迹

丝路重镇武威城 李国丰 1.120

此时无声胜有声——麦积山石窟《菩萨与弟子》塑像 王纪月 2.122

文峰山上道昭碑 王升新 3.118

武夷奇观架壑船 戴显群 4.114

闽王墓与闽王祠 徐六符 4.116

林则徐故居与祠堂 卢建一 4.119

鼓山和涌泉寺 周玉英 4.121

海上平安女神妈祖与湄洲祖庙 樊如霞 4.123

衡山苍苍入紫冥——南岳衡山巡礼 黄 鹤 5.121

漫话文源阁 刘 蕾 6.116

古褒斜路及其栈道、石门、十三品 王文奇 9.114

北京牛街礼拜寺 杨宗山 10.119

泉州伊斯兰教历史遗迹 黄秋润 10.121

岱南奇观——峄山 吴济夫 11.117

泉州天后宫 许建平 12.107

宗教与人生

唐代的茅山道 汪桂平 1.91

佛教寺院中的饮食生活 姚伟钧 3.76

福安教士掀起的教廷风波 谢必震 4.74

国家立寺 本欲安宁社稷——漫谈唐代的宗教政策 施光明 5.67

二郎神信仰的嬗变 千树德 6.75

易安居士与佛教 史向前 9.52

碧霞元君形象的演化及其文化内涵 刘守华 11.76

景教传播的几个特征 周燮藩 12.43

青年园地

从"雕栏玉砌"到"要渺修宜"——评李煜词风的转变 龚 刚 1.116

《诗经》中的"东门"和"南山" 张民权 2.113

暮色苍茫中的落寞情——黄昏意象与文人审美心态 钱季平 3.121

《诗经》束薪与上古婚俗 白显鹏 5.117

略论灵渠在水利工程和地学史上的地位 陈国生 6.120

辩"江州司马青衫湿"——也说白居易诗中的品官服色问题 周劲松 7.114

"笑"与"天"——《管锥编》质疑一则 李 青 8.119

《周易·良卦》新释 许金如 9.119

漫议窦娥鬼魂形象 张 慧 11.120

心灵与自然的融合

——宋词中"芳草"的意蕴 裴登峰 12.112

文史信箱

"具言所闻"还是"所闻叹愧"？ 江林昌 7.108

学林漫语

西行自叙 冯其庸 1.66

文学人物画廊

《金瓶梅》里的四"泉" 陈建生 2.100

观音和菱角

——聊斋人物谈 马瑞芳 7.89

奇特迷人的狐女封三娘

——《聊斋》人物谈 马瑞芳 8.106

考古与文物

历史明珠——大金得胜陀颂碑 王仁富 3.113

古代民族志

略谈畲族 张秀荣 8.108

武侠小说漫谈

武侠小说的魅力来自何方 宋立军 9.71

书法丛谈

西周青铜器铭文书法 刘 涛 7.73

钟繇的书法及历史地位 刘 涛 8.93

写经·写经生·写经书

法 刘 涛 9.76

吹坠天花是写意

——苏轼与书法 刘 涛 11.71

漫话"书体" 刘 涛 12.62

专 文

孔子论"和" 周振甫 1.42

孔子、孟子、荀子说《诗》之比较 袁长江 1.45

说欧阳修诗词中的飞鸟意象 黎烈南 1.110

谈《诗经·卫风·氓》的主题 李全祥 2.48

扬眉吐气 激昂青云

——初盛唐自荐书表与文士风采 戴伟华 2.96

"有所寄兴，亦有深意"的两宋俳谐词 李 扬 2.109

五光十色的古代才女之作 陈 敏 3.70

庄子"道进乎技"观述论 祁海文 3.104

文天祥与福建永泰《虎邱黄氏世宜谱序》

林精华 林仁罗 4.126

罗贯中原著书名非"三国演义" 陈翔华 5.43

王湾《次北固山下》异文鉴测 陈良运 5.98

耦犁新解 易友玉 5.126

隔境——一个重要的意境范畴 孙维城 6.64

隋唐风俗的时代特征　　万建中　6.70

王国维的古典文学联绵字观照　　姚淦铭　7.37

汉代经今古文之争　　林　岷　7.56

日本有没有实行过科举制度——读日本汉诗献疑　　萧瑞峰　7.80

奢华无度话淮商　　钟春翔　7.111

神秘的大汶口文化刻划符号破译　　刘德增　8.40

论"钱王的先祖是彭祖"说　　吕洪年　8.88

《太平广记》引书浅谈　　张国风　8.102

"文思敏捷"之典故综考　　李知文　8.112

《周易》和先秦时期的新闻活动　　龚陈平　8.123

与孔子中庸有关的几个问题　　罗祖基　9.39

古代文论中"养气说"的演变过程　　陈学广　9.82

我国信仰伊斯兰教的民族　　胡振华　10.43

伊斯兰教常识　　马利强　10.95

中国古代的宫廷及其文化特征　　刘尊明　11.61

唐前五代史和五代史志　　仓修良　12.37

谈序跋　　李　乔　12.68

《满江红》(怒发冲冠)只能是岳飞的作品　　陈　非　12.91

书　评

融合与更新——试评《魏

晋诗歌艺术原论》的研究方法　　孙明君　1.124

体大涵深　精论博引——评郭预衡主编《中国古代文学史长编》　　熊　笃　3.90

第一部具有普通语言学意义的文化语言学著作——评《文化语言学》　　李亚明　7.124

《清史》评　　傅振伦　11.109

学术性与可读性兼备的志书楷模——读《洛阳市志·文物志》　　田居俭　11.112

绚丽多彩的丝路文化——《丝绸之路》读后　　辛　夷　12.85

读《辽金诗史》的几点感言　　喻朝刚　12.88

读者·作者·编者

对《"传胪"的出典》的一点意见　　周思玮　2.124

"大陆地区博士论文丛刊"已出版八十余种　　文　卒　2.126

《"拜送书于庭"新解》辨误　　杨　坤　3.126

关于宋词别名长短句的补充　　何根基　5.127

《肥城陶山范蠡墓》补正　　程兆奎　6.127

清孝庄皇后非满族人　　梁奇志　7.25

此"飞来峰"非彼"飞来峰"　　傅　易　7.127

《菩萨蛮》(哀筝一弄)非

张先词 全 铺 8.111
也说"玉阑干" 杜清军 9.121
谈梅、蜡梅、杨梅
——《蜡梅、杨梅与气候
变迁》辨误 周 方 9.123
《"堕于秦驼前"释》质疑 汪少华 11.124
也谈项羽"不肯过江东" 周 明 11.127

笔谈

闽学在中国思想史上的
地位 刘蕙孙 4.3
古代福建与台湾的经济
交往 唐文基 4.7
福建与古代中外关系 徐恭生 4.10
开展伊斯兰文化的研究 白寿彝 10.3
关于古太白(屈底波)
"进军中国"与"遣使
中国"的问题 纳 忠 10.4
维吾尔族与伊斯兰教经
院教育 夏米西丁·哈吉 10.8
关于元代回回人的"华
化"问题 杨志玖 10.11

"长城学"专栏

长城学的概念、特征及
分类 董耀会 3.25
中华悠久历史的丰碑
世界古代工程的奇迹 罗哲文 3.29
万里长城——古代人类
防卫设施的杰出代表 吉 人 3.33
万里长城说 陈连开 3.38

关于长城的美学随想
杨 辛 章启群 3.42
明长城东段沿线聚落的
形成和发展 韩光辉 李新峰 3.46
长城学研究的一次盛
会——首届长城国际学
术研讨会概述 李方准 3.50

闽学源流

朱子闽学学术思想的渊源 柯远扬 4.25
闽北的闽学文化遗址 徐心希 4.31

福建华侨史

福建的华侨 童家洲 4.35
漫话福建海外移民 方宝璋 4.39

近世风云

清代闽海关沿革 黄国盛 李森林 4.81
黄花岗八闽英魂 陈孝华 4.85
福建红茶走向世界的历
程 程镇芳 4.88

闽台文化

闽台宗教祭祀对地方戏
剧的影响 林国平 4.55
清代闽台之间公文传递
方式 赵建群 4.59
建阳麻沙书坊 向生榕 4.61

民俗文化

福建民间信仰与地理环

境 彭文宇 4.90
福建历代闽人简录 林小玲 4.105

其他(封面、二、三介绍)

《威弧获鹿图》卷 一 止 5.97

清宫御制茗壶 陈润民 6.126

《昇平雅乐图》轴 一 止 1.16

《荷花图》轴 方 甫 7.110

宋官窑青釉弦纹大瓶 陈润民 1.127

清代仕女赏荷图 方 甫 8.11

《戏婴图》轴 方 甫 2.92

全国清真寺重点文物保

唐秘色八棱净水瓶 陈润民 2.125

护单位简表(国家级、

《蕉桐婴戏图》轴 方 甫 3.9

省级) 李 革等 10.125

近代闽人状元 4.80

1996年

治学之道

沈祖棻的诗词创作和研究 蔡文锦 1.3

我为什么专攻清史与满族史 王钟翰 12.3

文学史百题

谈谈我的佛教汉语研究 朱庆之 2.3

桐城文章流变 陈平原 1.9

周一良先生的治学精神与方法 赵和平 3.3

魏晋"杂诗" 钱志熙 2.9

一种摇曳多姿的文学样式——谈古代自传文 章尚正 3.10

我与中国学案史 陈祖武 5.3

学习"治学之道"的体会 郝春文 6.3

手指抚琴 音在弦外——禅诗与禅画 翟宗祝 4.3

我怎样作《南海寄归内法传校注》 王邦维 7.3

清初诗坛的钱、王交替 孙之梅 王 琳 5.9

书海求索 勤耕不辍——记美国芝加哥大学钱存训教授 刘 镝 8.3

谈山水楹联 李亮伟 6.11

十三世纪的诗坛劲军——谈南宋江湖诗派 张宏生 7.12

我与历史、地理的情缘 郭毅生 9.3

明清传奇的价值 郭英德 8.9

晚清白话文运动 夏晓虹 9.18

治学杂谈 蔡义江 11.3

温州杂剧与中国古典戏

曲 周先慎 10.19

游民、游民文化与游民文学(上) 王学泰 11.10

游民、游民文化与游民文学(下) 王学泰 12.10

历史百题

命运多舛的唐代储君——嫡长子继承法的反思 胡 戟 1.15

略论中华区域文化 方宝璋 2.16

章学诚与"六经皆史" 张 勇 3.16

中国古代陵墓建筑的文化心理特征 姜晓萍 4.11

中国古代商贸活动的经纪人 孟繁冶 5.18

中国古代官员的回避制度 岑大利 6.20

皇帝·宰相·宦官——晚唐中枢权力分配格局变动述略 陈明光 7.19

明史与明代回族史 李松茂 8.17

明代的民间结社 任 昉 9.11

晋室东渡和南宋建都对浙江文化发展的影响 陈桥驿 10.12

春秋时期的军事训练与军事法规 黄朴民 11.16

"君子"考释 王泽民 12.19

怎样读

古文家的"新小说"

——林纾的长篇小说 夏晓虹 2.23

从汉赋的渊源及特征看《文心雕龙·诠赋》 辛保平 3.24

读王构的《修辞鉴衡》 陈亚丽 8.43

诗文欣赏

虚实相生 诗之至也——读庾信诗《奉和山池》《奉和示内人》 林 怡 1.22

"死战之勇"与"不战之威"——看当阳之役中的赵云和张飞 龚 刚 1.25

借题发挥 寄慨行谏——读宋玉《风赋》 杨炳校 1.30

古风犹存 真情犹在——《诗·邶风·匏有苦叶》释读 张民权 2.27

天下意识的投射——曹操《观沧海》赏析 孙明君 2.30

乐山水之怡情 感岁月而兴怀——读王羲之《兰亭集序》 李景琦 2.33

"诗画本一律"——读苏轼《韩干马十四匹》 赵景瑜 2.36

西川海棠甲天下——读薛涛《海棠溪》 周容良 3.29

庭院深深 闻花不语——说欧阳修《蝶恋花》 冷 风 3.31

平凡之中不平凡——析苏轼《刁景纯席上和谢生》(二首选一) 孔凡礼 3.35

胸襟气魄与想象夸张

——曾公亮《宿甘露寺僧舍》赏析　　朱思信　4.19

互文的妙用——辛弃疾《青玉案》新解　　赵仁珪　4.21

题品风流似晋人

——谢逸《豫章别李元中宣德》赏读　　钱志熙　5.25

睢景臣《高祖还乡》新解　　张志红　5.28

悲凉:《不伏老》不可或缺的思想内涵　　萧向明　5.32

说欧阳修《秋声赋》　　张忠纲　6.28

探险猎奇　融入自然

——《三衢道中》诗赏析　　邵湘泉　6.33

鲜明的对比　强烈的反差

——《孤臣碧血记》赏析　　吴家荣　6.34

自然之物与人格化身的契合——骆宾王《在狱咏蝉》解读　　郭明志　7.26

以动写静　文外独绝

——读王籍《入若耶溪》　　邹志方　7.31

消瘦的身影　沉重的心灵——李清照词《醉花阴》、《武陵春》比较　　周懋昌　7.33

"东阁官梅动诗兴"

——说何逊《咏早梅》诗　　张忠纲　8.49

缠绵款至　潇洒出尘

——曹贞吉《贺新凉·再赠柳敬亭》赏析　　郑伯勤　8.52

一曲民族精神与个人抱负的颂歌

——杜甫《望岳》诗赏析　　黎烈南　9.50

且从名诗"听"妙曲

——读《李凭箜篌引》　　林　芗　9.53

言情写景好篇章

——读周邦彦《满庭芳·夏日溪水无想山作》　　张开瑰　9.56

绝妙山水　不朽诗章

——白居易《钱塘湖春行》赏析　　廖可斌　10.110

怎去吹箫　狂来说剑

——龚自珍《湘月》词赏析　　梁　慧　10.113

两首"观猎"话优劣　　董景尧　11.23

子野独标清脆格

——张先《玉树后庭花》词赏析　　吴　迪　11.27

声应气求　珠联璧合

——读柳、刘衡阳酬赠七律　　周懋昌　12.26

神余言外的讽世之作

——读欧阳修《边户》　　肖瑞峰　12.30

文化史知识

唐代的"量入制出"

隆武华　黄义楼　赵云旗　1.34

唐代的洗儿礼　　任士英　1.38

大唐乐舞　　杨剑虹　1.43

近代西方教会在福建办学　　王　宏　1.48

说"年龄"　　俞晓群　2.39

潇潇古今　　　　　　张　标　2.43
说乌鸡　　　　　　　王鲁昌　2.48
藏族饮茶文化　　　　汪受宽　3.42
说"毒药"　　　　　　徐莉莉　3.47
书法中的"仿生学"　　郑　红　3.50
清末兴学中的高校招生　崔运武　3.54
漫话唐代的"杂技"　　张天民　4.99
中国各民族饮食交融史
　话　　　　　　　　万建中　4.105
古今棋坛史话　　　　卢传畲　5.58
中国北方的狐仙崇拜　姚立江　5.63
信、书信小考　　　　马增芳　6.60
魏晋风度和名士围棋　孔祥发　6.63
"就阳而成"与"正位乎
　内"——我国古代妇女
　观漫说　　陈宁英　孙秋云　7.50
古代市场的商品质量管
　理　　　　　　　　杨光华　7.55
宋代的金银钱　　　　汪圣铎　7.59
"三年之丧"的流变　　俞晓群　8.25
《诗经》与周代的停房政
　策　　　　　　　　赵月恒　8.30
也谈唐代的"量出制入"　晨　光　8.33
说"干栏"　　　　　　杨东甫　8.39
饭含琐谈　　　　　　王月桂　9.26
漫说鸡入六畜　　　　王炜民　9.30
干支记日趣谈　　　　张丽君　9.34
唐宋间牡丹热的地理变
　迁　　　　　　　　陈昌宁　9.37
丝绸之府话浙江　　　赵　丰　10.62
浙江的刻书与藏书　　崔富章　10.65

扇子史话与杭扇沧桑　刘炼石　10.71
金华火腿　　　　　　王　淙　10.75
湖笔争传"一品王"　　任　平　10.78
东方名酒之冠——绍兴
　老酒　　　　　　　褚良才　10.81
中秋节起源的文化思考　熊　飞　11.46
闲话新婚闹房习俗　　王同策　11.49
古代殿堂建筑上的"鸱
　吻"　　　　戴吾三　陆法同　12.54
古代的"文字福"　　　周远清　12.57
中国回回名称的起源　马肇曾　12.61

人物春秋

箕子　　　　　　　　陈广忠　1.65
从奴隶到侯王——秦汉
　之际的风云人物英布　王鑫义　1.70
身仕三朝郭药师　　　周　峰　2.84
明代异端思想家李贽　魏崇新　2.89
奉佛宰相——王缙沉浮
　录　　　　　　　　段塔丽　3.77
张居正的无奈　　　　郭松民　3.82
天竺取经第一人　　　陈礼荣　4.117
春秋五霸之首的齐桓公　李景琦　5.81
"矜己陵人，能无败乎！"
　——孙吴权臣诸葛恪的
　悲剧　　　　　　　赵　元　5.87
谢安与淝水之战　　　张　文　5.92
元僧溥光的艺术成就　李　峰　6.84
海上长城的筹划者郑若
　曾　　　　　　　　王培华　6.87
保疆土安黎庶　不顾一

身荣辱——姚堂的爱

国思想及实践　　　　王晓文　6.92

闲话王安石的人品　　王晓如　7.73

刘墉为什么在大学士衔

实授上屡屡受挫　　张其凤　7.78

"记取香烟是后身"

——巨贪、奸相、"弄臣"

和珅　　　　　　　高时阔　7.83

"常出奇计,救纷纠之

难,振国家之患"

——记西汉名相陈平　仇高皓　8.76

常山赵子龙　　　　梁中实　8.81

一门将种　三世元戎

——三国著名军事家陆

逊及其子孙　　　　李景琦　8.87

未必神灵判阴阳　倒也

明察善审断——包拯

审案断狱勾画与评说　肖建新　9.65

丘濬其人其业　　　周明初　9.71

徐霞客与家乡的山山水

水　　　　　　　　田　柳　9.75

一剑霜寒十四州的江南

雄藩钱镠　　　　　杨渭生　10.87

稀世通才沈括成长道路

的启示　　　　　　龚延明　10.92

宋濂与江南第一家　浙　人　10.97

"苟利国家生死以,岂因

祸福趋避之"——辛亥

革命时期的浙籍志士仁

人　　　　宏　达　南　晖　10.99

漫说龙虎山上的张天师　彭琦　11.73

"未出梅关人已香"

——记爱国诗人、学者

屈大均　　　　　　袁钟仁　11.78

慧发天籁　一代宗师

——清代书画家金农

庾信与李陵　　　　张仲谋　12.78

生命　痛苦　超越

——李贺与佛、道　　阮堂明　12.80

中外文化交流与比较

明清欧人对中国科技的

介绍和应用（五）　吴孟雪　1.51

明清欧人对来华通道的

探寻（一）　　　　吴孟雪　2.64

《朴通事谚解》与《西游

记》平话　　　　　李伟实　2.70

明清欧人对来华通道的

探寻（二）　　　　吴孟雪　3.59

明清欧人对来华通道的

探寻（三）　　　　吴孟雪　4.82

明清欧人对来华通道的

探寻（四）　　　　吴孟雪　5.44

明清欧人对来华通道的

探寻（五）　　　　吴孟雪　6.43

明清欧人对中国宗教及

其习俗的评介（一）　吴孟雪　8.71

明清欧人对中国宗教及

其习俗的评介（二）　吴孟雪　9.59

浙江宋代佛教与中日茶

文化交流　　　　　沈冬梅　10.53

浙江青瓷与"陶瓷之路"　陈　野　10.57

日本中国学的课题(上)

[日本]沟口雄三　11.29

日本中国学的课题(下)

[日本]沟口雄三　12.45

中国传统文化在日本

中国文学在日本　[日本]清水　茂　1.57

中国史学在日本　[日本]竺沙雅章　2.54

中国哲学在日本　[日本]桥本高胜　3.65

中国儒教在日本　[日本]中岛隆藏　4.89

道教研究在日本　[日本]福井文雅　5.51

中国禅宗在日本　[日本]冲本克己　6.50

中国文字在日本

[日本]尾崎雄二郎　7.37

汉籍东传日本的轨迹与

形式　　　　　严绍璗　8.55

中国书法在日本(上)

[日本]中田勇次郎　9.42

中国书法在日本(下)

[日本]中田勇次郎　11.37

中国美术在日本　[日本]辻　惟雄　12.33

书法丛谈

初唐书坛三杰　　　刘　涛　1.87

八大山人与"八大体"　刘　涛　2.96

"散僧入圣"的"杨风子"　刘　涛　3.93

好古复古的赵孟頫　刘　涛　4.113

古代的识字与书法　刘　涛　5.69

北魏的楷书　　　　刘　涛　6.74

颜真卿的书法　　　刘　涛　7.69

"碑学"会要　　　　刘　涛　8.66

北朝末年的摩崖刻经书

法　　　　　　刘　涛　9.80

说米芾　　　　　刘　涛　11.63

黄庭坚的行书与草书　刘　涛　12.66

读书札记

徘徊于神灵与灵之间

——谈《九歌》的创作心

态和情感表现　王朝晖　张　慧　1.92

诗用"翻案法"　　　张福勋　1.97

《三国演义》卷首词不宜

作主题歌　　　　曾　良　2.110

"高阳"、"太平"不是公

主的名字　　　　胡昌明　2.113

宋代严禁盗版书的官方

文件　　　　　　周士琦　2.114

刘、阮何事入天台　李伟实　3.104

韦庄为什么要在江南避

乱　　　　　　　封　野　3.105

范仲淹为何不记岳阳楼　徐景洲　4.110

《诗经》在先秦不叫《诗

三百》　　　　许廷桂　5.109

"请卖爵子"者是谁？　陈道新　5.111

差距千里　贻误千古

——关于《史记正义》中

的一条注释　　　樊淑敏　6.100

读《世说新语》札记二则　张海明　7.94

唐宋山水游记中的地名

探源　　　　　　孙冬虎　7.97

具有大漠草原气象的杨

载诗　　　　　　陈庆元　7.102

1991年—2000年

《毛序》"六义"解	袁长江	8.112
宋代的军将和军大将	陈峰	8.116
《孟子》中一段名言的断句	郑千里	9.87
郑、袁"走狗案"始末	初国卿	9.90
我国古代的厕所	方南生	9.94
吴承恩不是《西游记》作者	李安纲	11.92
《庄子》为什么反"技术"？	阿義	12.91
蝴蝶与《蝶恋花》	曾良	12.95

浅析古汉语音韵结构及其现代应用	孔桂春	9.101
"拔山扛鼎"解	张博	9.109
释"四声八病"	林家骊	10.102
借字拾趣	石云孙	11.102
释"角妓"	袁津琥	11.108
释"滥觞"	谢质彬	12.100
说说《世说新语》中的"人"、"人事"	蒋宗许	12.102

语言知识

说"贞"与"真"	龚陈平	1.105
鑫斯考	龙建春	1.109
浅谈成语俗化	郭美宗	2.105
说"挥霍"	刘乾	2.107
说"骑鱼"	阮堂明	3.113
"何……之有"的结构与变化	方一一	3.115
"吹毛求疵"之本义	杜清军	4.123
释"槱"	惠恩华	4.124
释"三木"	王平	5.113
"挟天子"并非挟持控制天子	程瑞君	5.115
俗语"一条船儿"考释	刘士林	6.102
"三顾茅庐"的确切含义	谢质彬	6.105
说"缦" 段晓春	杨春燕	7.107
漫话典故	马君骅	7.110
"百雉"	解许征	8.108
成语正义二则	杨琳	8.110

文史研究动态

十年来国内魏晋南北朝史研究综述(上)	何德章	1.99
十年来国内魏晋南北朝史研究综述(下)	何德章	2.75
中国文言小说研究评述	宁稼雨	2.80
近年来徐渭研究述要	成世隽	6.97
朱熹自然学研究百年回顾 李胜兰	余健波	7.114
《史记》在韩国的译介与研究	[韩]诸海星	8.118
浙江与敦煌学	黄征	10.83
《儒林外史》研究的历史和现状(上)	凌昕	11.54
《儒林外史》研究的历史和现状(下)	凌昕	12.70

古代科技漫话

中国古代的海盐生产技术	吉成名	2.51
中国古代的池盐生产技		

术 吉成名 4.79

——聊斋人物谈 马瑞芳 12.97

文史书目答问

文史信箱

"承先启后,继往开来" 诗钟 王鹤龄 11.114

——《归潜志》史学价值

管窥 徐松巍 5.76

青年园地

《绣榻野史》——中国最 翰林学士与二王八司马

早的个人创作的长篇 事件 毛 蕾 1.121

小说 徐朔方 10.26 避讳的肇因 万建中 2.119

宗教与人生

《圆圆曲》的主题和意旨 程相占 3.124

庾信和镜 张喜贵 5.118

佛之梦魇与禅之忧伤 龚自珍的佛缘 刘慧宇 6.119

——岭南时期苏轼的禅 《唐诗三百首》的编选艺

佛情结 章召文 6.69 术 洪振快 7.120

文学人物画廊

如何看待张昭劝孙权降

归曹操 李宜春 9.117

笑矣乎我婴宁 明清时期徽商的"贾而

——聊斋人物谈 马瑞芳 1.84 好儒" 钟春翔 11.118

出污泥而不染的细侯 浅谈"说肥瘦" 王振良 12.108

——聊斋人物谈 马瑞芳 2.93

文史古迹

幽明世界人与狐

——试析《聊斋志异· 全国唯一的女皇庙宇

青凤》 王朝晖 3.86 ——山西文水武则天庙 梁恒唐 1.125

孟丽君的两难选择 吕启祥 3.88 闽中桥梁甲天下 林剑华 2.116

"高人一等"的林四娘 千年古刹凌云寺

——聊斋人物谈 马瑞芳 7.105 秀出东南麻姑山 邹自振 5.120

出污泥而不染的鸦头 天下奇碑——韦皋《大像

——聊斋人物谈 马瑞芳 8.92 记》碑 千树德 6.113

以爱杀爱的悲剧 全国唯一保存完好的省

——《任氏传》解读 孙 民 11.89 级衙署——保定直隶

红莲解语 绿蜂可人 总督署 李金龙 8.125

1991年—2000年

渔梁古坝　　　　张善安　9.122　谈《橘颂》的创作时间　　赵逵夫　3.38

绍兴八字桥　　　傅宝香 10.117　五色眩曜　光夺耳目

千古风流八咏楼　　　　　　　　　——谈李贺诗中的色彩　宋光第　3.99

——漫话八咏楼题咏与　　　　　宋人咏山诗的哲理性思

景观　　　　周少雄 10.118　　考　　　　　　　　　黎烈南　3.109

江南大观园——东阳卢宅　微　补 10.121　鹊、鸦俗信的发生与直

井岗山高洸水清　鹿原　　　　　　观经验　　　　　　尹荣方　5.38

坡上谒炎陵——说湖　　　　　谈钱氏"引诗断章"法　易　严　5.100

南炎陵县炎帝陵　黄　鹤 11.122　韩愈诗"以丑为美"说　蔡　毅　6.38

话说天下第一衙　　　　　　　　《陋室铭》作者辨析　　段塔丽　6.80

——内乡县明清县衙　郭启顺 12.112　《论语》的文学语言　　赵纯伟　7.64

文化源流

浙江史前文化的两朵金　　　　　传世岳飞词创作年代辨

花——河姆渡和良渚文　　　　　　正　　　　　　　　王　玲　7.89

化　　　　　林华东　10.30　六朝骈文的隶事用典　　钟　涛　8.95

浙江古代著名书法家巡　　　　　宋词的文化品格　　　　赵伯陶　9.96

礼　　　　　方爱龙　10.37　刘邦及其统治集团　　　辛　田　9.111

漫谈南宋杭州的市民文　　　　　张问陶诗学观略说　　　王英志　11.69

化　　　　　陶　然　10.43　两汉文献整理述略　　　陈业新　11.96

浙东学派　　　　楼毅生　10.48　历代赋漫论　　　　　　魏耕原　12.41

专　文

"新乐府运动"名称溯源　　　　初唐歌行与诗风嬗变　　张　晶　12.86

——兼论"运动"在文学　　　　

读者·作者·编者

史研究中的运用　刘学忠　1.75　对《〈三字经〉成书年代

不相非薄不相师　　　　　　　　小考》一文的意见　本刊编辑部　1.127

——袁枚对王士禛的评价　王英志　1.80　也谈《三字经》的成书年

中国文人画的美学传统　彭修银　1.113　　代　　　　　　　欧阳光　2.122

南朝咏物诗中的景物描　　　　　中国古代的法律"开明"

写　　　　　王　玫　2.101　吗?　　　　　　　刘柏林　2.124

　　　　　　　　　　　　　　　吕梁并非龙门　　　　刘秉果　2.126

　　　　　　　　　　　　　　　"丰城"辨析　　　　　刘晓峰　4.127

　　　　　　　　　　　　　　　为什么项羽有"身死东

城"和"自刎乌江"两种说法 熊明陶 石家红 5.124

也说《五人墓碑记》的"傈然" 汪少华 5.126

"持其踵"商榷——读杨振国先生《车乘礼制与古文训释》后 张又芳 6.123

陕西汉中石门非世界上最早的人工交通隧道 邓 沛 6.127

谈甲骨文中的日月食 胡振宇 11.125

《"新乐府运动"名称溯源》史实订误 章 之 11.126

"山西文物与戏曲"专栏

漫谈戏曲文物及其研究价值 黄竹三 4.25

山西石刻戏曲史料的认识价值 冯俊杰 4.32

山西古代戏台 王福才 4.38

晋南金元墓葬中的一朵奇葩——戏曲、乐舞砖雕 延保全 4.44

略论山西锣鼓杂戏 窦 楷 4.51

元杂剧演出的形象史证——山西洪洞、运城两幅戏剧壁画比较谈 王廷信 4.57

露台:中国舞台发展史上的重要一站 车文明 4.63

一种古老的戏剧形态——队戏 白秀芹 4.68

普救寺:成就爱情的胜地 吕文丽 4.73

笔 谈

再创浙江文化的辉煌 梁平波 10.3

对浙江文化史的一点断想 沈善洪 10.7

浙江近代晚期的文学论愿浙江文坛重新崛起 周振甫 10.8 陈 坚 10.10

古代民族志

略谈东胡族 张秀荣 3.117

考古与文物

良渚玉琮 龚缨晏 10.106

河姆渡文化的艺术珍品——释蝶形牙雕"双鸟昇日" 吕洪年 10.108

书 评

展示清诗的风采与魅力——读王英志《新编清诗三百首》 张仲谋 1.118

"高品位"与"大众化"的融合——评顾易生教授等主编《宋词精华》 张 晶 5.105

寻找科学汉字理论的历史、文化根基——黄德宽、常森新著《汉字阐释与文化传统》评介 许 圣 6.108

再现历史的辉煌画卷——30卷本《敦煌石窟

1991年—2000年

艺术》简介 郭廉夫 7.124

突破前人 突出密州

——评《苏轼在密州》 景 高 7.126

汉语文学语言特征的独到发现——读《汉语现象论丛》的体会 童庆炳 8.100

"绝代才人、薄命君王"的真实写照

——读《李煜传》 刘修明 9.124

开启文学古籍之门的

"金钥匙"

——评《中华古文献大辞典·文学卷》 陶 理 丛亚婷 11.110

功在当代 利在千秋

——写在《四库全书存目丛书》出版之际 马功兰 12.105

其 他

克孜尔石窟 7.11

浙江文化名人录 10.123

1997年

治学之道

王永兴谈陈寅恪治史之道 李锦绣 1.3

我的治学体会 张燕瑾 2.3

我和中国的传统语言文字学 王 宁 3.3

王伯敏先生与他的超前之悟 章利国 4.3

我与文学文献学 潘树广 5.3

融会中西古今之学而创新说——试论王国维的治学方法和道路 周锡山 7.3

我的传统文化情缘 李建国 8.3

我研究六朝文学的经历 穆克宏 10.3

吕叔湘先生学术述略 刘 坚 11.3

追忆程应鏐先生的史学研究 虞云国 12.3

文学史百题

一个影响深远的唐代民间故事——《望夫冈》与"云中落绣鞋"型故事 刘守华 1.9

漫谈佛教与诗歌 张宏生 2.17

"永明体"的形成及影响 林家骊 3.19

东晋：一个文艺繁荣的时代 张可礼 4.10

《左传》辞令的语言特色 胡安顺 5.10

陇右地域文化与唐代边塞诗 杨晓霭 胡大浚 6.13

唐代陇右传奇作家作品 丁 戊 6.19

话说性灵派 王英志 7.16

宋初水边林下的"白体"诗风 张 鸣 8.10

明本潮州五种戏文与南

戏的流传 陈历明 9.17

天地会"西鲁"神话之解析 王学泰 10.9

桐城派在清代长期兴盛的原因 周中明 11.10

关于元代文学批评的几个问题 张 晶 12.12

历史百题

"文须有益于天下"
——顾炎武论文章之道

发微	徐松巍	1.16
中国历史上的习惯法	梁治平	2.10
唐代的西北交通	孙晓林	3.10
中国古代帝王陵寝制度	黄细嘉	4.15
子虚乌有的《穿鼻草约》	邱远猷	5.19
沧桑悠远话甘肃	王三北	6.25
香港问题的由来	刘蜀永	7.10
早期香港经济的发展	刘蜀永	7.13
中国的地理环境与古代历史	方宝璋	8.18
潮汕文化的形成与发展	杜经国	9.10
明朝统治者对佛道二教的利用与限制	方志远	10.18
清代的徽州朴学	曹国庆	11.17
论中国古代文人的"据于儒,依于道,逃于禅"	周云龙	12.18

怎样读

"千呼万唤始出来,犹抱琵琶半遮面"

——《老残游记》艺术谈 裘效维 3.25

诗文欣赏

豪放 王明居 1.23

高远的志向 不懈的追求——读韩愈《答李翊书》 俞雅琳 1.27

摄神理而遗貌 调感伦于融会——从张炎《解连环·孤雁》词看其"清空"本色 王运思 1.31

一转一深 一深一妙
——苏轼《永遇乐》赏析 张晓明 2.26

平淡隽永话寻春
——辛弃疾《鹧鸪天》词赏析 黎烈南 2.29

简洁凝练 逼真如画
——《登泰山记》赏析 迟崇起 2.33

世俗局限于想象超越
——郭璞《游仙诗》其六的文化内蕴 李乃龙 3.39

心有灵犀一点通
——读郑板桥《赠勋宗上人》诗 陈东辉 3.42

外师造化 中得心源
——浅谈王维诗中寒山意象的两种境界 张 宏 4.22

说冯延巳《鹊踏枝》 周先慎 4.28

最是故园难忘处
——曾国藩七律组诗《岁暮杂感》其二读品 龙建春 4.30

1991年—2000年

心理探幽的绝妙之笔
——读王昌龄《闺怨》 何 庄 5.27

小品秦观《浣溪沙》 冷 风 5.30

寡妇孤儿流血泪
——读正元量《玉楼春》 孔凡礼 5.33

咏物小什 曲尽人情世
态——看金銮《北落梅
风》小令 郭峰 6.96

穷鸟虽顽 犹识密恩
——读赵壹《穷鸟赋》 郭令厚 6.99

读岑参《登金城临河驿
楼》 寒长春 7.21

两幅画面 一种情思
——许浑《途经秦始皇
墓》诗赏析 黎烈南 7.24

此"豪放"非彼"豪放"
——苏轼词风格探微 赵俊成 7.27

"光芒夜半惊鬼神"
——谈徐渭杂剧《狂鼓
史》 张梦新 7.30

读孟浩然《与诸子登岘
山诗》 [新加坡]胡建弟 8.23

秋暮雨霁游子叹
——简析柳永羁旅词的
景与情 程永健 8.26

春水欲共寒鸭语 诗画
交融理趣浓——苏轼
《惠崇春江晚景》赏析 车之光 8.28

残灯欲明谁与剔
——读贺双卿《凤凰台
上忆吹箫·残灯》 刘隆钱 8.30

信我人厄非天穷
——读苏轼《潮州韩文
公庙碑》 曾楚楠 9.86

竹枝遗调唱潮州
——几首独具特色的潮
州竹枝词 文 边 9.90

以声传情 去意徊徨
——周邦彦《蝶恋花》词
赏析 高 锋 10.26

伤情之作 慷慨之词
——读吴激《人月圆·
宴北人张侍御家有感》 姚小勇 10.28

诗旨相同 诗趣有异
——两首咏春小诗比较 周懋昌 10.31

苏轼的两首寄题诗 孔凡礼 11.23

清歌一曲忆别情
——析周邦彦《夜飞鹊》 闻邦生 11.26

将纵还收 凄韵悠然
——说吴文英《浣溪沙》
葛桂录 陈 冰 11.29

超越与征服的诗坛较量
——《黄鹤楼》与《登金
陵凤凰台》对读 张乃良 12.24

欲返不尽 似往已回
——苏东坡《书双竹湛
师房二首》赏析 孟 伟 12.27

即景成趣 独行性灵
——袁枚《苔》诗品读 李金坤 12.30

文化史知识

润笔琐谈 朱国华 1.53

1997年

说须发	钟 年	张宗周	1.59
吏部也曾无权		鹿谞慧	2.45
协和有情的道教建筑艺			
术		詹石窗	2.49
寒食诗话		汤文熙	2.53
元代科举与私试		朱瑞平	2.58
中国古代的酒令		赵群才	3.55
说"虎子"		李剑国	3.59
唐代妇女的流行服装		张 庆	3.61
话说"拍马"术——谄谀			
之风的文化考察		郭 莹	4.57
中国古代的特种地图		吴宏岐	4.63
"尊号"何时始?		韦锡良	4.68
中国古代的瓷器		魏 忠	5.65
古代的泛舟娱乐		王赛时	5.69
黑虎与罗罗		周士琦	5.74
敦煌宝藏是如何被盗			
的?		刘进宝	6.73
"简牍之乡"与简牍学		李宝通	6.80
"哑交易"遗风		侯丕勋	6.84
河西宝卷		伏俊连	6.86
洮砚		贾海生	6.89
漫说"朋友"		胡发贵	7.39
中国古代的命将礼仪			
杨英杰		沙宪如	7.44
《诗经》中反映的家庭伦			
理道德观念		王洲明	7.48
宋代的酒肆		赵仕祥	7.52
中国古代的学校考试制			
度		杨雅文	8.42
中国古代的隐士、居士			

和名士	张海鸥	8.48
魏晋南北朝时期的使节	王 波	8.53
唐代饮食中的鱼鲙	王赛时	8.58
潮剧与潮州音乐	林淳钧	9.46
工夫茶二题	马 风	9.50
别具一格的潮州歌册	吴奎信	9.55
潮州佳肴甲天下	杨方笙	9.60
侨批——潮汕历史文化		
的奇观	杜桂芳	9.65
古代的庙节	常培军	10.49
古代体育竞赛场中的音		
乐	刘秉果	10.55
唐诗传播中的特殊行为		
方式	马承五	10.60
浅谈中国戏曲声腔名称		
由来	陈慧雯	11.46
台运与横洋船	李金明	11.51
走三桥·走百病·走月		
亮	刘桂秋	11.55
唐代科举的"宾贡"	杨成鉴	12.55
话说参军戏	陶 易	12.60
文化瑰宝海源阁	杨玉堂	12.64

人物春秋

文韬武略 经国能臣

——记前秦政治、军事

家王猛	李观澜	1.80
明代杰出史家王世贞	徐 彬	1.86
汉朝名相——陈平	徐庆全	2.71
性灵诗人何士颙	王英志	2.77
公子乎? 士人乎?		

1991年—2000年

题目	作者	期.页
——春申君身分新说	张兴杰	3.80
穷奢极侈的西晋富豪石崇	李景琦	3.84
从"果敢有胆"到"筹略奇至"的吕蒙	钟素芬	4.78
勤政爱民 两袖清风——清朝廉吏于成龙	赵 元	4.82
人物画一代宗师——陈洪绶	温雪勇	4.87
英年禅位的北魏献文帝拓跋弘	要瑞芬	5.94
"因看吴越谱,世事使人哀"——经世学者归有光	王培华	5.99
骑鲸踏浪是平生 要与云龙韩孟争——胡天游的生平与创作	王 攀	5.104
宦途猛士和文苑雄才——李梦阳	乔先之	6.106
邢澍和张澍	李鼎文	6.110
动静方圆——唐朝大智之相李泌	宁 欣	7.73
陇上名将两兄弟——吴玠、吴璘	赵梅春	7.78
《四库全书》收录个人著述最多的人——毛奇龄	林久贵	7.83
"诗、书、画三绝"的文征明	周晓光	8.71
"宝剑埋冤狱 忠魂绕白云"		
——明代靖海英雄胡宗宪	卞 利	8.77
"杖策只因图雪耻 横戈原不为封侯"——明代督师袁崇焕	杨艳秋	8.83
高僧大颠	蔡起贤	9.69
明代军事家翁万达	黄赞发	9.72
曾习经和近代诗坛	陈永正	9.76
"抱利器而无所施"的悲剧人物曹植	李景琦	10.72
忠贞报国 流芳后世——记鸦片战争中的抗英将领裕谦	尤永斌	10.78
鲍照和他的山水诗	王 玫	11.71
以天下安危为己任的虞允文	王 镝	11.75
新安画派的始祖——弘仁	温雪勇	11.80
中国北方程朱理学传播者的先驱——姚枢	陆新朔	12.75
"人中之龙,文中之虎"——南宋著名爱国学者陈亮	陈国灿	12.80
"扬州八怪"的友谊	薛 勤	12.86

中外文化交流与比较

题目	作者	期.页
明清欧人对中国科举、教育制度的介绍与评价（一）	吴孟雪	1.39
明清欧人对中国科举、教育制度的介绍与评价（二）	吴孟雪	2.61

明清欧人对中国科举、教育制度的介绍与评价(三) 吴孟雪 3.65

明清欧人对中国科举、教育制度的介绍与评价(四) 吴孟雪 4.37

朱子学在越南 张品端 4.45

明清欧人对中国礼俗的介绍(一) 吴孟雪 5.36

景德镇陶瓷的对外交流 曹济仁 曹晓亮 5.42

漫话《世说新语》中的"舶来品" 侯 会 8.62

潮汕与海上丝路 陈高华 9.37

明清之际潮州的海盗与私人海上贸易 陈春声 9.42

《长恨歌》在日本的影响 周相录 10.35

康熙皇帝与巧克力 林 华 11.32

宗教性的文化与文化性的宗教——中国儒学与西方基督教别议 郭盛民 12.34

中国传统文化在日本

中国音乐在日本 [日本]赤松纪彦 1.45

中国道教在日本 [日本]千田 稔 2.36

中国民俗在日本 马兴国 3.45

中国神话在日本 [日本]中西 进 4.49

中国医学在日本 [日本]小曾户洋 5.47

中国科技在日本 [日本]武田时昌 8.38

中国食文化在日本 [日本]杂喉 润 10.39

中国茶文化在日本 [日本]布目潮渢 11.35

中国历术对日本的影响 王 勇 12.41

书法丛谈

宋朝草书事 刘 涛 1.73

北宋徽宗朝的书学及书学博士 刘 涛 2.67

敦煌写卷书法(上) 赵声良 3.71

敦煌写卷书法(下) 赵声良 5.79

三国演义史证

英雄、枭雄、奸雄辨 李燕捷 10.64

曹操行刺董卓事源自何来 李燕捷 11.62

鞭打督邮是何人 李燕捷 12.66

读书札记

漫谈诗文集命名 张福勋 1.95

寸心外、安愁无地——略说史达祖词写愁 祁晓明 1.99

扶桑与日本 汪玉刚 2.97

"铜瓯"小考 茅金康 2.98

读《陌上桑》札记二则 金文伟 2.100

上古时期的"衣"与"裳" 柴 静 白友涛 3.92

三峡猿声辨 洪振快 3.95

简评张骞的"凿空"之誉 韩立民 4.98

《三国志平话》在三国系列文学中的地位 涂秀虹 4.100

关试与春关 王勋成 5.110

1991年—2000年

马一浮误解《又呈吴郎》错怪杜甫 贺圣谟 5.112

床之辩 沈卢旭 7.94

万物何以称"东西" 杨琳 7.96

谈三妇评《牡丹亭》 赵苗 7.99

《诗经》中的纺织活动 赵赤伟 8.93

战国"四公子"的君号 钱林书 8.95

善谱 张福勋 10.91

关于王灼一段话的理解 刘石 10.97

通西域张骞有题碑 李惠兴 11.94

张继"夜半钟声"所引起的论争 程自信 11.97

千载推敲话优劣 常善魁 12.95

《铡包勉》的史实错位与艺术加工 傅贵 12.98

语言知识

卦爻辞中的小说笔法 邹然 1.103

"形势之途"异解 王敏 2.107

"逝"与"逝将" 锐声 2.110

不应将谥号"釐"简化为"厘" 王玉德 3.98

也说"风马牛不相及" 龚嘉镇 3.99

"朱门酒肉臭"新解的误区 佘炳毛 3.102

百思之解 存乎一断——《前出师表》一文"先汉""后汉"义析 王芙 王森 4.103

"处"表示时间的原因 阙绪良 4.106

释"差强人意"的"差" 秦峰 少华 5.115

《后汉书》中一则标点错误 赵统 5.117

"女娲"得名考 王建堂 7.102

试释"坍塌" 黄灵庚 7.104

"金日磾"的"日"为什么读"密" 史佩信 8.103

编注教读古诗必须明乎诗韵 胡渐逵 8.105

潮汕方言的特点及其学术价值 林伦伦 9.81

谈地名的虚指 谭汝为 10.113

"摇"字辨义 刘加红 10.116

"自"与"自名为罗敷" 王育新 11.100

说"栈"与"鸭" 吴晓龙 11.103

"须臾"考 黄绍坚 12.102

释"傩"的语源 孙玉文 12.104

文史研究动态

近十几年来戴名世研究综述 俞樟华 1.63

美国汉学家对先秦思想文献的翻译阐释和研究 徐克谦 2.92

略述先秦诸子学自汉代至清初的发展(上) 区志坚 3.108

略述先秦诸子学自汉代至清初的发展(下) 区志坚 5.86

国际电脑网络中有关中国文史的信息资源 徐克谦 3.113

美国汉学界对中国古代宗教的研究　　徐克谦　7.105

《云谣集》整理与研究综述　　刘尊明　8.107

近二十年来孙子研究述要　　璞　明　11.64

欧美《儒林外史》结构研究评介　　连心达　12.68

古代科技漫话

古代的梳子　　戴吾三　4.76

《幼幼新书》与古代儿科学　　张长民　9.108

文史书目答问

《四库全书总目提要》整理本序　　李学勤　2.23

元修《三阳图志》和《三阳志》　　马明达　9.100

陇上名著——《潜夫论》——王符思想评析　　王步贵　10.88

文史工具书介绍

打开古代文献宝库的一把金钥匙——《汉书·艺文志》　　南丽华　3.31

英语世界的中国古典文学研究工具书　　黄鸣奋　3.34

宗教与人生

陈、隋两朝中智顗的忠

孝观念　　蔡心扬　2.88

八仙小考　　王树民　4.33

禅与诗——王安石晚年的生活寄托与诗歌创作　　万伟成　5.57

走出空寂的殿堂——唐代诗僧的世俗化　　普　慧　7.34

潮汕诸神信仰析　　隗　芾　9.104

文学人物画廊

异类有情　尚堪暗对——聊斋人物谈　　马瑞芳　1.91

红颜一怒为哪般——杜十娘形象浅析　　陈雪军　5.90

负心汉与负仇女——聊斋人物谈　　马瑞芳　10.105

悍妇懦夫的绝妙写真——聊斋人物谈　　马瑞芳　11.91

胭脂虎的生动形象——聊斋人物谈　　马瑞芳　12.92

文史信箱

《孙武兵法》八十二篇的真伪　　黄朴民　1.114

说"诗牌"　　王鹤龄　4.109

青年园地

中国历史上的官媒制度　　方　川　1.110

"为渊明者,止于酒"——陶渊明《止酒诗》新解　　张　珉　2.119

略谈唐代门戟　　陈　寒　3.116

1991年—2000年

唐代中后期宦官之祸原因初探　　何　草　4.113

内阁与司礼监——明代皇权平衡的两个砝码　　舒　敏　5.118

说嫦娥　　苏　杰　7.121

求乎真，贵乎情——《红楼梦》审美观浅析　　吴　菡　8.121

章学诚论博与约　　许旭虹　10.117

释"若鞚"　　陈立柱　11.116

桑图腾文化的变迁　　李永平　12.107

文史古迹

泉州的石窟造像　　许建平　1.119

北京孔庙　　丁　山　2.113

鲁西胜迹光岳楼　　吴济夫　3.120

和珅的淑春园与北京大学　　周士琦　3.122

三峡库区川江水文石刻与古代巴渝修棱习俗　　胡昌健　4.118

大连响水观　　韩悦行　5.123

甘肃石窟巡礼　　马克林　6.119

兰州黄河古渡　　赵　荧　6.124

海上"丝绸之路"的重要史料——广州南海神庙　　陈典松　7.117

京华何处访岸堂　　薛振恺　7.120

注易洞——嘉州易学象数派的遗迹　　千树德　8.118

韩公祠庙僻崎嵘　　沈启绑　9.117

千古风流一名桥——广济桥　　启　绵　9.119

韩愈作记的燕喜亭　　罗耀辉　10.120

黔城芙蓉楼　　尚嘉坪　11.119

峨眉宝刹万年寺　　千树德　12.110

专　文

春节风俗与蜡祭　　徐杰舜　1.34

李煜和他的词　　钟必琴　1.68

《西洲曲》辨析　　饶少平　2.83

漫谈唐代的"戏"与戏剧　　耿占军　2.104

漫议李商隐诗歌中的"女冠诗"　　耿则伦　3.77

浅谈中国古代体育的活动场地与器材　　崔乐泉　3.87

不拘一格成家数，书到晚明体变新——读张宗祥《论书绝句》五首　　谷辉之　3.104

曹氏父子的心态与创作　　孙明君　4.71

明清小品概说　　欧明俊　4.92

纤秾词品　　胡　涛　5.61

皎然的"取境"说　　古　风　5.92

"五凉文化"及其历史地位　　曹道衡　6.91

天下称富庶者无如陇右——汉唐河陇经济的繁荣　　李清凌　6.101

通往立名传世之路——论屈原创作的自觉性　　陶　涛　7.69

杜甫联章诗的结构方式　　夏晓虹　7.89

清代的"耗羡归公"　　陈伟桐　7.113

妈祖信仰的对外传播　　林家恒　8.67

刘知几的"六家"论 陈立柱 8.89

唐代格、式的编纂 侯 变 8.98

《淮南子》的赋笔特征 曹 晋 8.114

唐宋时期潮州的陶瓷生产和外销 庄义青 9.93

左联时期的潮籍作家 饶芃子 9.113

谱牒学述略 仓修良 10.66

谈谈贾谊的教育思想 袁君敬 10.82

"断章取义"与《诗》无达诂 桂天寅 孟 伟 10.100

明清清言小品概说 欧明俊 11.58

宋词发展中三位关键性的词家 吴新雷 11.85

中国古代的城市及其文化特征 刘尊明 11.109

话说元明清词 王英志 12.50

读者·作者·编者

《陋室铭》非刘禹锡作 卞孝萱 1.123

藩镇势力的"制约"作用也不容忽视——与陈明光先生商榷 王玉群 2.123

关于"穀皮" 李剑国 2.125

陕西汉中石门应是世界上最早的人工交通隧道 蓝 勇 2.127

《信、书信小考》商兑——也谈"信"的"书札"义的起源时代 袁津琥 4.124

"陶"不是"定陶" 程兆奎 5.126

藩镇与唐朝中枢权力分配格局的关系的几个问题——答王玉群同志 陈明光 7.123

"扶桑"小考 杨文彬 7.127

"滥觞"正义 汪少华 10.125

韩湘是韩愈的侄孙而非侄儿 郑雪侬 11.122

"今反表以为里兮,颠裳以为衣"——《上古时期的"衣"与"裳"》质疑 汪少华 11.123

何必颠倒衣裳(摘发) 雷代浩 11.127

也谈,《孟子》中一段名言的断句 张霭堂 12.116

笔 谈

熔古铸今 开辟未来 赵志宏 6.3

甘肃地区古史的中心内容是民族关系 金宝祥 6.7

陇右文学的特性 郭晋稀 6.10

地方史料与国史可以互补 饶宗颐 9.4

选堂先生与选学及潮学 姜伯勤 9.5

认识——研究——再认识——再研究——关于潮汕文化的一些想法 詹伯慧 9.7

文化源流

三目神与氏族渊源 赵逵夫 6.33

崆峒山文化 赵汝清 6.40

天水"羲皇故里"觅踪 范三畏 6.46

潮汕与浮滨文化 曾 骐 邱立诚 9.24

1991年—2000年

潮州王门学派 黄 挺 9.28

海外潮人地缘社团漫谈 黄绮文 9.32

文化交流

五凉时期甘肃河西走廊对佛经翻译的贡献 汤 斌 6.50

四至五世纪河西与内地的文化交流 赵向群 6.54

民族风情

裕固族婚礼 田 谢 6.114

东乡族的美食遗风 李积顺 6.116

民族工艺品的骄傲——保安腰刀 黄兆宏 6.117

考古与文物

甘肃境内遗存的古城址 李并成 6.60

《西夏碑》与《岷州碑》 刘建丽 6.65

甘肃彩陶艺术 李怀顺 6.69

书 评

《近代汉语虚词研究》读后 杨荣祥 1.106

墨学领域的新成果——读谭家健《墨子研究》 陈金生 2.117

读《傅玄评传》 曹道衡 3.124

"万里写入胸怀间"——评赵伯陶著《市井文化与市民心态》 张亚新 8.125

学者之识 诗人之心——评钱志熙《活法为诗——江西诗派精品赏析》 杜晓勤 10.109

其 他

甘肃石窟一览表 6.123

潮汕文化名人录 芳 信 9.122

1998

治学之道

我与方志学 仓修良 4.4

北大学者谈读书 鲁 迅等 5.4

北大与北大人 季羡林 5.9

学贯中西 广博精深——谈父亲浦江清先生的治学 浦汉明 7.4

"独立奋斗 尽我所能"——追忆严耕望先生 刘健明 8.4

陈垣与元史研究 王明泽 9.4

我怎样教中国文学史 吴小如 10.4

重构小说史：独创与通观 齐裕焜 11.4

治秤呓语 李剑国 12.4

文学史百题

两宋文坛一道灿烂的风景线——宋代的江西作家群 夏汉宁 1.18

步履维艰的北朝文学 曹道衡 2.17

从花间尊前到慷慨悲歌——词的特点及发展 蔡义江 3.16

中古山水诗主客关系的转变 钱志熙 4.12

梁启超与"小说界革命" 裴效维 5.15

戊戌变法与中国文学的近代化 王飚 6.14

什么是俗文学？ 程毅中 7.10

通俗文学作家中的江湖艺人 王学泰 8.11

元代文学的再认识 李修生 9.14

古典小说的概念、范围及早期形态 周先慎 10.11

南北交融说隋诗 张晶 11.10

南朝文学的衰落 曹道衡 12.11

历史百题

物华天宝 人杰地灵——江西在中国历史上的地位 曹国庆 1.11

察举制度的变迁 阎步克 2.25

玄武门之变真相 王素 邵千才 3.23

近代意识与世界意识——姚莹和夏燮的历史

思想 翟林东 4.20

北京大学与五四新文化运动 钱理群 5.22

戊戌变法始末 汤志钧 6.22

清代——回族发展的重要阶段 李松茂 7.15

秦汉公文文书与国家行政管理 卜宪群 8.20

元代文化在中国文化史上的地位 叶新民 9.9

西南丝绸之路的再认识 吴焯 10.19

必然的走向：九品中正制 胡宝国 11.16

历史上的奸臣与"奸臣传" 方志远 12.21

诗文欣赏

陶渊明《和郭主簿二首》 李华 1.48

从悲凉中见炽情——读王安石《桂枝香》词 黄南南 1.51

诗坛天马早行空——鲍照《拟行路难》（二首）鉴赏 蔡义江 2.34

柔媚与刚健——庾信《春赋》与《三月三日华林园马射赋》比较 陈庆元 2.39

落花微雨说相思——吟曼几道《临江仙》 冷风 3.32

情系密州父老——读苏轼《再过常山和昔年留别诗》 孔凡礼 3.36

1991年—2000年

李清照有过"婕好之叹"吗?——从她在江宁时的几首词谈起　　陈祖美　3.39

景昃鸣禽集　水木湛清华——略说谢混及其山水诗《游西池》　　跃　进　4.28

灵心妙笔写山水——读谢灵运《石壁精舍还湖中作》　　魏　柯　4.32

空际传神画月光——读王维《白石滩》　　陶文鹏　4.36

百年歌哭谁知我——读王鹏运的两首《沁园春》　　陈　铭　5.36

野水斜桥愁空诉　红莫白菊有所思——读朱祖谋《鹧鸪天》　　孙维城　5.41

名山雄秀　诗境高迥——谭嗣同《崧崃》析　　林家英　5.46

志士的肝胆　志士的襟怀——读谭嗣同《狱中题壁》　　孙明君　6.30

《血花飞》——戊戌六君子的悲壮颂歌　　梁淑安　6.32

汪笑侬和京剧《党人碑》　　李　玫　6.36

江雪的精神世界　　王艳宁　7.23

进入人生新境界——读苏轼《次韵郭功甫观予画雪雀有感》　　孔凡礼　7.26

解读"针线闲拈伴伊坐"　　过常宝　8.27

"春在溪头芥菜花"——读《鹧鸪天·代人赋》　　饶少平　8.31

北来清气入诗坛——读几首元曲中的小令　　蔡义江　9.19

语约意丰　余味隽永——读白仁甫《天净沙》《秋》　　李　简　9.24

祭友而伤己　因声以传情——欧阳修《祭石曼卿文》赏析　　梁文宁　10.26

裁风剪雨总因情——李清照词中的风雨　　周懋昌　10.31

"一蓑雨"和"一犁雨"——量词的妙用　　王水照　11.28

解悟"绿蜡"　　温宝麟　11.31

挣破庄周梦　两翅驾东风　　李　鸣　12.30

一只失去乐园的蝴蝶　　过常宝　12.33

中外文化交流与比较

明代的中朝文化交流（上）　　何孝荣　3.70

明代的中朝文化交流（下）　　何孝荣　4.38

戊戌维新与明治维新之比较　　王晓秋　6.40

维新运动与近代翻译事业的发展　　连燕堂　6.47

元代的南海交通　　陈高华　9.33

元代汉籍在日本的流传

和翻刻 周清澍 9.36

文化史知识

"老表"浑号的由来 吴之邨 1.63

药不到樟树不齐 药不

过樟树不灵 聂爱平 1.67

大庾岭古干道 刘良群 1.70

姓的来源——从"因生以

赐姓"谈起 庞子朝 2.55

福、禄、寿、喜、财——民

间装饰字体的文化蕴涵 辛艺华 2.61

历代状元之最 周亚非 2.70

唐宋"斗茶" 孙必鹏 3.50

也谈"尊号" 王明泽 3.53

略谈宋代的避讳、称呼

和排行 王曾瑜 3.59

借形寓意与谐声双关

——民间装饰字体的审

美特征 辛艺华 3.62

唐五代以后鹰尾的演化

——与拂尘基本上合二

为一 白化文 4.47

唐宋时代在华的外国商

人 王利民 4.50

明朝的乡试、会试与殿

试 方志远 4.58

古代的体育教育 崔乐泉 4.66

唐代的书院 陆新朔 5.55

近代的南北书肆(上) 李雪梅 5.60

戊戌前后新兴的妇女教

育——以上海中国女学

堂为中心 夏晓虹 6.58

维新运动与中国近代体

育 崔乐泉 6.66

近代的南北书肆(下) 李雪梅 6.71

剑与剑舞 李 珍 祝普文 7.60

说文谈物·招贴 朱启新 7.67

说文谈物·组 豆 俎豆 朱启新 8.75

唐代的"飞钱" 李锦绣 8.78

历史上第一部反腐败法

典——元代的"赃罪法" 郭立杰 9.43

羊肉与元代宫廷饮食 邓瑞全 9.46

元代石狮趣谈 程 张 9.49

明代的邸报与史学 向燕南 10.77

门子与门人 钟 年 10.79

话寿联 白化文 10.84

"抱布贸丝"之"布" 张怡青 11.81

话说重阳糕 杨 琳 11.84

室内装饰联 白化文 11.87

西汉的水灾及其他 金陵客 12.72

说文谈物·带钩 朱启新 12.76

扑朔迷离的印章起源 杨邦俊 12.78

专 文

中华向号瓷之国 瓷业

高峰是此都

——景德镇的陶瓷文化 马雪松 1.74

鸿蒙待诸谜复谜

——漫谈吴城和大洋洲

遗址 邵 鸿 1.79

铜岭商周铜矿遗址 刘诗中 1.82

鹅湖书院·"鹅湖之会"

1991年—2000年

篇目	作者	期.页
•"鹅湖之晤" 杨雪骋	郑小江	1.104
王阳明与江右王门学派	方志远	1.108
赣文化与爱国主义	余伯流	1.120
江西苏区史研究概述	李国强	1.124
近年来中国考古的重大发现(上)	张素琳	2.43
沉睡了两千余年的政府档案——《尹湾汉墓简牍》	谢桂华	3.45
宋代的祝寿风气与寿词创作	刘尊明	3.86
近年来中国考古的重大发现(下)	张素琳	3.103
欲将沉醉换悲凉——浅谈恋情与梦境交织的晏小山词	刘锋焘	3.120
任继愈先生的来信		4.35
魏源的爱国精神及其时代意义	陈其泰	4.72
说板桥《道情》	于天池 李 书	4.97
漫谈书信文学	金开诚 舒 年	4.106
北大传统：另一种阐释——以蔡元培与研究国学门的关系为中心	陈平原	5.28
语言与文学	周祖谟	5.49
"以美育代宗教"——蔡元培的美育思想	王 毅	5.65
京师大学堂说略	郭建荣	5.88
戊戌百年祭：一个近代化视角的思考 李文海	黄兴涛	6.4
百年风雨话戊戌	李 侃	6.10
中国第一份近代小说杂志——《新小说》	郭浩帆	6.76
南北朝交往中的使臣派遣	杨钰侠	7.69
好是修心处 何必在深山——白居易的园林诗文	岳毅平	7.93
幕客与清代社会	赵慧峰	7.98
振奋人心的考古发现——略说郭店楚墓竹简的学术史意义	跃 进	8.35
另一种理解的"历史"——明清以来西南边疆的民族变化	刘 刚	8.59
驷马车中的诗思	扬之水	8.67
汉末两晋的《诗经》画	张可礼	8.86
《乐府群珠》中一斋小令是关汉卿所作吗？	蔡美彪	9.27
蒙古四大汗国	薄音湖	9.91
梦想的破灭——急必烈在治国问题上的变化	么书仪	9.96
萧萧马鸣 悠悠旆旌——《诗》之旗	扬之水	10.37
《醒世姻缘传》中的婚姻关系	〔德国〕莫芝宜佳	10.59
明代中叶的皇权和内阁	林延清	10.96
对李清照身世的再认识（之一）——关于她的娘家与婆家	陈祖美	10.111
《木兰诗》种种	方舟子	11.22
间关车之牵兮	扬之水	11.38

《三国演义》对《左传》战争描写经验的继承

[韩]任振镐 11.44

对李清照身世的再认识（之二）

——在经历丧夫之痛后 陈祖美 11.103

狮子与狮子吼——纪念佛教传入中国两千年 白化文 12.37

都云作者痴 谁解其中味——《红楼梦》中的谐音姓名 周伟 12.64

人物春秋

中国佛教净土宗始祖——慧远法师 何明栋 1.84

博学多才的卓越科学家宋应星 余悦 1.88

詹天佑与京张铁路 赵树贵 1.93

"山中宰相"——陶弘景 方 平 2.84

寻山如访友，远游如致身——谈徐霞客壮游及其《游记》 徐公持 2.88

"满城争说叫天儿"——试说谭鑫培 张扶直 2.95

颜真卿与佛、道 史向前 3.91

唐代画家宰相——韩滉 王 波 3.95

铁肩担道义 辣手著文章——明代名臣杨继盛小记 王树民 3.100

郑板桥与吕留良 卞孝萱 4.78

并不标准的遗民

——屈大均晚年的政治态度 何天杰 4.84

袁枚与蒋士铨

——袁枚纪事之一 王英志 4.89

铁肩担道义 妙手著文章——中国马克思主义史学的奠基者李大钊 周文玖 5.71

胡适与五四时期的北京大学 胡 明 5.79

峨嵋常熟相 谌空辟乾坤——翁同龢在戊戌变法中 谢俊美 6.81

"晚清思想界革命的先驱者"——夏曾佑 李洪岩 6.88

梁启超与护国战争 方志钦 6.94

袁枚与赵翼

——袁枚纪事之二 王英志 7.79

"而令特重余三胜，年少争传张二奎"——试说余三胜、张二奎 张扶直 7.85

史侠——我国古代第一位政治理论家 许兆昌 8.89

西魏改革家苏绰 汪 波 8.91

元朝国师八思巴 陈庆英 9.79

元好问在乱世中的翰墨文玩之情 张文澍 9.85

政治与伦理的两难选择——"大礼议"中的杨廷和 邓牧之 10.102

"个中还让四箴堂"——试说程长庚 张扶直 10.107

1991年—2000年

临危受命 慷慨赴难
——富弼使辽 余敏辉 11.96

文士舌 武夫色
——明末清初的说书大
家柳敬亭 俞允尧 11.100

"瘦相"——王钦若 吴晓萍 12.87

元代文章大手笔姚燧 杨新勋 12.91

民俗志

谈谈民俗志 钟敬文 7.29

桥与文化的随笔系列·
人生如桥 生命降临
之桥 周 星 7.31

走近民俗学(1)民俗及
其文化合理性 董晓萍 7.36

"抹黑"——一种古老的
习俗 萧 放 8.42

走近民俗学(2)踏歌归
来——从通俗歌曲看民
俗在现代生活中的角色 董晓萍 8.47

桥与文化的随笔系列·
成活之桥 桥与成丁
礼 周 星 10.43

走近民俗学(3)《仪礼》
与民俗
——谈谈精神民俗(一) 董晓萍 10.48

亡灵信仰与中元节俗 萧 放 11.69

走近民俗学(4)方志与
民俗——精神民俗(二) 董晓萍 11.74

桥与文化的随笔系列·
免难桥 转运之桥 口

承文学里的救难之桥 周 星 12.43

走近民俗学(5)民间剧
场观
——谈谈精神民俗(三) 董晓萍 12.48

戏曲苑

江西弋阳腔的产生与流
变 龚国光 1.43

戏曲苑和戏曲舞台上的
文史知识 马少波 7.44

蟒袍 吴同宾 7.45

戏曲中的孔明先生 张习孔 7.49

靠 吴同宾 8.51

关于汉光武帝的几出传
统戏 张习孔 8.54

元代女演员与戏曲繁荣 徐适端 9.55

官衣·宫衣 吴同宾 10.64

《赵氏孤儿》的史与戏 张习孔 10.66

清前期的宫廷演戏 丁汝芹 10.70

箭衣·旗袍 吴同宾 11.58

包公·包拯·包公戏 张习孔 11.61

水袖·胖袄 吴同宾 12.55

清宫演戏的伶人们 丁汝芹 12.58

大师录

博综古今中外的周谷城
先生 恩 纪 2.101

宽厚端严的余冠英先
生 新 风 3.110

刻苦用功 积久不懈
——纪念伟大的爱国主

义者许德珩先生 牟小东 4.110

中国现代语言学的开拓者王力先生 引 甫 5.84

严谨谦和的马克思主义学者胡绳先生 晓 迈 6.104

创作研究 交相辉映——吴组缃先生文学道路掠影 刘勇强 7.42

一个把歌谣学运动推向民俗文化学的人——记民间文艺学家、民俗学家钟敬文 董晓萍 8.100

怀念翁独健先生 杨 讷 9.52

国学大师徐中舒先生 彭裕商 10.75

淹贯文史、认真耿直的吴世昌先生 刘扬忠 11.67

大师的风姿——邓广铭先生与他的宋史研究 刘浦江 12.53

中国传统文化在日本

中国酒文化在日本 蔡 毅 3.76

中国园林在日本〔日本〕田中 淡 11.49

名著名家谈

"张三"、"郭城虎"与"刘文" 刘世德 3.84

《水浒传》的作者是谁? 刘世德 4.44

"山后"与梁山头领中的四川人 刘世德 5.53

阎婆惜的居室 刘世德 7.90

阎婆出场的移置 刘世德 8.82

阎婆的一声喊 刘世德 10.56

从何处"更上一层楼" 洛 地 11.42

治学手记

关于"第二手材料" 吴小如 2.82

谈"先人为主" 吴小如 3.68

两点遗憾 吴小如 5.86

"开卷有益"解 田居俭 6.102

关于"回归文本"的断想 宁宗一 7.58

检书的故事 吴小如 8.98

透视心灵文本 宁宗一 10.90

分化与深化 宁宗一 11.94

观念与方法的更新 宁宗一 12.85

学林漫话

怀念雷海宗先生 王永兴 4.102

老北大的考古风 张中行 5.95

北大歌谣研究会与《歌谣周刊》 王文宝 5.99

熏陶——从沙滩到未名湖 白化文 5.105

东方文化的代言人——辜鸿铭与中国文化 孔庆茂 6.106

刘师培的白话思想及其转变 黄振萍 6.112

回忆浦江清先生 吴小如 7.55

孟森与《明清史论著集刊》 王锺翰 8.111

柯劭忞师生问答散记 牟小东 9.100

留在我心中的记忆

——怀念季镇淮先生 吴宏聪 10.116

北京大学与中国民俗学运动80年 王文宝 11.108

文学人物画廊

人和虎的换位思考

——《聊斋》人物谈 马瑞芳 7.75

两个柔美女鬼 一个刚肠书生

——《聊斋》人物谈 马瑞芳 8.95

配角和主角

——红娘形象的诞生 宁宗一 9.61

芙蓉花和"封鼠子"

——《聊斋》人物谈 马瑞芳 10.92

宗教与人生

万寿宫杂谈 郭树森 1.55

龙虎山与天师道 徐奔 1.59

文史书目答问

江西先贤著作的珍贵汇编

——介绍两部《豫章丛书》 胡迎建 1.100

《百家姓》的改作及其原因 徐梓 2.48

汇治国良策 开经世新风——《皇朝经世文编》 徐松巍 6.54

中国历史上的军事百科全书 兰书臣 11.33

道教的重要经典——

《黄庭经》 徐兆仁 12.98

青年园地

《金瓶梅词话》与绍兴 潘承玉 2.103

〔点评〕 李思敬 2.109

荣庆与京师大学堂 余杰 5.110

〔点评〕 陈铮 3.114

《陶庵梦忆》新论 王海燕 7.107

〔点评〕 马瑞芳 7.112

一种自然 两种风景

——陶谢诗境的差异 李文洁 8.103

〔点评〕 聂石樵 8.107

萧氏父子与梁代文化典籍 杨德才 11.114

〔点评〕 张可礼 11.118

文物与鉴赏

写在前面 洪廷彦 4.116

端砚中的上品——百一砚 陈煜 4.117

釉里红福寿纹葫芦瓶 张燕 5.116

唐英制青花缠枝莲瓣式瓶 于文荣 6.117

唐双鸾麒麟千秋镜 孙克让 7.113

雍容典雅的哥窑瓷器 陈润民 8.119

元代的纸币和钞版 陈煜 9.119

西周早期的重器——大盂鼎 李丽 10.121

劫后余存——鎏金银盘 陈成军 11.118

元瓷瑰宝——青花釉里红镂花盖罐 陈润民 12.113

文史古迹

宋城博物馆——赣州	胡国铨	1.112
世界自然和文化遗产——庐山	张启元	1.115
太原崇善寺	晋 博	3.124
阿尼哥与白塔寺	樊善国	9.116
安阳文峰塔 礼 文	张建军	10.126

江右风情

贵溪仙水岩崖葬之"谜"	彭适凡	1.29
千古第一村——流坑	村风衍	1.33
古老而神奇的赣南客家围屋	周鸣贵	1.36
中国古代巫傩活化石——南丰乡傩	季晓燕	1.39

文史研究动态

近15年来赋学著作述要	芮宁生	2.114
传统"选学"和"新选学"	傅 刚	4.119
传统文化与现代化讨论综述	任灵兰	5.117
近二十年来戊戌维新研究述评	马洪林	6.119
民俗学发展概说	段宝林	7.117
近年来传统文化批判继承问题讨论综述	田人隆	8.121
近年来元代文化史研究概说	杨玉芬	9.121
近二十年来南宋江湖诗		

派研究综述	冯 乾	11.120
两岸同人梦——《红楼梦》文化艺术展在台北	吕启祥	12.115

学术流变

理学与元代文学思潮	查洪德	9.64
虞集的史学	周少川	9.67
朱学与元代书院	徐 梓	9.73

读书札记

孙膑的膝盖骨被剜掉了吗?	李 乔	3.116
诗歌赏析应关注民俗	杨 琳	4.112
《报任安书》中的"广主上之意"	汪少华	4.114
也谈搞衣	周 洪	8.108
诗歌与史事——从耶律楚材父子诗歌谈起	邱瑞中	9.103
有壶有酒 酌之惟人	蒋 宾	12.103

怎样读

《牡丹亭》在中国文学史上的地位 傅修延	叶树发	1.23

文史信箱

"中国佛教四大名山"之说由何而来?	千树德	2.76
诗"眼"与"活字"、"响字"	周振甫	3.118
马可·波罗到过中国吗?——从他所记元代		

节日和刑制谈起 杨志玖 9.112 实事实干 任重道远 金开诚 2.8

吟与唱 王宁 10.123 继往开来 再创辉煌 张习孔 2.10

创业艰难百战多 白化文 2.11

文史杂谈

从历史中汲取精神动力 田居俭 2.13

传播文明的崇高追求 翟林东 2.15

僧人姓"释" 白化文 2.112 值得纪念的事情 周振甫 3.4

对《文史知识》的杂忆与

三国演义史证

希望 李侃 3.5

讨伐董卓诸侯共几路? 李燕捷 2.110 堪称文化精品 龚书铎 3.7

草船借箭与木船受箭 李燕捷 3.112 继续发扬严谨务实的学

风 李学勤 3.9

语言知识

重振雄风 勿忘教师 臧嵘 3.10

赣方言漫谈 颜森 1.96 文史知识与现代人 徐公持 3.12

释"泣" 齐冲天 3.114 新形势新起点 熊国祯 3.14

说文解字

笔 谈

说"朏中窕日"之"朏" 郑张尚芳 7.103 弘扬赣文化 迈向新世

说"颜" 罗会同 12.107 纪 钟起煌 1.4

江西科技文化扫描 潘际銮 1.6

古代科技漫话

赣文化研究需要进一步

元代北方寒害及减灾防 深入 姚公骞 1.7

灾措施 王培华 9.106 江西革命根据地的贡献 周銮书 1.9

读书俱乐部

书画欣赏

推荐《中国俗文学发展

史》 杨莹 7.115 浓妆淡抹总相宜

——关于牡丹的画 李向丽 12.109

贺《文史知识》出刊200期

其 他

最爱读的学术刊物 季羡林 2.4

人类共享的精神财富 任继愈 2.4 江西历代名人简表

文史知识与素质教育 戴逸 2.5 郭群 魏佐国 1.117

雅俗共赏 开卷有益 吴小如 2.6 《文史知识》主要栏目介

绍 本刊编辑部 2.122
征求读者意见书 本刊编辑部 2.126

编读往来

我爱读的文章很多	王辛平	4.126
盼购旧杂志		4.126
开设一个"汉字中多音字的知识栏目"	杨寿晶	4.127
我的首选刊物	唐 嫒	5.125
建议出200期缩印本	钟 文	5.125
应经常征求读者意见才好	王宏远	5.126
希望出合订本或精华本	王 柱	5.126

读《詹天佑与京张铁路》	徐文述	5.127
增加读者参与之机会三点意见	乐时鸣	6.127
	胡 琏	6.127
我喜欢这种文风	胡子杰	6.127
办出独有的特色	曾 刚	7.123
愿更多的朋友结识她	王志会	7.124
希望恢复"民族志"	刘自兵	7.125
办好这个"科普"刊物	朱发祥	7.125
对我的学业很有帮助	李明姬	7.126
还要在可读性上下功夫	陶云龙	7.126
加强"读者·作者·编者"栏目	刘徐昌	7.127

1999 年

回顾与展望

中外文化交流与中国史料	季羡林	1.4
二十世纪史学的回顾	赵俪生	2.4
近百年来的中国哲学史研究	张岱年	3.4
建立民俗学的中国学派——写在中国民俗学运动80周年纪念之际	钟敬文	4.4
世纪之交对史学研究的几点想法	何兹全	5.4
中国历史地理学的回顾与前瞻	史念海	6.4

发现问题和职业敏感——林庚先生访谈录		7.4
我和清史满族史研究	王锺翰	8.4
近代史研究五十年	李 侃	10.4
传统史学与未来社会	瞿林东	11.24
杂谈中国近代文化史	龚书铎	12.4

文学史百题

反常合道：曲喻与伴谬——禅宗语言对宋诗语言艺术的影响	周裕锴	1.7
在"为艺术而艺术"的背后——关于《典论·论文》的重新解读	汪春泓	2.8

1991年—2000年

词的起源面面观	刘尊明	3.8
"新学诗":诗界革命前的探索	王飈	4.34
白居易与"新乐府"诗体	谢思炜	5.18
戊戌维新前后中国戏剧的变革	梁淑安	6.9
在成文历史时代之前——漫谈远古文艺史料	倪其心	6.16
金元词坛扫描	赵维江	7.9
元好问《论诗三十首》的现实指向	胡传志	7.15
唐宋诗词中的色彩	谈冰玉	8.13
雨——渔洋诗中的特殊意象	王成	8.18
"言志""载道"及其他——儒家文论学习散札	吴小如	9.16
黄庭坚的诗学理论	钱志熙	10.7
《文选》与中古文学研究	傅　刚	11.27
儒道释与唐五代词	刘尊明	12.7

历史百题

西周汉唐之盛与总结历史经验	瞿林东	1.15
宋代宰相制度、职权述略	诸葛忆兵	2.13
晚清国粹派史学	李洪岩	3.14
世纪先声长鸣不息	刘志琴	4.10
漫谈鲁迅对传统文化的批判——在北京大学的一次讲演	钱理群	4.17
设议院与开学堂	陈平原	4.26
彷徨中的启蒙——《新青年》德赛二先生析论	姜义华	5.8
说藩镇	赵侃生	6.22
早年中国人眼中的"英吉利"	马康颖	7.20
辽代文代及其历史地位	宋德金	8.25
二十世纪儒学回眸	牟钟鉴	9.24
黄帝和炎帝的历史地位	王树民	10.15
澳门问题的由来	余绳武	11.4
明清政府对澳门主权的行使	李景屏	11.15
澳门总督和澳督府	芮立平	11.20
魏晋南北朝的民族融合	蒋福亚	12.13

诗文欣赏

心弦上的梦思——谈陆游两首纪梦绝句	高利华	1.24
苏辙的一首政治诗——《八玺》	孔凡礼	1.26
生命的悲歌:羁旅、爱情和死亡——读《古诗十九首·涉江采芙蓉》	陈太胜	2.20
不独愤世亦自伤——读《古诗十九首·今日良宴会》	檀作文	2.23
嵇康及其《赠秀才入军》（其十四）	王　玫	2.26
重叠写愁　别成一格——张炎《醉落魄》词赏		

读 李 扬 3.22

说晏殊《破阵子》(燕子来时新社) 钟振振 3.24

凛烈之魂 悲壮之歌

——读秋瑾《致徐小淑绝命词》 葛永海 4.41

说姜夔词《扬州慢》 钟振振 4.45

追忆与惆然——也谈李商隐的《锦瑟》 孙明君 5.23

泥塘里的光彩和锋芒

——读陆龟蒙《马当山铭》 王建 5.26

诗成缘何泣鬼神?

——李白《乌栖曲》读后 刘宁 6.29

"何忍将身卧泪痕"

——杜牧《题桃花夫人庙》解读 许金华 6.33

词中自传谱真情

——读宪颙珣《沁园春》 赵永源 7.31

"莫向西湖歌此曲,水光山色不胜悲"

——宋末元初的西湖诗词 李 军 7.35

古典诗歌的新鲜感

——读李白《蜀道难》和袁枚《游栖霞寺望桂林诸山》 倪其心 8.33

李白的《静夜思》与《玉阶怨》 张福庆 8.39

好一幅"凄清景象"

——简评小学语文课本对柳宗元《江雪》诗的讲解 金 英 8.45

说王观《卜算子·送鲍浩然之浙东》 钟振振 10.22

历史的沧桑——读无名氏《贺圣朝》 胡 涛 10.25

避往无路可走之处

——对阮籍《咏怀》(其一)的再理解 李文洁 11.33

爱情的变奏:相思的凄怆和美丽——关于《古诗十九首》的解读 陈太胜 11.36

沉醉重阳莫断肠

——说晏几道的《阮郎归》 冷 风 12.19

豪放者的游戏

——刘过《沁园春》赏析 吕玉华 12.22

漫谈金代的几首咏茶小词 刘锋焘 12.25

学术经典导读

梁启超的《中国近三百年学术史》 孙钦善 1.29

旧学之殿军 新学之开山——刘师培《中国中古文学史》 钱志熙 3.79

冯友兰及其《中国哲学史》(二卷本) 焦树安 4.103

陈垣的《史讳举例》 邓瑞全 7.86

《中国小说史略》的学术理念及表达方式 刘勇强 战立忠 8.88

冯友兰的"贞元六书" 焦树安 9.92

民俗志

一夜连双岁 五更分二年——春节与传统社会的时间意识　　萧 放　1.37

走近民俗学(6)民俗灾害学——谈谈物质民俗(一)　　董晓萍　1.43

走近民俗学(7)工匠集团——谈谈物质民俗(二)　　董晓萍　2.29

走近民俗学(8)交通民俗——谈谈物质民俗(三)　　董晓萍　3.32

桥与文化的随笔系列·桥会男女　　周 星　4.51

走近民俗学(9)民间通讯观(上)——谈谈物质民俗(四)　　董晓萍　4.53

走近民俗学(10)民间通讯观(中)——谈谈物质民俗(四)　　董晓萍　5.34

桥与文化的随笔系列·蓝桥与断桥 亲吻之桥与廊桥遗梦　　周 星　5.38

南北民俗的交融复合——端午节习俗的形态　　萧 放　6.46

走近民俗学(11)民间通讯观(下)——谈谈物质民俗(五)　　董晓萍　6.54

漫话绍兴堕民　　俞城君　7.46

走近民俗学(12)民间贸易——日常生活(一)　　董晓萍　7.51

走近民俗学(13)民间住房观(上)——日常生活(二)　　董晓萍　8.54

走近民俗学(14)民间住房观(下)——日常生活(三)　　董晓萍　10.36

菊花酒·茱萸佩·长寿节——重阳节俗漫话　　萧 放　10.43

十月朔·秦岁首·寒衣节　　萧 放　11.47

走近民俗学(15)民间饮食(上)——日常生活(三)　　董晓萍　11.53

走近民俗学(16)民间饮食(下)——日常生活(三)　　董晓萍　12.42

治学手记

工具书带来的困惑　　吴小如　1.48

倾斜与偏枯　　吴小如　2.59

临渊"议"鱼不如退而结网　　吴小如　3.71

我与《书目答问》　　穆克宏　3.73

注解与文风　　吴小如　4.67

书评难写　　吴小如　5.84

古书今译也要"信达雅"　　吴小如　6.100

愿望与事实　　张中行　10.82

也谈"职业敏感"和"发现问题"　　吴小如　11.75

读书四憾 吴小如 12.61

文化史知识

振华祑以透逶 若游龙之登云

——古代的长袖舞

	祝普文	李 珍	1.50
唱——歌唱与曲唱		洛 地	1.57
说文谈物·漏		朱启新	1.62

古代的腊祭——兼谈腊

八节、祭灶节的来历	李玉洁	2.42
古代官吏的退休制度	钟 文	2.47
说文谈物·严具	朱启新	2.54

宋代瓦舍中的流行歌

曲——唱赚	于天池	3.38
说文谈物·楪	朱启新	3.47
古代的声响广告种种	易 严	4.59
说文谈物·符 符合	朱启新	4.64
随习割股	王旭光	5.44
漫谈花茶	何小颜	5.47
说文谈物·参差(排箫)	朱启新	6.82
唐代的"胡食"	黄正新	6.86

《金瓶梅词话》中的饮食

风俗	白维国	6.89

姓名的故事（一）姓的起

源 氏的起源	斯维至	7.72

石为云根——文献中所

见的奇石观赏史	葛兆光	7.77
说文谈物·规 矩 规矩	朱启新	7.83
说文谈物·筹与运筹	朱启新	8.62

商代卜辞中祈雨巫术的

文化意蕴	王 晖	8.65

姓名的故事（二）名和字

的区别及其意义	斯维至	8.71
《士昏礼》的礼法与礼义	彭 林	9.56
遍布全国的孔庙 徐 梓	王雪梅	9.61
说文谈物·摺筠与摺绅	朱启新	9.68
古代的科幻故事	詹鄞鑫	10.64
说文谈物·模 范 模范	朱启新	10.71

姓名的故事（三）谥号

名讳	斯维至	10.75

战国秦汉社会的长者慕

尚	丁毅华	11.78

说文谈物·高年授几杖

（上）	朱启新	11.84

姓名的故事（四）春秋战

国社会变化及正名之

辨	斯维至	11.89

对于新疆生产甘蔗和沙

糖的一点补充	季羡林	11.94

察举制与两汉社会品评

之风	陈业新	12.49

说文谈物·高年授几杖

（下）	朱启新	12.53

姓名的故事（五）秦汉民

族统治及其姓名方式	斯维至	12.56

文学人物画廊

夫妇间瞒和骗的艺术

——聊斋人物谈	马瑞芳	1.66

旧瓶装新酒的人鬼恋

——聊斋人物谈	马瑞芳	2.92

儒道佛合流背景下的虞　　　　　——朱东润先生对传记

　博士　　谷建军　李汉秋　5.88　　文学的开拓　　　蒋　凡　2.57

李瓶儿追寻自我满足的　　　　　史学大师郑天挺

　前后矛盾　（香港）何慕兰　6.61　　——纪念郑天挺先生诞

生死悲欢总关情　　　　　　　　　辰百年　　　林延清　3.54

　——霍小玉的心理流变　　　　崇高的历史感和使命感

　　过程　　　马珏玶　11.96　　——祝贺历史学家白寿

戏曲苑　　　　　　　　　　　彝先生九十华诞　　薛　莹　4.69

　　　　　　　　　　　　　　　冰茧凝丝七十年

褶子·蟒·开氅　　吴同宾　1.71　　——缪钺先生的治学历

历史上的曹操与舞台上　　　　　程与学术成就　　方北辰　5.86

　的曹操　　　张习孔　1.74　"追寻那一切的开始之

盔·冠·帽·巾　　吴同宾　2.34　　开始"——诗人学者

闲话春节开锣戏　　张习孔　2.37　　林庚先生的古代文学研

脸谱　　　　　　吴同宾　3.49　　究　　　　　　张　鸣　6.95

翎子　　　　　　吴同宾　4.56　"庞杂简要"的启功先生　刘　石　7.70

戏曲中的扇子　　吴同宾　5.41　早期提出汉魏之际封建

戏曲的行当　　　吴同宾　6.59　　说的人——史学大师何

京剧的行当——生行　吴同宾　7.60　　兹全先生　　薛振恺　8.78

杨家将戏曲的虚虚实实　张习孔　7.63　哲学家张岱年先生　　刘鄂培　9.101

清内廷经常上演的剧目　丁汝芹　8.80　十车翻蚁垤　百国追彦

京剧的行当——旦行　吴同宾　8.84　　琮——季羡林先生学术

慈禧太后与京剧　　吴同宾　10.99　　道路摄影　　陈　明　10.80

京剧的行当——净行、

　丑行　　　　吴同宾　11.100　　　　## 随　笔

京剧中的老人　　吴同宾　12.70　说"折柳赠别"　　彭国忠　1.83

大师录　　　　　　　　　　画鬼——"读鬼书"之一　程章灿　1.86

　　　　　　　　　　　　　　建安悲凉——北方物候之花　刘　扬　2.81

治学终生　宠辱不惊　　　　　画鬼——"读鬼书"之二　程章灿　2.86

　——俞平伯先生　孙玉蓉　1.81　李渊与李靖的"宿憾"　蔡大礼　3.86

风骨铮然　自成名家　　　　　鬼界速写——"读鬼书"之三　程章灿　3.89

从"东方维纳斯"谈起 白化文 4.96

鬼怕什么?——"读鬼书"之四 程章灿 4.98

人鬼之间——"读鬼书"之五 程章灿 5.103

谈情说爱何以在"东门"——《诗经》"东门"的宗教和民俗背景 孙 立 7.108

孔子及其弟子 白化文 9.116

关于陆游及其做梦杀敌诗——病榻杂谈 张白山 11.106

苻生是不是暴君? 孙 湛 11.109

慈母·搗衣·夜半钟声 刘 畅 12.90

"张楚"正义 郑慧生 12.91

人物春秋

南宋反理学思潮的理论总结者——叶适 陈国灿 1.93

袁枚与吴门闺秀金逸——袁枚纪事之三 王英志 1.99

湛方生——位与陶渊明气类相近的诗人 钱志熙 2.61

结交扬州八怪——袁枚纪事之四 王英志 2.69

"活孔明""活周瑜"——"同光名伶十三绝"中的卢胜奎、徐小香 张扶直 2.74

人生长恨:李煜的悲剧性生命体验 杨海明 3.56

状元植物学家——吴其濬 周亚非 3.65

来自巴黎的警报——五四期间的梁启超 夏晓虹 4.71

许德珩:学运中的社会活动家 郑 勇 4.77

孙中山与五四运动 苏生文 4.81

五四前后的刘师培 王 枫 5.76

段祺瑞:被忽视的罪魁祸首 赵 奭 5.80

怀素新传 何清谷 6.68

沦落天涯的诗人王寂 周惠泉 6.74

中兴名臣霍光 刘则永 7.95

貌美才情誉当世，心画心声未失真——潘岳其人其事 王德华 7.103

虞集与元明清西北水利 王培华 8.94

《同光名伶十三绝》中的丑行——试说杨鸣玉、刘赶三 张扶直 8.101

伏生和《尚书》 李洪岩 9.81

一位儒学实践者的悲喜剧——苏轼的个性与时代精神的冲突与融合 方志远 9.86

从中年辞官看姚鼐其人其文 周中明 10.87

世纪之初沪上文坛的"天涯五友" 金 梅 10.93

老成谋国的南宋宰相史浩 诸葛忆兵 11.65

抗元英雄张德兴 孔凡礼 11.71

忧惧衰老:晏殊的惜时

心绪 杨海明 12.73
清代朴学大师阎若璩 林久贵 12.80

文物与鉴赏

历尽沧桑的觩季子白盘 李先登 1.105
宋定窑白釉孩儿枕 陈润民 2.97
北碑奇珍《豆卢恩碑》 田福宝 2.99
卢葵生制漆沙砚嵌宝套盒 张 燕 3.116
最早的冶铸容器——铜爵 王 浩 4.120
杜岭一号铜鼎 董 琦 5.109
金本巴瓶 董 青 6.123
明宣德铜铃杵 孙克让 7.114
宣德青花五彩莲池鸳鸯纹碗 张润平 8.113
清雅宜人的雍正粉彩瓷器 陈润民 10.84
巴孟嘉造"再和墨" 张 燕 11.112
豪放浑厚的元代青花瓷器 陈润民 12.96

文史研究动态

近代文化保守主义研究综述 杨恩信 1.107
《诗经·商颂》研究的百年巨变 陈桐生 3.117
近二十年来中国大陆"五四"运动史研究综述 吴效马 5.114
近20年来先秦诸子散

文艺术研究综述 芮宁生 章沧授 6.117
关于李自成结局研究 韦祖辉 7.116
尹湾汉简《神乌赋》研究综述 蓝 旭 8.114
近二十年的甲骨文研究 陈炜湛 10.109

文史书目答问

清代以前的启蒙教材 徐 梓 1.114
清代启蒙教材述要 徐 梓 3.98

讲座 文史研究与计算机应用

（第一讲）计算机的文字处理（上） 李国新 陈文广 1.121
（第二讲）计算机的文字处理（下） 李国新 陈文广 2.122
（第三讲）计算机的硬件、软件与信息表示 李国新 陈文广 3.121
（第四讲）计算机的文件组织、操作及病毒防治 李国新 陈文广 4.121
（第五讲）计算机中资料信息的管理和查找 李国新 陈文广 5.121
（第六讲）图表的制作 李国新 陈文广 6.124
（第七讲）利用计算机编制索引 李国新 陈文广 7.121
（第八讲）文史研究中常用的特殊编辑处理方

法 李国新 陈文广 8.119

(第九讲)计算机化文史工具书的利用 李国新 陈文广 10.121

(第十讲)"上网"与文史研究(上) 李国新 陈文广 11.121

(第十一讲)"上网"与文史研究(下) 李国新 陈文广 12.102

茶之路——中西文化交流的第三条通道 臧嵘 6.78

出云王国:东瀛考古新发现 刘伟文 10.59

一本失而复得的朝鲜时代汉语读本——李边《训世评话》 陈榴 11.59

学林漫话

依稀梦境同——半个世纪前一次关于《红楼梦》的座谈 吕启祥 2.112

中法汉学研究所的学术贡献 杨宝玉 3.106

北京大学研究所国学门的变迁(上) 郭建荣 4.114

傅斯年与历史语言研究所 李庆刚 5.93

北京大学研究所国学门的变迁(下) 郭建荣 5.98

楚辞大师的"红楼"情结 吕启祥 12.93

说文解字

说"文凭"——近代中国新名词源流漫考之一 黄兴涛 4.86

"狼藉"考辨 董秀芳 5.51

话"支那"——近代中国新名词源流漫考之二 黄兴涛 5.54

"挂榻"中的"挂" 刘翠 6.98

《烛之武退秦师》中的"武"字 白云 少华 7.112

公之称谓与儒家伦理 刘士林 9.103

从芹菜说到曹雪芹 齐冲天 10.101

"喂"这个词儿是怎么来的? 孙玉文 11.103

文史古迹

支提华藏寺 许建平 2.117

卢沟桥今昔 宋德金 3.112

龙山道教石窟 蝈源亚 5.111

中外文化交流与比较

李自成、张献忠与传教士 王春瑜 3.27

利玛窦与西洋美术输入中国 赵伟 5.30

二十世纪中国考古

写在"二十世纪中国考古"之前 李学勤 6.38

敦煌的发现及其学术意义 荣新江 6.40

甲骨文与殷墟 王宇信 7.40

百年简帛(上) 谢桂华 8.49

百年简帛(下) 谢桂华 9.49

追寻青铜时代 李先登 10.27

1991年—2000年

古城址的发现与研究 曲英杰 11.39

悠悠百年，出土墓志知多少——二十世纪有关汉唐墓志的重要发现 赵 超 12.31

名著名家谈

一篇写法奇特的短篇小说——《喻世明言·杨思温燕山逢故人》谈后 赵伯生 4.93

哪个"小耗子"怎么偷了"香玉"——《红楼梦》中有关对仗两则 洛 地 6.102

青年园地

《明史·艺文志》的特点 张永瑾 6.106

[点评] 翟林东 6.111

秦汉巫觋的地域分布

[韩国]文铸盛 8.107

[点评] 詹鄞鑫 8.112

关于《论语》的一次讨论

厦门大学中文系 9.120

二十世纪初的"反对国粹"和"保存国粹"——以吴稚晖、刘师培两人为中心 [韩国]曹世铉 11.114

[点评] 龚书铎 11.120

传统文化与素质教育

人好一切都好 宫达非 6.28

关于征文活动的几点说明 6.94

往事随想 戴建华 7.126

种豆得豆 李秉鉴 8.87

"活埋斋"小记 任羽中 8.126

启蒙书、父亲与读书做人 马海阳 9.124

诗教小试 刘曙光 9.125

我的心路历程 魏丽虹 10.118

"崇尚"杂谈 范小勇 10.119

《千家诗》慰我少年心 刘宏伟 11.126

身在宝山要识宝 姜 繁 11.127

吾日三者吾身

——谈读书与做人 李嘉熙 12.98

腹有诗书气自华 柏 丽 12.100

笔 谈

儒学精华在当代中国政治中的表现 宫达非 9.4

儒家主和哲学与未来国际政治 金景芳 9.7

儒家的人生理想与现代文明 张岱年 9.9

我所了解的孔子思想 汤一介 9.10

儒学的现代意义 姜广辉 9.13

经典释文

"使由使知"解 庞 朴 9.31

《易·文》"匪寇" 新解 廖 群 9.37

儒家经典

《性自命出》：沉睡了两千余年的文献 陈 来 9.41

《荀子·乐论》与《乐记》 蔡仲德 9.46

儒家观念

内圣外王:儒家的理想
　人格　　　　　葛荣晋　9.71
儒学与做人　　　钱　逊　9.76

儒学源流

从复兴走向终结的清代
　经学　　　　　王俊义　9.106
港台新儒学发展中的
"理学"与"经学"　郑家栋　9.111

文史信箱

何谓"法轮"　　　白化文 10.103

专　文

汉代的童蒙识字教育　　李建国　2.103
"芝兰玉树":《世说新
　语》中的男孩群像　　范子烨　2.106
实录与误墓——韩愈研

究中的一个具体问题　　卞孝萱　5.62
关于李商隐无题诗的解
　读　　　　　　董乃斌　5.70
登临行为的古典文学意
　义　　　　　　王德明　10.50
么弦如诉解人难
——梦窗词释读和评价　吴战全　10.55
"云林集会，征讨西戎"
——《焦氏易林》中的西
　汉边塞诗　　　陈良运　12.63
汉末社会动荡与曹操
"惟才是举"　　张湛彬　12.84

其　他

"传统文化与素质教育"
　征文情况综述　　　　12.109
"传统文化与素质教育"
　征文活动获奖名单　　12.111
"传统文化与素质教育"座
　谈会暨发奖仪式纪要　12.113

2000 年

回顾与展望

儒家哲学在 21 世纪的
　展望与地位
　　　〔俄国〕费奥克基斯托夫　1.4
孔子思想的国际性意义
　　　〔美国〕墨子刻　1.6

二十世纪的中国文学研
　究　　　　　　吕薇芬　2.12
世纪之交的儒学　汤恩佳　3.4

笔　谈

徽州历史文化概观　张子侠　6.4
地灵人杰　群英辈出　陶新民　6.9

人生佳境何处是 池 莉 8.4

永远的母爱 林 希 9.4

纪念义和团运动100周年

庚子百年祭 陈振江 9.6

义和团的兴起与平原战斗 路 遥 9.12

从"六大冤"、"十八魁"

到"义和拳"——对一

段口述史料的解释 程 歗 9.23

治学之道

游泽承先生二三事 曹道衡 4.4

难忘诗骚李杜魂

——记著名学者叶嘉莹

闵振益 张恩芝 5.4

关于两门专史研究的回

忆 赵俪生 7.5

文学史百题

南朝文学史上的王谢二

族 曹道衡 1.9

通俗小说与雕版印刷 石昌渝 2.22

明清的尺牍小品 欧明俊 3.13

"四大家":元代诗风的

主要体现者 张 晶 4.6

"赏心"说:谢灵运的山

水审美 马晓坤 李小荣 5.12

桐城文派的兴衰 陆联星 6.11

承先启后 继往开来

——简论徽剧及其在中

国戏曲史上的地位 王 成 6.16

李清照再嫁之谜 马瑞芳 7.11

康乾诗坛复古风气与性

灵思潮 王英志 8.6

关羽崇拜的形成 王学泰 9.40

入迷出悟话"红楼"

——《红楼梦》的阅读体

验 吕启祥 10.4

唐前小说中的韵文 王冉冉 11.4

社会责任感在南宋爱国

词中的体现 杨海明 12.13

历史百题

秦汉二十等赐爵制与官

僚制 卜宪群 1.17

太平天国宗教面面观 夏春涛 2.31

尧舜时代:政治理想的

远古投影 陈泳超 3.22

四百年前的抗倭援朝战

争 张习孔 4.11

"质文论"的文明进化

观 阎步克 5.19

李鸿章与淮军 邱琙华 刘佰合 6.20

戴震与皖派经学 郭全芝 6.27

近代的尊孔与反孔 李洪岩 7.17

北朝民间佛事活动与民

众佛教信仰 侯旭东 8.15

太平天国妇女问题与电

视剧 夏春涛 9.34

秦汉国家行政中枢的演

变 卜宪群 10.10

中国史学史的基本框架 王树民 11.10

2000 年

清代朴学重镇——"扬州学派" 李 帆 12.20

诗文欣赏

读姜夔《扬州慢》——兼说"清空" 李之亮 1.24

笑着生活——读元人谢应芳《南楼令》词 钟振振 1.27

多元的感情层面——说朱彝尊《摸鱼子》 张宏生 1.30

公元前国人的海洋意识——读《庄子·秋水》中的一则寓言 周中明 2.37

贾谊《鵩鸟赋》的一种读法 庄筱玲 2.40

解读"使至塞上" 刘景惠 3.28

早春画卷——白居易《南湖早春》赏析 姚小勇 3.32

明月直入 无心可猜——解读李白 邓 波 3.34

金窝银窝不如自己家的草窝——元人魏初《鹧鸪天·室人降日以此奉寄》赏析 钟振振 4.22

含蓄蕴藉 故国情深——读王士禛《秦淮杂诗》 钱汝平 4.26

点点诗思尽被雨打湿——读《诗经·曹风·东山》 扬之水 5.26

常恐霜霰至 零落同草

莽——解读陶渊明 王 玫 5.30

纳兰性德词二首赏析 赵山林 5.34

醉翁情醉颍西湖 朱学忠 朱雪里 6.34

"雄伟"的礼赞——钱谦益《天都瀑布歌》赏析 王怀川 6.39

亲昵之态痴情生——读《诗经·小雅·采绿》 扬之水 7.25

雅俗共赏《芳心苦》 黄莲蒂 7.27

血泪谱身世 叠字传真情——读贺双卿《凤凰台上忆吹箫》 李金坤 7.30

虚虚实实 浑融合一——读《诗经·小雅·白华》 扬之水 8.23

忧深思广——读苏辙《买炭》 孔凡礼 8.28

颂祷声中的诗思与智慧——读《诗经·周颂·闵予小子之什》 扬之水 9.48

燕环相妒尽风流——《聊斋》"双美"描写技法撷拾 王海洋 9.57

王湾"江春入旧年"解说 洛 地 10.19

谁是"卷帘人"?"红花"为何瘦? 陈祖美 10.22

秋雨潇潇 归思难收——读柳永《八声甘州》 冷 风 10.24

两种追寻——《离骚》叙述结构分析 洪 越 11.21

1991年—2000年

意象声律两相美
——杜甫"香稻啄余鹦鹉粒"句赏论　李金坤　11.27

史识出众的"和诗"
——读李清照《浯溪中兴颂诗和张文潜二首》　陈祖美　11.31

虚实相映　情景相生
——王维《息夫人》赏析　周相录　12.26

明亮,所以美丽
——读李白《杨叛儿》　檀作文　12.28

一道永恒的风景线
——李绅《宿扬州》赏读　周懋昌　12.31

学术经典导读

梁漱溟对儒学的认识
——谈《东西文化及其哲学》　郑大华　7.34

二十世纪中国考古

辉煌的中国玉器考古学成就　尤仁德　10.28

考古学区系类型理论带来的史学变革　邵望平　12.43

古代典籍

妙笔生花的神仙世界
——读道教小说《十洲记》　宁稼雨　2.44

考古与文物

阜阳汉简　国之瑰宝　李晓春　6.43
从文物考古看安徽古代

文化　李广宁　6.48

生命幻象的显现
——安徽省淮北市汉画像石的艺术个性　刘彩霞　范向前　6.52

文史书目问答

古代丛书与《丛书集成》　程毅中　1.33
尚武以宣其威　设营以整其旅
——最早的军事百科全书《武经总要》　褚良才　7.103

民俗志

走近民俗学(17)民间服饰观(上)
——日常生活(四)　董晓萍　1.39

走近民俗学(18)民间服饰观(中)
——日常生活(四)　董晓萍　2.48

走近民俗学(19)民间服饰观(下)
——日常生活(四)　董晓萍　3.46

走近民俗学(20)论纪念家庭——社会组织(一)　董晓萍　4.36

走近民俗学(21)想家(上)——社会组织(二)　董晓萍　5.42

走近民俗学(22)想家(中)——社会组织(二)　董晓萍　7.51

走近民俗学(23)想家(下)——社会组织(二)　董晓萍　8.77

走近民俗学(24)村

社——社会组织（三） 董晓萍 9.69

走近民俗学(25)区域信仰圣地与追随圣者的民俗活动——社会组织(四) 董晓萍 10.41

走近民俗学(26)行业能人现象
——社会组织（五） 董晓萍 11.35

走近民俗学(27)年节是做民俗的工厂
——岁时节日（一） 董晓萍 12.39

追寻一个逝去的节日
——社日民俗的文化阐释 萧 放 3.38

祭墓与踏青——清明节与中国人的家族情怀 萧 放 4.30

"四月八,拜菩萨"
——传统节俗与佛教文化 萧 放 5.37

安徽茶谣 郑 闻 6.67

安徽民间生殖崇拜 严 舜 6.71

水口:徽州民居的择址观念 刘彦顺 6.76

读书札记

避熟就生与化生为熟 张福勋 8.84

说"凤城" 薛瑞生 10.106

以古为镜，可以知兴替
——读《贞观政要》 郭善勤 11.87

大师录

"新儒学"的开启者梁漱溟 常君实 7.56

文化交流与比较

"七千卷书"与《奇器图说》 王 征 3.50

勾勒一个中国——马礼逊的一部翻译作品 马晓冬 8.36

魏源著作在日本的流传及影响 沈硕金 12.35

文化史知识

本世纪初流行的四种纪年说 李洪岩 1.44

说商谜 于天池(韩国)郑友善 1.49

古代西藏的杂技健身运动 丁玲辉 李 杰 2.56

谈谈古代的养生医学 邵 丹 3.71

古代的养老制度 刘松林 3.81

"死"的不同说法与政治、宗教及其他 林伦伦 4.67

香料对宋代社会生活的影响 戴建国 4.73

"手谈"与"坐隐":魏晋南北朝的围棋风尚 范子烨 5.58

从"齿木"到牙刷 宋 红 5.68

明代宦官的佛教信仰 何孝荣 5.72

淡极始知花更艳
——明清时期的民窑青

花	苏 静	7.114	说文谈物·权 衡 权衡	朱启新	1.47
宋代的泰山书院	常大群	8.105	说文谈物·化干戈为玉		
中国铜元诞生百年	叶伟奇	9.61	帛	朱启新	2.62
汉代的黄肠题凑与石材			说文谈物·玉环与玉玦	朱启新	3.69
题凑	田立振	10.58	说文谈物·古人的立容	朱启新	4.77
古代"五菜"述略	朱祥麟	10.60	说文谈物·古人的坐容	朱启新	5.55
茶之路(一)茶文化的中			说文谈物·授绶与执绶	朱启新	7.111
华源头	臧 嵘	10.68	说文谈物·说"匜"	朱启新	9.65
茶之路(二)从阆阆、山			说文谈物·铠甲与铁衣	朱启新	10.72
门到凡世人间	臧 嵘	11.42	说文谈物·金桥与刁斗	朱启新	11.53
说"展"	买艳霞	11.44	说文谈物·冠 盖 冠盖	朱启新	12.61
近代稿酬略谈	郭浩帆	11.48			
再谈捣衣	丰家骅	12.51	**谈武论兵**		
茶之路(三)茶神和《茶			中国古代的相剑法	马明达	1.59
经》(上)	臧 嵘	12.56	试解"虎贲之士说剑"	马明达	2.81
姓名的故事(六)两晋南			以剑遥击	马明达	3.57
北朝民族的分化与融			说"两刃矛"	马明达	4.55
合	斯维至	1.54	尉迟敬德与"鞭枪"武艺	马明达	5.45
姓名的故事(七)隋唐的			武术史上的宋太祖	马明达	7.40
民族统治及其姓名	斯维至	2.65			
姓名的故事(八)唐宋西			**连 载**		
南民族的父子连名制			梁漱溟谈孟(一)	李渊庭整理	7.45
及别号的流行	斯维至	3.88	梁漱溟谈孟(二)	李渊庭整理	8.31
姓名的故事(九)唐宋西			梁漱溟谈孟(三)	李渊庭整理	9.105
南民族的父子连名制			梁漱溟谈孟(四)	李渊庭整理	10.35
及别号的流行	斯维至	4.81	梁漱溟谈孟(五)	李渊庭整理	11.91
姓名的故事(十)蒙元时			梁漱溟谈孟(六)	李渊庭整理	12.98
期的民族及中外文化					
之交流	斯维至	5.81	**人物春秋**		
姓名的故事(十一)满族			宫体诗人国士风		
的起源及其姓名	斯维至	11.57	——南朝徐陵传奇	赵海菱	1.64

李德裕与道教 王永平 1.68 | 一代才女汪端 蒋 寅 9.78
彩云易散：晏几道词中 | 司马迁笔下的鲁仲连 俞樟华 10.90
的怀旧心态 杨海明 2.87 | 李廉方与辛亥革命 郭 戈 10.95
南宋丞相——江万里 尹 波 2.93 | 也谈黄巢的最后下落 崔宪涛 11.62
秉性刚直、精于书法的 | 元朝东吴士人领袖郑元
褚遂良 吴锡标 3.101 | 祐 王培华 11.66
李煜与佛教 王秀林 刘尊明 3.105 | 西汉著名农学家氾胜之 徐寿亭 12.82
清末秀才——王韬 王 燕 4.86 | 中美文化交流的使者赛
《同光名伶十三绝》中的 | 珍珠 张小平 12.86
"四大名旦" | 侧侧芬芳绕侠气 惊才
——试说朱莲芬、梅巧 | 绝艳谁能媲
玲、时小福、余紫云 张扶直 4.90 | ——晚清才女刘清韵 苗怀明 12.92
才气飘逸的苏门学士晁 |
补之 诸葛忆兵 5.101 | **戏曲苑**
朱敦儒暮年的人生悔恨 杨海明 5.105 | 《贵妃醉酒》的源和流 吴同宾 1.73
李白在安徽 任晓勇 6.81 | 清宫演出的节庆戏 丁汝芹 2.73
姜白石的"合肥情恋" 文一止 6.86 | 京剧剧名正误 吴同宾 2.78
吴敬梓的恋乡情结 乔 琛 6.90 | 空巷无人一国狂
经济勋猷襄大业，历年 | ——从刘克庄诗词看南
秦陇诏诸昆 | 宋莆田杂剧百戏 方宝璋 3.98
——一代名臣王茂荫 沈洪英 6.95 | 玉堂春奇案古今谈 吴同宾 4.51
浮云野思春前动 | 粉墨生涯话优伶 钟 年 5.94
——王阳明在滁州悟道 张 休 6.100 | 悲欢交响曲凤阳花鼓
强智而标新立异的幸 | 张 颖 陈 玲 6.56
我 张廷银 7.58 | 贵池傩戏 王 政 6.58
德文并重 享誉于世 | 京剧《桑园会》、《汾河
——五代至宋广陵二徐 岳毅平 7.62 | 湾》、《武家坡》的史和
凄清孤寂：李清照词所 | 戏 张习孔 7.68
表现的女性情怀 杨海明 8.56 | "饶头戏" 么书仪 9.100
净行三杰——试说何桂 | 20世纪初期的京剧胡
山、穆凤山、黄润甫 张扶直 8.64 | 琴名宿 吴小如 11.60

宗教与人生

安徽名山与禅林名僧 张兆勇 6.62

说文解字

"美学"一词及西方美学在中国的最早传播——近代中国新名词源流漫考之三 黄兴涛 1.75
释"逢场作戏" 江巨荣 2.97
"四"字谈趣 齐冲天 3.113
谈"保险"——近代中国新名词源流漫考之四 黄兴涛 4.97
漫说徽语 周有斌 6.104
《桃花源记》"男女衣著"的"衣著"怎么解释 孙玉文 7.107
《王力古汉语字典》序 王　力 8.111
"齐东野人之语" 汪启明 8.119
说"居士" 谭　伟 11.72

文学人物画廊

林下风气:《世说新语》塑造的魏晋新女性 范子烨 2.102
读《聊斋志异·蛇人》 刘鑫全 4.65
重情善谑、大智若愚的小翠——聊斋人物谈 马瑞芳 5.51
从李氏看《金凤钗》的美学意蕴 王　昊 7.99
俊男马骥　负驽前驱——聊斋人物谈 马瑞芳 8.100
读书人的白日梦和死魂灵——聊斋人物谈 马瑞芳 9.85
黑暗王国的一线光明——聊斋人物谈 马瑞芳 10.49
至情女子与练达女妓——唐传奇中霍小玉、李娃两个人物形象的比较 杜爱贤 10.53

名家名著谈

同一故事,不同时代的不同写法——从《崔尉子》到《苏知县》 赵俪生 1.85

专　文

"二矛重英"与"左旋右抽" 扬之水 1.88
东亚同文书院的中国旅行调查 冯天瑜 1.95
林庚先生谈文学史研究 2.4
黄老思想与《史记》中的范蠡、张良 韩兆琦 陈　曦 3.63
语言与素质 曹　苡 金开诚 4.18
李白笔下的"剡溪访戴"——兼谈盛唐诗人对于魏晋风度的接受 余恕诚 4.40
寄兴于山水　游艺乎诗文——关于中国山水诗文的欣赏 许振轩 徐小平 4.45
寓言谭概 祝普文 5.118
渐江和新安画派的师承及风格 赵　勇 6.114

2000年

谁教幻作绕指柔			引述古书忌随意性	吴小如	7.88
——芜湖铁画艺术			不宜擅改古书和今籍	吴小如	8.71
赵卫东 廖万军	6.118		当代意识：一种学术立		
成语与安徽历史风云	蔡英杰	6.123	场——中国文学史的教		
应《文史知识》为敦煌莫			学杂感(之一)	宁宗一	3.95
高窟藏经洞发现百年			文学史构成：一种模式，		
而作	周一良	7.4	一种规范——中国文		
《点石斋画报》之流风余			学史教学杂感(之二)	宁宗一	4.61
韵	陈平原	7.73	重写文学史：从呼唤到		
由苏轼"论画"诗引起的			实验——中国文学史		
论争	程自信	7.84	教学杂感(之三)	宁宗一	5.87
贾谊教太子文的"时务"			倾听民间回声——中国		
解读	李尔钢	8.41	文学史教学杂感(之四)	宁宗一	7.90
侯方域与壮悔堂	卞孝萱	8.48	关注夹缝时代——中国		
"夺胎换骨"新释	周裕锴	9.93	文学史教学杂感(之五)	宁宗一	8.74
庄子逍遥义由玄学化向			世界文学史格局中的中		
佛学化的转变	方 勇	10.77	国文学史——中国文		
说"雅量"——中古士人			学史教学杂感(之六)	宁宗一	9.99
的一种文化品格	范子烨	10.81	为"学院派"一辩		
刘师培背叛革命公案述			——中国文学史教学杂		
说	李洪岩	11.98	感(之七)	宁宗一	10.75
近代年谱撰著的新格			文学史家的风度		
局——胡适、姚名达在			——中国文学史教学杂		
年谱编撰上的成就	张爱芳	11.108	感(之八)	宁宗一	11.81
夏商周断代工程及其成			且说概念与术语的更新		
果和意义	江林昌	12.4	——中国文学史教学杂		
			感(之九)	宁宗一	12.66

治学手记

背诵·浏览·翻检	吴小如	1.99
"责编"难做	吴小如	2.70
"似是而非"是治学大忌	吴小如	4.59

随 笔

"穷波斯"解	袁世硕	1.102
也说"国学"	罗检秋	1.103

1991年—2000年

佛教"名相"与"附佛外道"　　白化文　2.110

崇仁斥佞:从孔子到傅玄　　魏明安　2.112

邹忌三问的语言心理　　肖　楠　5.112

古典诗词中的"折绕"修辞格

——从"名茎孙山"谈起　　王　成　5.115

周穆王和西王母是恋人关系吗?　　宁稼雨　7.93

两宋提倡妇女改嫁说　　薛瑞生　7.95

古人趣闻杂俎　　薛瑞生　9.96

淝水之战说谢安　　蒋　凡　11.83

《香奁集》和《漱玉词》　　陈祖美　12.95

学林漫话

掌故大师——郑逸梅　　王　燕　1.109

老一代女学者刘修业先生　　李鼎霞　3.116

回忆父亲游国恩先生　　游宝谅　4.106

李廉方与中华书局　　郭　戈　4.109

回忆与余冠英先生的交往　　王运熙　5.91

迟到的毕业论文

——献给王力先生百岁冥诞　　李思敬　8.86

王了一老师应《文史知识》之邀参与的三次春节评联活动　　白化文　8.90

我的最后一课　　王永兴　9.89

哲人虽萎　遗泽永存

——忆程千帆先生对我的教海与激励　　吴在庆　10.102

陈垣先师与《通鉴胡注表微》　　张习孔　11.75

范文澜治史的我见我闻　　彭　明　12.69

猎介书生谷川道雄

——一位日本学者对中国中世的探索　　马　彪　12.75

书画欣赏

王献之的《中秋帖》　　王泰南　1.115

诗、书、画三绝的石涛

《巢湖图》　　傅爱国　8.95

青年园地

论《七发》结构模式之渊源及其演变　　路成文　9.110

[评点]　　莫砺锋　9.114

文物与鉴赏

墨分五色的康熙青花瓷　　陈润民　3.119

富丽堂皇的万历五彩瓷器　　陈润民　4.114

大理国金铜佛教艺术巡礼　　杭　侃　11.114

怎样读

《慈恩传》的传记文学价值　　陈兰村　11.17

文史古迹

太昊伏羲陵　　张继华　1.118

 2000年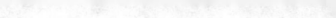

州来、下蔡与寿春
——安徽上古史一页　　马育良　6.108

丝绸之路上的明珠——
　库车　　　　　　　周均美　8.123
河西走廊万佛峡　　　赵　光　10.109

"传统文化与素质教育"征文选登

用优秀的传统道德塑造
　健全的现代人格　　向　涛　1.124
我与中国传统文化　　韩　炜　1.126
人文素质与传统　　　金开诚　2.4
优国忧民是知识分子的
　优良传统　　　　　余庆安　2.117
我向往"整理国故"　　华　喆　2.119
弘扬"日新又新"思想
　强化学生创造意识　孙智明　2.120

文史研究动态

20世纪韩愈与佛教关
　系研究综述　　　　陈曙雯　2.122
八仙研究综述　　　　党芳莉　3.121
20世纪《世说新语》研
　究综述　　　　　　刘　强　4.119
二十世纪后期文化通史
　著作述评　　　　　陈利媛　5.124
百年沧桑话敦煌
——敦煌学资料及研究
　图书述略　　　　　杨宝玉　7.120
义和团运动研究综述　任灵兰　9.115

20世纪《左传》研究概
　述　　　　　　赵长征　10.113
视野与方法：关于20世
　纪《水浒》文化研究的
　理性思考　　　　陈　瑾　10.120
百年屈学　　　褚斌杰　11.119
20世纪词的起源研究
　述略　　　　刘尊明　12.105
历史研究与资讯管理　陈敬堂　12.112

读者·作者·编者

诗文欣赏和人物春秋的
　文章应加强系统性　乐时鸣　7.126
建议出《文史知识》总目
　录　　　　　吕德志　7.126
欢迎参加文史知识读书
　会　　　　　本刊编辑部　7.127

会友往来

建议发会员证　　　任　辛　9.127
一点疑问　　　　汪泽浦　9.127

文史信息

形成"通识"十分必要　　　　4.17
"国学网"——文史工作
　者的信息驿站　　　　　　4.29
沈阳师范学院开设古典
　诗词写作课　　张永芳　4.117

2001年——2010年

2001年

文史百题

从"天下"到"万国"
——重建理解明清思想
史的背景　　　　葛兆光　1.4

中国诗学发生时期的
"象"与"形"　　刘耘华　1.12

魏晋时期的文学家族　田彩仙　1.18

傅玄的"清"与嵇康的
"和"　魏明安　任菊君　1.24

正确理解顾炎武八股文
取士"败坏人才"说　祝总斌　2.4

中国古典诗歌对古代日
本的影响　　　　熊　笃　2.9

科举制是怎样完结的　孟宪实　3.4

龟兹国王金花考　　李美林　3.14

武则天时代的举选与近
体诗的推广——从李
峤的格律诗谈起　张家壮　3.19

明清的笔记小品(上)　欧明俊　3.25

浅谈《文选》颂赞体　李　翰　4.4

曾国藩的人才观及其幕

府评析　　　　　张湛彬　4.8

明清的笔记小品(下)　欧明俊　4.16

太平天国时期社会风习
的嬗变　　　　　夏春涛　5.4

漫谈太平天国的文学　赵慎修　5.12

理想与现实的两难抉择
——从唐代户婚制度看
唐传奇的婚恋现象
　　　　　雷恩海　姜朝晖　6.4

牛李党争时的四篇作品
考察　　　　　卞孝萱　6.14

不该忽视的一个群体
——晋吏阶层漫议　叶　炜　6.26

"巴"、"蜀"及"四川"之
名的由来　　　石苗子　7.11

两汉以前西南地区的开
发　　　　　　李柏槐　7.16

五代西蜀词的地域文学
特色　　　　　刘扬忠　7.21

夏商周断代工程与先秦
史学、文学、民俗学　江林昌　8.4

辽金文学鸟瞰　　周惠泉　8.12

2001 年

元曲作家：具有现代文化意义的艺术生产者 钟 涛 8.20

元代后期诗风的变异 张 晶 李淑辉 8.31

辛亥革命研究的回顾与前瞻 章开沅 9.4

辛亥革命前后的革命文学 王 飚 9.10

从文化视角看辛亥革命前夕的派别分野 罗志田 9.21

民国初年的政党政治 曾业英 9.27

八世纪以来李白研究的十大热点 郁贤皓 胡振龙 10.15

李白：盛世激情与乱世哀伤 于 天 10.24

李白的词 朱崇才 10.47

梦断黄金台 周勋初 10.54

吴敬梓的文化探索 李汉秋 11.4

徽州文化与徽学漫谈 卜 利 11.49

徽州文会与徽州社会 陈 联 11.55

山水、雅俗和身份 葛 飞 11.59

历史上的尊孟与非孟思潮 李传印 12.4

"仁"说的政治化——孟子"仁政"说探微 张燕婴 12.12

青山遮不住 毕竟东流去——陶渊明诗在南北朝的传播 李剑峰 12.19

南宋遗民对陶渊明形象的重新阐释 方 勇 12.24

诗文欣赏

律诗的体裁特点（之一） 蔡义江 1.31

唐人七绝诗趣举隅（一） 周懋昌 1.38

便纵有千种风情 更与何人说——读柳永《雨霖铃》 孙明君 1.43

律诗的章法——律诗的体裁特点（之二） 蔡义江 2.18

世外自生观化情——读诗僧皎节禅趣小诗两题 钱志熙 2.27

景趣举隅——唐人七绝诗趣举隅（二） 周懋昌 2.29

面对生与死的抉择——读汉乐府民歌《东门行》 张斌荣 3.32

律诗的句法字法——律诗的体裁特点（之三） 蔡义江 3.35

奇趣举隅——唐人七绝诗趣举隅（三） 周懋昌 3.41

从《咏柳》看唐宋诗审美特征之差异 李金坤 4.24

律诗的因拗取峭——律诗的体裁特点（之四） 蔡义江 4.31

灵趣——唐人七绝诗趣举隅（四） 周懋昌 4.37

温情：作为生命的证明——对《春江花月夜》

2001年—2010年

的一次精神体验　　过常宝　5.19

繁花如梦缓缓浮生

——读苏曼殊《本事诗》

（其九）　　　　　檀作文　5.24

说《钱神论》[附]《钱神论》　　刘　石　6.31

"商略"创造的情境　　张越晖　6.41

李白《蜀道难》新解　　何　靖　7.32

"杨柳"牵别情 "雨雪"

添哀思——《小雅·采

薇》"杨柳依依"名句赏论　　李金坤　8.36

一段考古,两件文物,一

首美丽的诗　　　　李　山　8.41

心灵的绝唱——《汉宫

秋》第四折心解　　宁宗一　8.45

妪生"思""习"便可爱　索宝祥　8.48

细雨骑驴入剑门

——陆游《剑门道中遇

微雨》的文化内蕴　　张乃良　9.79

春风度玉关——说杨昌

浚《恭颂左公西行甘棠》　骨惠民　9.83

狂与醉——大白楼楹联

的评价　　　　　　钟振振　10.64

读方孝孺《吊李白》

　　　　　　房日晰　房向莉　10.69

情满江天——读《黄鹤楼

送孟浩然之广陵》　何永康　10.85

月映万川　各有境界

——李白和苏轼两篇作

品的对比分析　　　过常宝　10.88

旷荡而纵适——从《大鹏

赋》看李白的理想和性格　　杨　明　10.93

读《夜泊牛渚怀古》　　詹福瑞　10.98

花乎,山乎？——读苏轼

《踏莎行》　[日本]保刘住昭　11.74

说刘克庄《贺新郎》"老

眼平生空四海"　　钟振振　11.76

伤心人别有怀抱

——项鸿祚《八声甘州

·重阳游百花洲》赏析　　张金耀　11.78

深邃混沌的心灵世界

——读《醉翁亭记》偶得

　　　　　黎烈南　董　梅　12.29

文以明道的典范之作

——读王安石《潼州》二首　吴河清　12.33

千言万语锁住舌尖头

——陆游《钗头凤》赏析　周先慎　12.40

《钗头凤》的背景　　高利华　12.44

文化交流与比较

太史文和他的中国中古

宗教研究　　　　　姚崇新　1.47

"四灵之主"文化内涵的

中西差异　　　　　王雪梅　2.32

《西厢记》在日本　　李　群　8.50

李白诗歌在欧美　　王丽娜　10.31

西方人眼中的李白 [德国]吕福克　10.39

文化史知识

古代碑刻署时方法略谈　王　宁　1.50

招贴续谈——零丁　　汪化云　1.52

说文读物·说繁　　　朱启新　1.54

2001 年

茶之路(五)茶和文人雅事	臧 嵘	1.59
古代服饰制度等级的主要标识	赵联赏	2.36
茶之路(六)清雅的茶事	臧 嵘	2.48
说文谈物·"削"与"柿"	朱启新	2.52
传统益智玩具——中国古环	杨世明 宋 健	3.66
茶之路(七)隋文成公主入藏	臧 嵘	3.70
说文谈物·说"钺"	朱启新	3.73
茶之路(八)台湾茶事	臧 嵘	4.71
说文谈物·说"卜"	朱启新	4.74
辛巳说蛇	赵伯陶	5.27
敬诔方法十八种	王彦坤	5.34
洗马·行马·但马	温显贵	5.38
说文谈物·庋与屏风	朱启新	5.42
折扇何时出现于我国?	杨 琳	6.43
古代小说租凭业漫话	潘建国	6.47
说文谈物·谦佛骨与捧真身	朱启新	6.49
茶之路(十)茶文化传到朝鲜半岛	臧 嵘	6.54
蜀锦 李 原	陈 丽	7.53
川菜	车 样	7.58
自贡井盐大观	钟长永	7.62
生肖说鼠	赵伯陶	8.54
说文谈物·说唾壶(孟)	朱启新	8.62
辛亥革命时期的服饰变化	孙燕京	9.54
生肖说"猪"	赵伯陶	9.60
翰林供奉	傅璇琮	10.61
五色师子·九苞凤凰·唐戏	谷曙光	10.107
生肖说牛	赵伯陶	11.85
"义男"小论	许文继	11.94
说文谈物·铺首	朱启新	11.99
茶之路(十一)嵯峨天皇.荣西和日本茶道	臧 嵘	11.104
生肖说虎	赵伯陶	12.48
茶之路(十二)茶路通向俄罗斯	臧 嵘	12.56
说文谈物·古代的粮食储藏	朱启新	12.58

民俗志

白居易《井底引银瓶》的民俗学问题	刘 航 李 贵	1.62
走近民俗学(28)春节与现代化——岁时节日(二)	董晓萍	1.67
醉司命——祀灶与民间信仰	萧 放	2.56
走近民俗学(29)年节产品之一:春联——岁时节日(三)	董晓萍	2.63
灯节史话	殷小林	3.45
走近民俗学(30)年节产品之二:年画——岁时节日(四)	董晓萍	3.55
鞋与古今民俗	刘瑞明	4.42
走近民俗学(31)年节产		

品之三:社火

——岁时节日(五)

	董晓萍	4.49
《四民月令》与东汉贵族		
庄园生活	萧 放	5.48
走近民俗学(32)年节产		
品之四:庙会		
——岁时节日(六)	董晓萍	5.56
重庆人,成都人	张学君	7.67
七夕节俗的文化变迁	萧 放	8.66
冬至大如年——冬至节		
俗的传统意义	萧 放	12.86

人物春秋

李斯心态个性及其人生		
喜剧	王 晖	1.76
作为戏剧家的阮大铖	蔡昌荣	1.83
袁枚隐居复出纪事	王英志	2.73
近代佛学复兴的创始		
人——杨文会	沈颂金	2.79
"俞毛包"与"杨猴子"		
——试说俞菊笙、杨月		
楼	张扶直	2.84
北魏清官——源怀	尚晶一	3.78
"怪人"郑板桥	尹芳林	3.81
文明教师:耶律楚材	周月亮	4.56
倡导资本主义的农民起		
义者——洪仁玕	苏双碧	5.63
曾国藩与太平天国	贾熟村	5.69
龙性难驯的嵇康	王 玫	6.57
李言恭与汤显祖	江巨荣	6.62
人蜀	曾枣庄	7.73

玄奘的蜀中之行	缪元朗	7.78
一门三父子,都是大文		
豪——眉山三苏	毛建华	7.80
秦九韶	李 敖	7.87
王晖和他的小品	欧明俊	8.71
试说黄月山、李春来	张扶直	8.78
孙中山事略	望 舒	9.40
令人神往的"提奖光复,		
未尝废学"		
——章太炎的东京讲学	陈平原	9.42
智者范蠡	望 舒	10.111
"仓颉后身"李阳冰	陶 敏	10.114
皇家"仙女"玉真公主	李清渊	10.116
敢于绝望、为个性和创		
造性而斗争的吴敬梓	周月亮	11.11
青衣小红	王稼句	11.81
一代《公羊》学大师——		
何休	黄朴民	12.63

学人与治学

文化"稀释"现象	吴小如	1.91
相"知"二十年		
——我与《文史知识》	陈美林	1.94
一位值得纪念的学者		
——丘良任先生学述	蒋 寅	1.97
披"书"三叹	吴小如	2.90
从唐圭璋先生学词记	钟振振	2.94
作诗文填词用史笔	吴小如	4.79
陈贻焮先生的学术研究		
和诗词创作	钱志熙	4.82
高山仰止	郭毅生	5.83

2001年

罗尔纲先生未了的心愿	史 式	5.88
罗尔纲和《水浒传》	李解民	5.94
宏观与微观:合则兼美		
——中国文学史教学杂		
感(之十)	宁宗一	5.97
陈寅恪学术表述臆解	罗志田	6.75
通俗小说研究的开山之		
作		
——孙楷第《小说旁证》	黄 克	6.80
怀念周予同先生	孙以昭	8.87
罗尔纲师诞辰百年感言	龙盛运	8.91
文史一家？文史不一家？	宁宗一	9.98
《儒林外史》前言有四稿		
——"吴"研级拾(之一)	陈美林	11.35

文学人物画廊

美不胜收的奇女形象		
——聊斋人物谈	马瑞芳	1.102
凄婉哀怨的公孙九娘		
——聊斋人物谈	马瑞芳	2.99
巾帼女豪与须眉浊物		
——读《杜十娘怒沉百		
宝箱》	张文珍	3.94
把剑相向不平事		
——红线与裴隐娘	马珏玶	4.88
从"善梦之父"到"离魂		
之子"		
——聊斋人物谈	马瑞芳	5.77
青梅的慧眼		
——聊斋人物谈	马瑞芳	6.85
轻薄文人的精神涅槃		

——聊斋人物谈	马瑞芳	8.98
古雅东篱下的近代芳香		
花朵	马瑞芳	9.93
儒林及世态 刻画何工		
妍——谈范进中举	马瑞芳	11.19
再读马二先生	戴 燕	11.25
多面神仙吕洞宾	欧明俊	12.76

说文解字

古代的汉字标音法	王兴佳	1.107
谈谈《现代汉语词典》	齐冲天	2.104
"拿"的语源	齐冲天	3.90
地名用字辨音	章明寿	3.91
孙膑究竟受的是什么刑		
——与李乔先生商榷		
	邓 明 沈 宫	4.106
"东向""东面"辨正	汪少华	6.110
说说四川话	张一舟	7.101
"互"义探源	苏 杰	8.95
青梅竹马	蓝 旭	10.100

随笔·札记

向秀入洛	陈庆元 林 怡	1.113
《黄鹤楼》与《鹦鹉洲》	季 雁	1.116
王维《相思》为哪般?	邵明珍	3.98
闲话"拆字"	薛瑞生	3.102
文人的狂狷	陶新民	4.98
"弄獐宰相"与"伏猎侍		
郎"	薛瑞生	4.104
酒·法酒·内法酒与孟		
浩然	黄季鸿	5.101

从公元纪年速推天干地支的一个方法 王玉鼎 5.103

古代文学中"乌"意象的一柄一边 王洽理 杨光熙 5.105

拟物品评风格 张福勋 6.95

《水浒传》与东平 谌志生 任 勇 6.100

漫话"刺配沙门岛" 谭金土 6.104

《三国志通俗演义》的成书年代 邱 岭 8.104

"散曲"名实辨述略 赵义山 8.110

科举史上的"南人北人"之争 赵铭华 8.113

孔圣人的"昏招"——从韦子"作乱"冤案说起 蒋 凡 9.103

"龙的传人"之说无庸置疑 段宝林 9.108

以春名酒 朱易安 毕伟玉 10.102

"中间"是"后来" 阎 琦 10.105

不在宋儒下盘旋 项东升 刘亚敏 11.30

文学史上的多面手苏轼 杨明照 11.109

《桃花扇》与兴化 陈麟德 11.112

连 载

梁漱溟谈孔孟(七) 李渊庭整理 1.119

梁漱溟谈孔孟(八) 李渊庭整理 2.113

梁漱溟谈孔孟(九) 李渊庭整理 3.120

梁漱溟谈孔孟(十) 李渊庭整理 4.121

梁漱溟谈孔孟(十一) 李渊庭整理 5.116

梁漱溟谈孔孟(十二) 李渊庭整理 6.120

梁漱溟谈孔孟(十三) 李渊庭整理 8.122

梁漱溟谈孔孟(十四) 李渊庭整理 9.117

梁漱溟谈孔孟(十五) 李渊庭整理 11.116

梁漱溟谈孔孟(十六) 李渊庭整理 12.113

文物与考古

宣德青花瓷 陈润民 1.125

清新秀丽的雍正青花瓷 陈润民 2.108

清代宫廷的紫檀木家具 周京南 3.107

乾隆青花瓷器 陈润民 4.110

明朝嘉靖青花瓷器 陈润民 6.112

神奇的三星堆——考古学视野中的古蜀文化 彭邦本 7.38

巴蜀文物考古图 罗二虎 7.43

明朝正德青花瓷器 陈润民 8.120

大唐翰林李公新墓碑 陶新乐 10.77

吴国对与"过园"石刻 刘亚敏 11.41

吴之璠"对弈图"黄杨木雕笔筒 罗 扬 12.100

文史研究动态

近二十年来太平天国史研究述评 春 涛 5.108

新时期《儒林外史》研究综述 李 韵 潘华云 11.42

"俗文学与现代中国文化进程"研讨会综述 李 禾 周 翠 12.103

研究综述

陈代诗文研究综述 马海英 2.122

20世纪《水浒》版本的

研究	黄傲成	4.114

近年来《二十四诗品》真

伪问题研究概述	姚大勇	6.115
先秦巴蜀文化研究概述	段 渝	7.114
巴蜀文化研究综述	刘复生	7.121

吴澄：一个正在被认识

的重要文论家	查洪德	8.115

文史信箱

就古人姓名读音问题答

读者问	吴小如	3.104
郭子仪不曾报恩	葛景春	10.119

青年园地

《橘颂》当为屈原晚年所

作	陈学文	3.111
[点评]	褚斌杰	3.118

《北征》与《妙法莲华经》

	陈开勇 [韩国]吴定汰	6.70
[点评]	陈允吉	6.74

戏曲苑

"四大美女"戏的史实、

传说及其他	谢美生	4.64
从《跳灵官》谈起	吴小如	5.74
川剧	胡海霞	7.92
四川皮影戏	江玉祥	7.96

马连良及其老唱片

——纪念马连良先生百

年诞辰	吴小如	9.87

古代典籍

《榴花梦》：世界最长的

韵文体小说	鲍震培	4.93

从《龙蛇歌》谈《新序》

《说苑》的特点	程毅中	6.92

笔 谈

源远流长的巴蜀文化	石应平	7.4
巴蜀文化与西部大开发	谭继和	7.7
李白研究笔谈	吴小如	10.7
尊重事实 全面分析	王运熙	10.9
一个永恒的研究课题	罗宗强	10.11

希望把李白事迹搞得清

楚些	郁贤皓	10.13

古代科技漫话

世界文化遗产都江堰	李映发	7.49
翡翠的由来及异名	程 军	8.84

层礴横削高为梯

——话说古代的梯田	马 倩	12.68

文史古迹

道教与青城山	郝 勤	7.105

佛光映照的人间仙

境——峨眉山	方北辰	7.109
漫话巴蜀大佛	黄德昌	7.110

神州之旅

衣冠冢与青山墓	李子龙	10.72

2001年—2010年

与李白有关的部分文史

古迹	一 为	10.75

吴敬梓故里全椒 金厚钧 11.39

阅江楼与《阅江楼记》 俞 明 12.107

学林漫话

辛亥革命时期诞生的中华局 俞筱尧 9.68

俗文学研究机构的演变 王文宝 9.73

怀念周一良师 胡宝国 12.81

一封送迟的信件

——为纪念周一良先生而作 白化文 12.83

其 他

巴蜀地区大事年表 缪元朗 7.30

历代巴蜀名人简谱 谭 红 7.88

辛亥革命大事记 韦力 9.37

题词 林 庚 10.4

中国李白研究会简介 10.127

专 文

中国的李白 世界的李白 丁海中 10.5

星悬日揭耀太虚

——李白及诗作历代评论选辑 隋 璧 10.124

怎样读

怎样读李白诗 薛天纬 10.80

中国古代礼仪文明

礼与中国传统文化 彭 林 11.66

礼缘何而作 彭 林 12.93

2002年

特别关注

五朵金花:意识形态语境中的学术论战 王学典 1.4

康熙·鳌拜·明珠 青 云 2.4

红衣大炮 潘向明 2.9

康熙与朱三太子 董建中 2.14

西巡五台与顺治生死之谜 李景屏 2.18

康熙晚年的储位之争 景 国 2.22

历史的真实与艺术加工 大 诺 2.27

"立人"为大学之本 董 健 5.4

郑和是否环绕地球航行并发现新大陆 [加拿大]郑海麟 8.4

学林漫话

陆费逵创办中华书局 俞筱尧 1.17

我与中华书局的深情厚谊 吴小如 1.21

魏建功先生二三事 刘尚荣 1.24

2002年

说"为人作嫁" 吴小如 4.94

回忆周振甫先生 张福勋 4.97

南高、东大与中国科学社 冒荣 5.107

金陵大学图书馆和中国图书馆学教育 徐 雁 谭华军 5.112

写作需要鼓励——与《文史知识》同行 宁宗一 11.101

读止庵编《废名文集》琐记 吴小如 12.81

文史百题

损之又损:以简化的方式保存传统 罗厚立 1.31

大历:中唐诗变的先声 蒋 寅 1.44

魏晋时期"客"身份的形成 王 素 2.30

潘岳陆机的高下分别 曹道衡 2.36

庐陵文化中的"异端文化" 方志远 3.8

庐陵地区古代的书院 李才栋 3.15

状元罗洪先与《广舆图》 刘新光 李孝聪 3.26

钦天监里的传教士 杨艳萍 4.4

梁启超:近代传记的新变 夏晓虹 4.13

"学堂最为新政大端"——从张之洞创建三江师范学堂说起 龚 放 5.10

西学东渐背景下的教会大学——以金陵大学为中心的观察 张 生 5.21

首都的迁徙与大学的命运——民国年间的北京大学与中央大学 陈平原 5.32

"学衡派"与南京大学 沈卫威 5.41

太平天国毁灭偶像运动的由来及其影响 夏春涛 6.4

从世界古文明史看中国文明史的特点 江林昌 7.4

古代小说中的"另类" 宁宗一 7.12

《金瓶梅》中的近世文化意蕴 许建平 7.16

清季末叶的阅报讲报活动 李斯颐 7.24

"五经"的排列次第及其形成过程 曹道衡 8.11

"一毛不拔"的哲学 王晓毅 8.21

元初的文化整合——以窦默、刘秉忠为例 周月亮 8.27

明清的尚讼现象和职业"律师" 龚汝富 8.34

屈原的先圣观及与儒家之关系 汪涌豪 9.4

"思无邪"与春秋精神 李 璞 9.13

科举制与传统行政权力的尊师问道 胡 成 9.19

樊南美文与中国文学的一个特点 董乃斌 9.25

说歌行 蔡义江 10.4

秦汉官吏为什么用"若干石"为等级 阎步克 10.16

2001年—2010年

"三皇五帝"的考古学文化 王一兵 11.4

唐诗发展与赋体的内在关联 许 总 11.15

孟浩然、王维山水田园诗比较 孙 敏 刘尊明 11.24

晚明思想漩涡中的利玛窦 邓志峰 12.4

进不趋要路 退不入深山——白居易的"中隐"观念及影响 寒长春 12.35

诗文欣赏

王维和他入选启蒙篇目的四绝句 蔡义江 1.52

焦虑的心灵和破碎的世界——李贺《李凭箜篌引》解读 过常宝 1.61

哭抚叛徒的吊客——读向秀的《思旧赋》 王晓毅 2.54

面对死亡的旷达与诙谐——陶渊明与他的《拟挽歌辞》 虞云国 2.59

我读辛词《菩萨蛮》 王水照 3.41

江上潮有声,山中云无情——读文天祥《文山观大水记》(附原文) 王 祥 3.47

每于元夕忆京华——读刘辰翁《宝鼎现》 陈元锋 3.53

一碑双表 情文并茂——读欧阳修《泷冈阡

表》(附原文) 刘德清 3.58

澄江一道月分明——读黄庭坚《登快阁》有感 刘晓鑫 3.63

明月襟怀 宇宙气象——李白、张孝祥洞庭题咏比较赏析 李 翰 4.20

《鸟鸣涧》的"桂花" 郭锡良 4.25

清空幽咽 千古绝唱——说欧阳修《临江仙》 余 瑾 4.30

台城寻踪话沧桑——韦庄《台城》诗赏析 徐有富 5.59

惺惺相惜"野狐精"——读王安石《桂枝香·金陵怀古》 张伯伟 5.64

相爱容易相处难:柳永恋情词的新突破 王德明 6.29

元曲的用典使事 吕薇芬 6.36

新解难圆其说——也谈《鸟鸣涧》中的"桂花" 蔡义江 7.45

思乡的别一番滋味——周邦彦《苏幕遮》（燎沉香）解析 过常宝 7.52

莫把白梅错认红——苏轼《红梅》诗欣赏 黎烈南 陈 洪 8.40

吟咏理学境界的名诗 查洪德 8.44

斜阳暮鸦两处秋——两首《天净沙》的对读 葛永海 8.47

赋到沧桑句便工

2002年

——李商隐《锦瑟》杂感　　陈雅飞　9.34

人生经验世界与艺术象

征世界的统——李

商隐《锦瑟》的新解读　　徐克瑜　9.39

追忆流水年华——李商

隐《锦瑟》主旨探索　　李秀琴　9.45

生命在寻觅追问中升华

——《春江花月夜》心解　　张乃良　10.28

从苏轼的月夜词看其人

生态度　　丁美霞　10.32

风骨磊块　词源滂沛

——《梧桐雨》第四折审

美意境阐释　　杨秋红　孙吉民　10.39

诗歌中的虚实之妙　　戴伟华　11.32

一样送别两样情

——王维两首送别诗的

态度差异　　凌朝栋　11.37

王维《竹里馆》新解　　邵明珍　11.41

"沉舟侧畔千帆过,病树

前头万木春"辨意　　刘　石　12.42

王昌龄送辛渐的芙蓉

楼　　胡绍文　12.48

唐诗中的寺庙钟声　　周裕锴　12.55

人文游踪

千古钓鱼城　　葛剑雄　1.65

青原山禅思　　吴言生　3.35

玄武湖的雅韵　　张宏生　5.101

顺化散记(上)　　葛剑雄　6.16

踏访东巡碑　　罗　新　6.22

顺化散记(下)　　葛剑雄　7.32

五回道　　罗　新　7.39

告别變门　　葛剑雄　9.70

仇池行　　罗　新　11.55

文化史知识

簪篮不饰与贪污受贿　　朱启新　1.72

生肖说马　　赵伯陶　2.76

吉州窑·畲族祖画·水

丰菊花石　　张文江等　3.80

漫谈江西采茶戏　　龚国光　3.87

建本与建安版画　　许建平　4.39

生肖说兔　　赵伯陶　4.46

瓦当花纹的演变　　彭自的　4.54

大学的"女禁"　刘会胜　王运来　5.116

古代女性的假发与发　　周淑杨　6.67

从"牢丸"到包子　　宋　红　6.73

生肖说龙　　赵伯陶　7.72

茶之路(十一)草原上的

茶文化　　臧　嵘　7.79

射与棵　　朱启新　7.82

明代官员的休假制度　　孔潮丽　8.52

茶之路(十二)八茶罐

——东南亚的茶文化　　臧　嵘　8.57

玉厄无当　　朱启新　8.60

生肖说羊　　赵伯陶　9.90

宋代名产"纸被"　　蔡鸿生　10.53

生肖说猴　　赵伯陶　10.58

生肖说鸡　　赵伯陶　11.63

竹器与晚明文人生活　　施　远　11.71

六朝"秉事"传统　　董希平　12.61

生肖说狗　　赵伯陶　12.69

民俗志

腊鼓鸣 春草生——腊日民俗的时间意义 萧 放 1.76

闹元宵——元宵节俗的文化精神 萧 放 2.93

表嫂茶 周英才 3.108

麻姑传说与麻姑信仰 曹国庆 4.34

折柳送别 李 立 6.78

中国古代得宝故事(上) 程 蔷 8.93

团圆饼与月亮节——中秋节俗形态的变迁 萧 放 9.75

中国古代得宝故事(下) 程 蔷 9.83

文化交流与比较

汉历东传——中国岁时文化对日本的影响 刘晓峰 1.82

日本的正月 刘晓峰 2.101

华盛顿的一幅中国人肖像 郭锦华 6.87

尊师之礼"释奠"在日本——儒家思想影响日本的一个侧面 刘晓峰 6.91

端午在日本 刘晓峰 7.96

古代日本消暑法 刘晓峰 8.114

木兰 陈慧颖 10.71

利玛窦的著作 张西平 12.21

中国古代礼仪文明

礼的分类 彭 林 1.88

礼的要素 彭 林 2.67

礼与乐 彭 林 3.117

以人法天的理想国纲领——《周礼》 彭 林 4.106

贯串生死的人生礼仪——《仪礼》 彭 林 6.117

冠者礼之始也:冠礼 彭 林 7.116

合二姓之好:婚礼 彭 林 8.104

礼尚往来:士相见礼 彭 林 9.98

吾观于乡,而知王道之易易:乡饮酒礼 彭 林 10.96

立德正己之礼:射礼 彭 林 12.97

学人与治学

关于读《资治通鉴》的一些意见 王永兴 1.97

从"头"学起——重温陈寅恪《唐代政治史述论稿》 蔡鸿生 1.101

陈寅恪谈史料解读 罗志田 4.85

柳诒徵与《中国文化史》 卞孝萱 5.70

黄季刚先生与酒 程章灿 5.75

国学大师黄侃 李 开 5.79

曲学大师吴梅的治学特点 吴新雷 5.84

孙叔平教授的治学理念与方法 孙亦平 5.88

"不中不西"之学与蒙元史研究——韩儒林先生的治学特色 高荣盛 5.92

文理大师顾毓琇 嘉 祥 5.96

吴小如先生教我怎样读

书 孔繁敏 7.56

怀念李长之先生 聂石樵 10.23

中国俗文学的开拓者
——纪念赵景深先生诞
辰一百周年 段宝林 12.77

讲堂实录

文人的生计与幽韵
——陈维崧的为人与为文 陈平原 1.108

文人的生计与幽韵(续) 陈平原 2.115

知识史与思想史(上)
——以西洋天学进入中
国及其对传统思想的影
响为例 葛兆光 11.48

知识史与思想史(下)
——以西洋天学进入中
国及其对传统思想的影
响为例 葛兆光 12.13

新工具

网络时代的文史研究 陈爽 1.116

网络文史信息的检索、
浏览与存储 陈爽 2.109

网络古籍全文检索系统
简介 陈爽 4.100

网络文史资料库一览 陈爽 6.109

教学相长

苏秦、张仪是否同时代? 臧嵘 1.121

"庖丁解牛"杂感 冯好杰 4.114

别让欧阳修笑话 金桂云 4.116

日本银币"和同开珎"及
其读音 马执斌 6.125

古汉语教学怎能取消? 李启咏 8.119

桃花源里的"外人" 钟伦守 8.124

释古代汉语中的走、奔、
行、步、趋 陈会生 9.119

"乍暖还寒"的"还"这样
读 王丁丁 施玉彬 9.123

"还归细柳营"的"还"这
样读 郭征宇 9.125

新读《念奴娇·赤壁怀古》 孙 民 10.115

说"奠" 吕友仁 11.114

古人姓名正读 王培军 11.119

略谈汉语文学的对仗艺
术 程毅中 12.107

"解"什么"惑" 易思平 12.110

再论"还归细柳营"、"乍
暖还寒"的"还" 颜春峰 12.114

人物春秋

周处除害以后 筱华 2.44

谢朓之死 陈庆元 2.50

"也有性气"的杨万里 肖东海 3.67

王炎午生祭文天祥 刘文源 3.74

西晋名臣张华 王文涛 4.63

岳飞的傲骨 筱华 4.70

"三言"、"二拍"编者的
朋友——董斯张 冯保善 4.76

梁启超:第三次中西文
化"对话"的先觉者 雍胡 5.50

"嚼得菜根,做得大事"

的李瑞清 周同科 5.54

万历与他的文官集团 魏得胜 6.45

明末诗史吴梅村 林佩芬 6.52

歧路彷徨——也谈刘师培的政治选择 李帆 6.59

被谣言淹没的吴起 傅翔 7.65

刘邦好骂人 赵彩花 8.64

真名士自风流

——王安石的生活方式 张明华 8.72

吴梅村诗中的卞玉京 林佩芬 8.78

记取当年相逢好

——谈李杜交谊 陈春艳 9.47

亦"敌"亦友 沈袁之交 王英志 9.59

苏轼与"苏门四学士"的相识与相知 崔铭 10.47

特立独行的吕碧城 花宏艳 11.83

明末西学翻译家李之藻 宋巧燕 12.29

"九千九百岁"的遍地生祠 樊树志 12.86

文学人物画廊

另眼相看弱马温 谷李军 2.83

出、处、仙、凡间的痛苦挣扎 马瑞芳 9.65

貂蝉故事的来源与演变 李伟实 10.66

李谪仙的"狂" 温孟孚 11.78

札记

酒德 宋文涛 2.126

周必大与庐陵刻书业 李梦星 3.91

现代词典的过错 齐冲天 4.119

漫谈禅宗研究 方广锠 4.122

旱魃·西王母·夸父 李笑野 6.98

警句不等于警策 张福勋 7.105

吴刚的性别 李莉 7.108

"三言"、"二拍"在国外的传播、接受、研究状况 吴光正 温孟孚 7.112

赋诗源流小考 周春健 9.106

稿本中的浮签 江庆柏 9.108

王夫之的"神理"说 郭锦玲 9.112

荣辱与共 祸福相依

——戊戌变法与台湾 古鑑堂 10.89

寒食散再考 郝黎 11.89

谁是唐诗中的"先辈" 曹丽芳 11.95

杂剧中的"孤"指称什么人物 朱东根 11.97

笔谈

庐陵的历史沿革与庐陵文化的内涵 温新华 王先侯 3.4

庐陵多才秀 周銮书 3.5

文物与考古

商代重要方国的王者之墓——新干大墓 彭适凡 3.95

吉水名人著作雕板 李希朗 3.98

南京大学的文物收藏 蒋赞初 5.123

"无为而治"时期的汉代法律 于振波 7.88

文史古迹

古村·古塔 梁锋等 3.100

古代科技漫话

秦和曾氏的农学研究　　刘芳菲　3.110

说文解字

状元、榜眼、探花之起源　　龚延明　3.113

"破天荒"、"走后门"的由来　　柳　菲　3.115

"朝奉"及其文化意义　　任朝霞　6.104

说"光棍"　　郭　莹　10.107

随　笔

寒柳堂诗　　黄　裳　4.81

天才苏东坡"八面受敌"读书法　　蒋　凡　8.83

通俗小说家的智慧　　宁宗一　8.88

用错"家书"　　丹　晨　8.91

词曲之异同　　赵义山　10.80

"吹寒"、"寒声"　　曹海东　10.84

做官的年龄　　王宪明　10.86

朱元璋笔伐严子陵　　谢　谦　12.93

读者·作者·编者

诗词新作选登　　1.125

读者来信选登　　1.127

几点意见　　赵永康　7.126

也说"破天荒"的"由来"　　王同策　7.127

柳永是"第一人"吗——与王德明先生商榷　　俞晓萸　9.126

也说桃花源里的"外人"　　王　峥　涂宗涛　11.123

文物与鉴赏

清朝顺治青花瓷器　　陈润民　10.111

研究综述

近二十年《古诗十九首》研究概观　　刘明怡　10.119

近二十年桐城派研究述评　　吴　微　11.106

其　他

庐陵历代名人录　　3.125

诗词大赛揭晓　　12.120

古韵新声

九寨沟行　　钱志熙　12.68

2003年

特别关注

这个主意好　　马少波　3.4

关汉卿应是人文奥运的嘉宾　　李汉秋　3.6

如何评价20世纪初期

2001年—2010年

外国"探险"队在敦煌的活动 郝春文 5.4

也谈斯坦因与敦煌文献 谢 方 5.9

"汗八里"奠定北京城基础 陈高华 7.4

郭守敬与通惠河 张 帆 7.11

张謇与"中国近代第一城" 吴良镛 8.4

张謇感动中国 章开沅 8.16

张謇创办中国第一个博物馆 吕济民 8.25

纪晓岚是个值得纪念和研究的历史人物 来新夏 9.4

历史上的纪昀 李景屏 9.10

不幸造就了伟大的文学家——纪念曹雪芹逝世二百四十周年 蔡义江 12.4

谈《红楼梦》研究的特殊性 杜春耕 12.14

曹雪芹蒜市口故居 张书才 12.21

文史百题

魏晋南北朝的私撰地志 胡宝国 1.4

世界·国家·文学史 戴 燕 1.13

从郭店楚简看屈骚的抒情性 汪春泓 2.4

西京乱无象 于 涛 2.13

唐代文献中的宗教文化研究：问题与历程（上）

〔英国〕杜德桥撰 董晓萍译 3.11

谈谈宫体诗 钱志熙 3.20

绝句的兴起与特点 蔡义江 4.4

唐代文献中的宗教文化研究：问题与历程（下）

〔英国〕杜德桥撰 董晓萍译 4.13

朱元璋与胡蓝党案 樊树志 5.13

章法与诗的解读 吴 妤 5.22

话说游侠 王学泰 6.4

汉代的琴曲、琴艺及文人的琴缘 李炳海 6.15

《续玄怪录》的文本分析和篇目讨论 董乃斌 7.17

元好问的文学成就 周惠泉 7.28

唐宋之际南通地区的盐业发展 吴丽娱 8.30

南通的形成与移民 陈 灵 8.39

母贤子孝："母道文化"的历史建构与实践 杜芳琴 9.15

《水浒传》的三重寓意 郭英德 9.26

伪《古文尚书》与伪孔安国《尚书传》 王树民 10.4

《忠义传》与《水浒传》 程毅中 10.10

汉朝统治者与文人儒士关系的发展过程 丁启阵 11.4

江郎"才尽"了吗？

陶 琳 林家骊 11.12

明代文化专制三议 郭银仔 12.30

吴汝纶与桐城派古文 吴 微 12.40

诗文欣赏

挥洒在绝境中的意志和

激情	过常宝	1.31	的诗篇	赵敏俐	10.38
永远的"虞美人"	钟 鸣	1.36	说晏几道《虞美人》词	张 鸣	10.44
独特视角下的艺术变形	魏家骏	1.45	林下之游的终结与向秀		
文学作品与时代精神	邓晓辉	2.39	《思旧赋》	顾 农	11.28
苏东坡的春节诗	木 斋	2.46	玉阶怨 钟书林	张 磊	11.34
陆游的醉歌	高利华	2.55	词中禽鸟 人的知音	孙 民	11.41
残荷听雨的韵味	过常宝	3.43	《将进酒》:矛盾成就的		
元散曲的"陌生化"艺术			诗篇	柯贵文	12.77
手法	张 晶	3.48	《题西林壁》诗及其诞生		
《红楼梦》写水月之美	王海燕	3.56	过程	黎烈南	12.84
并不"清空"的沉郁悲慨					
之篇	马大勇	3.63	**人物春秋**		
古代游仙文学的时空观	李永平	4.70	美女王嫱	茯 华	1.52
《马说》意象世界层的构			冒辟疆与董小宛的围中		
成	王茂恒	4.77	雅趣 王利民	顾 启	1.61
《诗经》的"对写法"及其			夜窗同梦笔生花	沈金浩	1.67
影响	李笑野	5.43	"红生泰斗"王鸿寿	张扶直	1.75
《石钟山记》的表述过程			钟会的才与德	孔 毅	2.20
与思维过程(附原文)	张伟然	5.53	玄秘的孙绰	王 玫	2.32
散论稼轩词对易安词的			为独尊儒术导夫先路		
嗣响	陈祖美	6.68	者——陆贾	项永琴	3.26
陆游《即事》诗读解	邹志勇	6.74	早失家园的朱彝尊	李瑞卿	3.34
冷霜如何化作诗	柯贵文	7.51	张居正"威权震主,祸萌		
《遣悲怀》文本的正背面	虞云国	7.56	骖乘"	樊树志	4.40
范伯子诗述略	严迪昌	8.97	贵族诗人谢灵运的结		
王国维《游通州湖心亭》			局	顾农	5.60
赏析	陈鸿祥	8.103	亦文亦武的汪道昆	朱万曙	5.66
细雨说文山	钟 鸣	9.69	嵇康之子嵇绍的历史公		
通灵之悲			案	徐国荣	6.45
——读李商隐《嫦娥》	骆冬青	9.76	幕客·儒将·使才——		
古代最早反映陇西风情			薛福成	史义银	6.52

2001年—2010年

钱谦益与马士英阮大铖	樊树志	7.88	读诗撷趣	扬之水	3.74
北宋教育家胡瑗	徐建平	8.48	唐代润州的玉蕊花	罗勇来	3.81
"扬州八怪"之一——李			稳婆	张德英	3.86
方膺	卞孝萱	8.57	《诗经》中的"薪"	金荣权	4.49
复社领袖冒辟疆			求爱与迷魂药	詹鄞鑫	4.56
丁赋生 王利民	顾 启	8.65	敦煌书仪中的贺官	吴丽娱	5.29
平话奇才柳敬亭	陈 辽	8.71	敦煌文书中的谱牒写本	李锦绣	5.37
谋有道之生的李渔			鹅尾与鹅吻	朱启新	6.25
姜光斗 闻 之		8.77	古代钱戏	赵庆伟	6.32
韩国诗人 南通新			唐代的占卜	黄正建	6.39
民——金沧江			宋代种花、赏花、簪花与		
张自强	冯新民	8.83	鲜花生意	汪圣铎	7.66
毛文龙的功过是非	樊树志	9.50	"蒙恬将军"瓶与插翎之		
叔孙通的迁回与执著	曲利丽	10.18	冠	扬之水	7.73
袁崇焕之死	樊树志	10.27	明清时期年号纪年法的		
徐渭与胡宗宪	王明辉	11.47	规避	江庆柏	7.81
王士禛与赵执信的一段			诗词中的白氏琵琶	沙 白	8.89
文学史公案	蒋 寅	11.55	沈寿及其仿真绣	石 醒	8.92
老生"后三杰"中孙菊			明清北京城的中轴线与		
仙、汪桂芬	张扶直	11.62	百姓	唐晓峰	9.34
忠臣与贰臣之际			唐代的赐姓赐名制度	郁 黎	9.39
——刘基的仕明心态	周松芳	12.60	说香盒	扬之水	10.50
党争漩涡中的郑振先郑			藏钩	顾凡颖	10.58
鄤父子	樊树志	12.68	宋代学校中的"自讼斋"	张德英	12.92

文化史知识

穷秘书的法定外快	哇达明	1.83
也说纸被兼及纸衣	扬之水	1.95
衣服开叉	孟 晖	2.61
唐代官员的常服 李 怡	潘忠泉	2.68
妇道	朱易安	2.75

文学形象

明清的"自费生"与"旁		
窗鬼"严监生	赵建坤	1.101
丑到极处足风流的阙里		
侯	胡元翎	2.86
被误解的唐僧	淮 茗	3.68

关羽形象在关汉卿笔下的升腾 黄 克 4.24

俞清老：一个"另类"文人 马东瑶 6.91

另类知识分子吴用 准 茗 9.98

探春为什么哭了？ 王慧玉 10.64

古代小说中的孔子 段庸生 11.118

随笔·札记

送君南浦 程郁缀 1.109

资历限定与自学成材 吴小如 1.115

积极弘扬"猪跑学" 吴小如 2.102

郢书岂可燕说 田居俭 2.105

伟大也要有人懂 宁宗一 3.93

侍坐话"毛边" 白化文 3.96

三个刘瑾 吴小如 4.82

杂谈"博导" 曾 益 4.84

不该出现的硬伤 吴小如 5.92

青史凭谁定是非 来新夏 5.95

"小人"项考 刘 畅 6.59

"断章取义"话扬州 吴锡平 6.63

释"索"——与顾农兄商榷 吴小如 7.98

读《三国志》札记：苟或之死 何兹全 9.60

《史记》"约法三章"的标点及释义 邬国平 9.64

论文评审与学术创新 罗志田 9.81

称谓的误解和乱用 吕友仁 10.100

呜呼，"火坑"！ 曾 益 10.104

"寒门"并非"幽燕" 钟振振 11.95

南方小凤凰——五色雀 吴佳翼 11.97

孔门造神运动 黄朴民 11.114

"幽并客"与"游侠儿"——说王昌龄《塞下曲》四首其一 钟振振 12.115

交流与比较

世界第一部中国文学史 李明滨 1.118

《函宇通》及其中的两幅世界地图 龚缨晏 马 琼 4.87

一幅利玛窦东亚地图 龚缨晏 马 琼 10.71

学人与治学

吴世昌先生教我做学问 刘扬忠 2.93

复旦中文系老教授二三事（上） 王运熙 3.99

复旦中文系老教授二三事（下） 王运熙 4.95

赵俪生先生的"人"与"文" 武守志 4.101

听胡小石先生讲专题课 吴新雷 5.99

怀念王汝弼先生 长石樵 6.78

何其芳与文学研究所 徐公持 7.37

回忆文学所的几位老专家 曹道衡 7.45

我心目中的陆侃如先生 龚克昌 8.107

姜亮夫与敦煌学研究 吴忠良 10.77

古代礼仪文明

明君臣上下相尊之义：燕礼 彭 林 2.108

2001年—2010年

诸侯相接以敬让：聘礼 彭 林 3.107

称情而立文：丧服（上） 彭 林 4.110

称情而立文：丧服（下） 彭 林 5.106

侍奉逝者的魂魄：士丧礼 彭 林 6.97

埋藏亲人的遗体：既夕礼 彭 林 7.111

安魂之祭：士虞礼 彭 林 9.101

祭祀万世师表：释奠礼 彭 林 10.89

诗礼传家：家礼 彭 林 11.102

不见面的礼仪：书信 彭 林 12.102

研究综述

近四十年来《兰亭序》真伪的三次论辨 陈雅飞 2.117

说到关汉卿 么书仪 4.32

近十年中国敦煌学研究的新特点 柴剑虹 5.121

文学专史撰著的百年回顾（上） 刘扬忠 6.116

文学专史撰著的百年回顾（下） 刘扬忠 7.123

教学相长

《天问》篇名题义考 殷光熹 2.126

为何只给周瑜三万人马 张红焱 3.118

"风流人物"应当是"豪杰" 贺陶乐 3.121

字义辨析二则 张清华 4.120

"空穴来风"误用了吗？ 顾银乔 5.117

说说"当"通"倘" 夏 坚 6.126

"两韵对"与"同韵对" 薄克礼 10.123

人文游踪

圣极乐——教堂的洋庙会 董晓萍 1.23

青年园地

吴均与"吴均体" 谢永攀 4.64

袁枚"性灵"说的灵感阐析 张佳音 6.109

魏晋咏史诗的结构和发展 胡秋蕾 9.113

赵翼眼中的杂体诗：诗歌里的创体 李 鹏 10.117

考古与文物

乾隆御用"三阳开泰"砚屏 王 戈 5.76

上古海陵 徐治亚 8.115

青瓷皮囊壶 胡小甜 8.118

戏曲苑

说"末" 洛 地 5.80

学林漫话

王国维与北大关系始末 张晓唯 6.85

王有三（重民）先生百年祭 白化文 9.90

"古史辨"的主要论点是讨论了"大禹是条虫"吗？ 王树民 9.94

想念阴少曾(法鲁)先生　　白化文　11.71

其器深广，难测量也
——怀念阴法鲁先生　　胡友鸣　11.75

朱季黄(家溍)先生与
《文史知识》　　白化文　12.98

民俗志

民俗对胎儿性别的测断　　刘瑞明　7.100

南通童子戏　　曹　琳　8.120

"肥猪拱门"的吉凶风
俗　　袁津琥　9.119

文史古迹

滦河　　张松林　刘　铁　8.124

讲堂实录

志在述学与文艺其末
——汪中的为人与为文

(上)　　陈平原　10.107

(中)　　陈平原　11.22

(下)　　陈平原　12.49

书目答问

读古书当读清人著作　　来新夏　11.80

中国古代的地理考察及
其著述　　张伟然　11.88

说文解字

《山海经》新解　　安　京　12.117

古韵新声

观段贡卿工笔画鹰　　丁　欣　5.79

重有感　　陶　然　6.108

读者·作者·编者

舜、禹之讹　　卢　元　3.124

致歉信　　钟　鸣　3.126

读者来信　　3.126

读者来信　　洛　地　4.124

读者来信　　马宗基　5.126

薪在古婚礼中的实际作
用　　胡渐逵　9.126

2004年

特别关注

联合国教科文组织的遗
产保护工作与中
国——北京

朱丽娜译〔法国〕杜明纳克　1.4

创立"人类遗产学中心"
设想的出发点　　于　硕　1.12

民俗文化遗产保护三阶
段论要　　董晓萍　1.16

是熊猫，不是猫　　陈志华　2.4

云居寺石刻佛经与文化

遗产保护 王 宁 易 敏 2.12 | 忆范文澜先生 卞孝萱 12.72

里昂,人类世界文化遗 | **文史百题**

产 〔法国〕米歇尔·舒马然 2.8

关于足球的起源及其他 杨秀武等 4.4 | 南北史学异同 胡宝国 1.20

中国到底有没有奴隶社 | 民间叙事与文人创作的

会:20世纪30年代 | 交融与结晶——说无

的解答 李洪岩 6.4 | 名氏《大业拾遗记》 董乃斌 2.14

甲申:历史凝结成的政 | 清代北京旗人生活 吴建雍 2.20

治符号 李洪岩 8.4 | 中国汉字和古埃及、苏

越文化在中国文明史中 | 美尔文字的发展——

的地位以及对东亚历 | 比较文明史又一例 江林昌 3.4

史文化的影响 | 汉代帝王对文人并未

季学勤 江林昌 9.4 | "俳优蓄之" 丁启阵 3.13

当代社会对传统中秋节 | 庾信诗歌创作与《左传》 李 俊 4.12

俗的接纳与改造 萧 放 10.4 | 从《明史》儒林传、文苑

善待传统节日 弘扬民 | 传看明代文化传统的

族文化 彭 林 10.11 | 地域特色 叶群英 方 兴 4.21

探寻岁时节俗的人文意义 程 蔷 10.14 | 西域的地理环境及多民

"琴"作为"文化遗产"的 | 族文化特色 田卫疆 5.4

文化意义 易存国 11.4 | 清代对新疆的治理与开

应该重视古琴演奏传统 | 发 齐清顺 5.11

的保护和传承 吴 钊 11.13 | 关于先秦寓言的追问 常 森 6.11

昆曲的继承与发展 王若皓 11.16 | 用现代史学眼光审读

阿房宫:前殿勘探、发掘 | 《三国演义》 王曾瑜 6.20

基本结束 李毓芳 12.4 | 说古风(上) 蔡义江 7.4

观念中的历史与历史的 | 唐朝的礼仪变革与中唐

真实——阿房宫遗址 | 社会 吴丽娱 7.13

考古发现的再思考 刘庆柱 12.8 | 对甲申年李自成大顺政

学人与治学 | 权在北京的思考 万 明 8.10

 | 说古风(下) 蔡义江 8.17

越文化与鲁迅 陈 越 9.62 | 吴越文化对环渤海文化

圈的影响与传播 张志立 9.12 首诗歌解读 过常宝 4.30

浙东唐诗之路 邹志方 苏 李 9.20 杏花满头情满怀

艺术与思想的多样性统 ——读韦庄《思帝乡》 侯凡跃 4.37

——以杜甫《秋兴》八 我醉欲眠君且去 钟 鸣 4.43

首为例 钱志熙 10.22 天山何处觅轮台

顺治与海内一统 李景屏 10.30 ——读《白雪歌送武判

《左传》人名与春秋卿大 官归京》 薛天纬 5.33

夫采邑制度 曹道衡 11.22 名镇北方为第一

用现代史学眼光审读 ——《长春真人西游记》

《水浒传》 王曾瑜 11.29 （节选）赏析 朱玉麒 5.38

在华阴平舒道玉璧的背 蒙古族诗人惠龄西域诗

后——重新认识秦朝政 赏析 星 汉 5.43

治史 蒋非非 12.12 泪水如铅招迷魂

元初汉族文人的节操状 ——读李贺《金铜仙人

况 丁启阵 12.20 辞汉歌》 过常宝 6.30

诗文欣赏

融情入景——近体诗的 理价值 党军旗 6.36

抒情手法 吴 峥 1.20 《异苑》的文学价值与史

苍劲雄壮"豹尾"响亮 料价值 顾 农 7.36

——关汉卿历史剧《单 洛阳女儿的婚礼——读

刀会》第四折赏析 徐子方 1.40 王维《洛阳女儿行》 刘 宁 7.41

葛巾,香玉两婵娟 王海燕 1.46 柔弱,守望在等待之后

漫话梧桐诗 李秉鉴 2.57 ——解读白居易《长恨

唐宋诗词中的春节 木 齐 2.64 古代题画诗 郑远垂 8.48

破解杜甫心中的"古意" 韩成武 3.21 说宋范成大《汴河》绝句 钟振振 8.54

孟郊《秋怀》十五首的 生存的焦灼和对死亡

"变" 邓 芳 3.24 的渴望——李贺《秋

诚斋诗的童趣 王 毅 3.33 来》 张嘉林 8.58

山水之间的沉湎和延 王十朋和他的"会稽三

宕——孟浩然和王维两 赋" 钱志熙 9.28

刘皂《渡桑干》的社会心

歌》 过常宝 7.47

"心学"大师游会稽山 吴艳玲 9.35

淡词胜丽语 异态表至情

——读宋之问《渡汉江》 周相录 10.40

遍插茱萸的情思

——读王维《九月九日忆山东兄弟》 过常宝 10.46

东坡的中秋 康 震 10.50

辽代契丹族女诗人萧观音的诗词 周惠泉 11.47

读蒋捷词《虞美人》《听雨》 崔胜利 11.54

充满民族特色的《回疆竹枝词》 桂宝丽 12.27

谈香草美人的表现手法

——由厉鹗《论词绝句》说起 黄志浩 12.31

小说丛谈

衣冠暂解人间累

——谈《薛录事鱼服证仙》 刘勇强 1.54

话本小说情节艺术的范本——谈《计押番金鳗产祸》 刘勇强 2.27

情感与道德的张力

——谈《杨思温燕山逢故人》 刘勇强 3.40

戏梦人生——谈《谭楚玉戏里传情 刘藐姑曲终死节》 刘勇强 4.56

一对夷齐下首阳

——谈《首阳山叔齐变节》 刘勇强 6.46

从才子佳人到风尘知己

——谈《七松园弄假成真》 刘勇强 7.54

平中见奇的为官之旅

——谈《杨谦之客舫遇侠僧》 刘勇强 8.64

心上人——谈《心坚金石传》及其流变 刘勇强 10.76

虚拟的历史公共空间

——谈《拗相公饮恨半山堂》 刘勇强 11.61

为市井细民写心——谈《蒋兴哥重会珍珠衫》 刘勇强 12.51

文化交流与比较

约翰·弗里耶与中国近代的大众文学 周 怡 1.60

《老乞大》与《朴通事》 陈高华 2.89

彩绘本利玛窦《坤舆万国全图》之谜 龚缨晏 张施娟 6.100

庄子惠子与济慈 孙筑瑾 10.83

从比较的角度看性别研究与全球化(上) 孙康宜 11.68

古代埃及文字的功用

——兼与江林昌先生商榷 曹彩霞 12.39

从比较的角度看性别研究与全球化(下) 孙康宜 12.46

2004年

人物春秋

篇名	作者	期.页
《世说新语》中驸马与公主的婚姻悲剧(上)	蒋 凡	1.67
高保发迹的发祥人——王洗	谢美生	1.74
东晋中兴功臣温峤	吴建伟	2.45
《世说新语》中驸马与公主的婚姻悲剧(下)	蒋 凡	2.50
汉文帝形象新读	赵明正	3.88
王昭君的子女、外孙和任子	周锡山	3.95
"大刀手"杨涟	樊树志	4.68
三上三下郭嵩焘	史义银	4.75
优素甫·哈斯·哈吉甫与《福乐智慧》	薛 晖	5.102
麻赫默德·喀什噶里与《突厥语大词典》	廖泽余	5.106
张元济和康有为	张晓唯	6.68
通俗史学家蔡东藩	来新夏	6.73
颜回的成名	丁启阵	7.22
妖书案	樊树志	7.29
崇祯之死	樊树志	8.26
刘铭传抗击侵台法军始末	高群服	8.34
蔡元培与中国近代女权运动	赖朝霞	8.42
钱缪与越州	钱茂竹	9.41
辛亥革命中的绍兴群英	陶 侃	9.44
无奈而执著的抗争者——李固	万 青	10.56
顾宪成与东林书院	樊树志	10.62
刘铭传与台湾的近代化	雷春芳	10.71
死于曹操之手的名士——徐国荣	胡中胜	11.76
美男子潘岳的悲哀	王 玫	11.85
汉代首任西域都护——郑吉 李炳泉	赵红岩	12.86
刘鹗与定林寺	孙蓉蓉	12.91
留与人间作笑谈——略议赵孟頫的历史评价	赵维江	12.97

文化史知识

篇名	作者	期.页
宋代官员的官年与实年	孔 学	1.80
龙涎真品与龙涎香品——两宋香事中的一个细节	扬之水	1.84
道光至光绪间的京师旅行指南	么书仪	1.92
古代有球门的蹴鞠	刘秉果	2.33
宋代的酒	李华瑞	2.38
《左传》礼数、数术举隅	俞晓群	3.65
两宋的御街	虞云国	3.73
宋人的沉香(上)——水沉与海南沉	扬之水	3.81
督邮:从受人敬重到不被欢迎	刘桂秋	4.93
宋人的沉香(下)——蒸沉与合香	扬之水	4.97
吐鲁番文书	孟宪实	5.47
回鹘文木活字	雅森·吾守尔	5.52

古代青铜塑像及其沧桑

变迁	段立超	6.53
何谓"秘阁"	李传军	6.62
先秦秦汉的用冰与藏冰	刘希庆	7.78
冰块的盛衰遭际	孟 晖	7.83
新疆岩画概观	王炳华	7.90
历代名臣从祀帝王庙	赵克生	7.97
汉唐西域烽燧与丝绸之		
路	程喜霖	8.71
少林功夫——禅武归一,		
出我佛门	黎 荔	8.76
话说关刀	杨俊才	8.82
说"窖"	胡正武	8.91
从《史记》看古越族的区		
系	周幼涛	9.50
鉴湖兴衰	盛鸿郎	9.55
藻豆趣话	辛 宝	10.88
玫瑰露是怎么得来的	熊海英	10.92
中国古代何时发现黄河		
正源	陈广思	10.96
六朝时期的书佣	陈德弟	11.92
晚清时期的圩寨	顾建娣	11.98
唐代的借贷契约	梁凤荣	12.58
宋代的灯市与灯具		
汪圣铎	陈朝阳	12.66

学林漫话

缅怀沈祖棻先生	刘庆云	4.112
怀念张岱年先生	许抗生	6.105
纪念缪钺先生	李崇智	7.61
缪钺先生的大师风范	胡可先	7.65

戏曲苑

花雅之争与境生于象外	张扶直	1.103
《玉镜台》杂剧"水墨宴"		
溯源	赵兴勤	1.117
"末""外"的变迁	古 今	3.120
一代奇伶汪笑侬	张扶直	7.115
"吾越故有词派"		
——谈越中曲派	佘德余	9.108
宋金时代的俳优和杂剧		
中的说唱因素	于天池	11.105
清代戏班开业前的"报		
庙"	温显贵	12.78

民俗志

"上头"与"庆号"：明清		
以来的冠礼	萧 放	1.107
古代的迎春与进春	温显贵	2.73
门当户对与童养入赘		
——明清婚姻民俗(一)	萧 放	2.78
"换庚帖"与"坐花轿"		
——明清婚姻民俗(二)	萧 放	3.46
"白蚂蚁"与寡妇改嫁		
——清代江南的逼醮与		
抢醮	宋立中	3.53
何谓"媚道"	陈松青	4.81
寒食蹴鞠	刘秉果·	4.88
新疆穆斯林各民族的传		
统节日礼俗		
(维吾尔)阿巴拜克·阿不来提		5.67
少数民族人生礼仪的程		

式化民俗歌谣

（柯尔克孜）曼拜特　5.70

明清时期的端午节俗　萧　放　6.93

社戏与祝福　袁士雄　9.95

文史古迹

北京历代帝王庙　赵克生　1.113

交河、高昌、北庭

——天山南北三故城　海　滨　5.113

草原石人　盖金伟　5.119

襟山带河铁门关　王鹏辉　5.122

河姆渡遗址·大禹陵　钱汝平　9.115

印山越王陵　彭　云　9.118

宋六陵　胡祖平　9.120

随笔·札记

建议请"孙大圣"担任

2008年奥运会吉祥

物　白化文　1.118

书同文和标准话　王曾瑜　1.122

权疑随笔三则　吴小如　2.95

唐人小说《红线》的历史

背景　王永兴　2.100

何谓天蓬元帅　胡渐逵　2.104

晚清广州书院教育与学

术传播　任　珺　2.106

魏晋名士的辩才　邱少平　3.100

叠字诗　宁业高　3.105

"约法三章"文本的复原　孙文泱　4.117

何谓"模棱"　王国锋　4.126

写在渥巴锡纪念塑像之

前　丹　碧　5.109

关于"天蓬元帅"的一些

考证　党海政　6.109

说《吕氏春秋》中的一股

思想　赵俪生　7.107

"分茶"并非"品茶"说　薛瑞生　7.111

古蜀国先王兴替　何小颜　8.102

《明太祖实录》的三次修

纂　吴士勇　8.106

古越文化性格　顾琅川　9.83

"独步一时"的谢灵运书

画　姜剑云　10.101

古代文学中的"势利"　陈美林　10.106

古代的短信　李凯源　10.110

木鱼书与《花笺记》　叶　岗　10.112

"风掣红旗冻不翻"新

解　许隽超　10.118

读《胡适全集》　赵俪生　11.111

李白的慕陶情与传世的

伪陶诗——以《寻阳紫

极宫感秋作》为中心　范子烨　12.111

扬州"文选楼"和《文选》　王桂云　12.117

文学形象

魏延何尝有反骨　马大勇　2.111

说《儒林外史》中的高翰

林　李金松　3.59

董永故事的发展　郎　净　4.103

智慧大师阿凡提　王佑夫　5.57

香妃的美丽传说　左　芳　5.62

《儒林外史》中的假名

士

——以季羡萧为例 周月亮 6.80

小市民许宣与有情有义的白蛇 王昕 8.96

文学画廊中的越女西施 高利华 9.71

民间传说中的徐渭 宋浩成 9.78

庞统:盛名之下有虚士 马大勇 11.117

金玉奴的情感宿命 王昕 10.122

研究综述

《金瓶梅》人物研究之回顾和思考 葛永海 3.112

20世纪昆曲研究历程简述 张 进 11.121

人文游踪

话说飞狐道 罗新 4.62

世纪话题——楼兰 杨镰 5.27

幽幽绍兴台门 沈刚 9.90

宗教与人生

突厥语民族与萨满教 迪木拉提·奥迈尔 5.18

伊斯兰教在新疆的传播及其民族化 阿合买提江 5.22

民族艺术

"活着的荷马"——居素普·玛玛依及其演唱的《玛纳斯》 郎樱 5.74

柔巴依、格则里及其他——维吾尔传统诗歌体裁概览 阿布都拜斯尔·许库尔赛来·马木特 5.81

维吾尔族音乐木卡姆 赵塔里木 5.86

讲堂实录

关于《老子想尔注》的文献学研究(上) 葛兆光 6.86

关于《老子想尔注》的文献学研究(下) 葛兆光 9.123

说文解字

从"夫人"的误解和乱用谈起 李云龙 4.119

《归去来兮辞》"登"字正误 李知文 6.120

"黄娟幼妇"——推衍析字谜 侯友兰 9.123

文史信箱

"赤壁之战"的赤壁在何处 张修桂 6.122

名师解惑

佛门弟子 白化文 2.121

舍利与佛舍利 白化文 7.102

考古与文物

杭州灵峰梁章钜诗歌碑刻 朱则杰 7.123

里耶古城与里耶秦简 杨宗兵 8.112
绍兴越文化考古发现 刘 侃 9.90

青年园地

近代知识分子的分化流向 吕玉新 8.116
盛唐三大诗人对孟浩然的再创造 曾晓梦 12.104

读者·作者·编者

《朴村文集》的作者不是张大受 4.102
对"藏钩"和"拜跪"的不同看法 宋 远 8.126
文化是一个民族的身份

证 高 莹 10.21
继承发展传统节日精华 马素芹 10.39
传统节日放个假 范惠德 10.55
核心期刊社会影响力与《文史知识》 李国新 10.125

其 他

中国的世界文化遗产名录 1.19
新疆维吾尔自治区境内重要文物古迹 祁 宇 5.125
新疆维吾尔自治区境内现代主要民族一览表 祁 宇 5.127

2005年

特别关注

我对高校公共基础课——"大一语文"的浅见 吴小如 1.4
高等院校人文素质教育的第一课——"大学语文"的定位与建设 王 宁 1.9
开"大学语文"课未必有用 丁敦中 1.13
我在"中国古典诗歌研究与赏析"课程教学中的实践与思考 孙明君 1.15

就"大学语文"的困扰答记者问 温儒敏 2.4
理科文学教育的意义与困惑 钱理群 2.9
北京师范大学文学院"大学语文"课的改革试验 李正荣 2.13
清华大学部分学生关于大学语文的讨论（纪要） 2.17
历史叙事与文学想像的纠葛 陈平原 5.4

2001年—2010年

良好的开端，不应有的失误

——从历史角度评电视连续剧《汉武大帝》　臧嵘　5.12

历史正剧中的虚构和真实　林甘泉　6.4

历史真实与艺术真实

——编写电视连续剧《成吉思汗》的几点体会　朱耀廷　俞智先　6.6

漫议《汉武大帝》　田居俭　6.16

郑和下西洋研究中的几个问题(上)　王天有　张晗　7.4

日俄战争与中国　王晓秋　8.4

义不臣倭：甲午割台后台湾人民的反抗　杜继东　8.11

野心的膨胀：1894—1905日本军国主义的演进　孟晓旭　8.18

日俄战争遗迹："两个强盗分赃"的见证　关捷　8.24

百年前中国人对日俄战争的认识　陈丹　8.31

1905年的五大臣出洋　严昌洪　8.38

日俄战争研究状况述评　王刚　8.49

郑和下西洋研究中的几个问题(下)　王天有　张晗　8.57

百年同盟会　龚书铎　9.4

同盟会及《民报》的渊源　章开沅　9.11

中国马克思主义史学的建立与形成　李洪岩　10.4

文史百题

澄怀观道　静照忘求

——中国山水诗的审美观照方式　葛晓音　1.19

清朝满蒙联姻续谈　杜家骥　1.28

飞想"神骏"

——李清照与魏晋风流　曹虹　2.23

宣官世家与唐代政治　杜文玉　2.33

从硕人其颀到小腰秀颈

——先秦诗歌人体描写所体现的生命意识　李炳海　3.4

八旗与清初政局　李景屏　3.15

从"绝胜烟柳"说起

——诗歌语言的语境分析　吴妡　4.17

周公为政及其历史功绩　晁福林　4.26

北魏迁都洛阳述略　李凭　5.22

从曹丕、吴质互通书信看曹氏与建安文士之关系　汪春泓　6.22

鳌拜专权与康熙亲政　李景屏　谷敏　6.30

郑和为什么下西洋？

——从《奉天命三保下西洋》杂剧谈起　万明　7.11

唐诗胜景与长安形胜

——以曲江池、乐游原为中心　康震　7.19

且从康乐游山水　何必风流人会稽——李白

2005年

对谢客山水情怀的回应	刘青海	8.62
民初戏剧中的秋瑾形象	夏晓虹	9.17
1905:躁动与梦想	孙燕京	9.25
晚清军事变革的错失和北洋海军的命运	史滇生	9.31
古代文学传播的方式与媒介	袁行霈	10.11
宗法观念与清代职官制度	冯尔康	10.19
陆游的爱国诗歌	周先慎	11.12
雄秀兼备的放翁山水诗	陶文鹏	11.24
陆游与江西诗派之关系	郑永晓	11.35
道教与唐代政治	王永平	12.11

诗文欣赏

李商隐诗中的宓妃之喻	徐 炼	1.38
人皆可以为李杜	钟振振	1.46
梅花——凌霜怒放诗坛中	张东河	2.41
用"常规武器"打"现代战争"——谈旧体诗词怎样用传统语汇写现代题材	钟振振	2.46
苏轼的《前赤壁赋》与阮籍的《达庄论》	张 进	3.23
爱是种无法说清的暗伤——读柳如是《金明池·咏寒柳》	周月亮	3.27
注意摆正"立意"、"词句"、"格律"的主从关系	钟振振	3.32

迷失在无语的别情中——简析柳永《雨霖铃》	过常宝	4.34
也说唐人韩翃的《寒食》诗	大 吕	4.39
若无新变，不能代雄（上）	钟振振	4.45
《和陶形影神》与东坡晚年之心境	黄敬愚	5.30
若无新变，不能代雄（下）	钟振振	5.36
归乡情悲——《采薇》新释	常 森	6.39
学诗宜先五七言绝句——兼谈五七言绝句的一般作法	钟振振	6.46
古代散文欣赏的三个角度	余恕诚	7.35
唐诗与茶事	黄志浩	7.41
食趣·诗兴·友情——梅尧臣的食鱼诗	熊海英	8.70
一种情思 两处闲愁——《落日熔金》与《燕京元夜》对读	张芙蓉	9.37
写穷苦之言以抒愤——重读《茅屋为秋风所破歌》	左景仁	10.34
"天涯何处无芳草"辨	邵明珍	12.18
看雪的线索——解读张岱《湖心亭看雪》	丰 夏	12.25

文学形象

人世与出世的人生困

境——《聊斋志异·贾奉雄》的文化解读　　郭英德　1.50

"百分百智囊"贾翊　　马大勇　6.82

势利而滑稽的胡屠户　　李汉秋　6.88

从可笑可悲到可憎的范进　　李汉秋　7.69

被误解的革命女杰——《六月霜》里的秋瑾形象及其他　　魏文哲　8.99

于禁:无言的结局　　马大勇　12.81

人文游踪

走访突厥三大碑——蒙古国历史文化考察散记之一　　罗　新　1.58

集安访古　　宋德金　3.54

回鹘牙帐城掠影——蒙古国历史文化考察散记之二　　罗　新　5.48

香山寻英　　杨文娟　9.44

契丹古城青草长——蒙古国历史文化考察散记之三　　罗　新　10.38

交流与比较

法国人笔下的北京城　　何岩巍　1.65

灵魂神性的律动与杂音——芭蕉俳句和王维诗歌的禅学比较　　王天然　3.35

上巳节与日本的女儿节　　刘晓峰　4.48

从灌佛到花祭——古代中国浴佛节对日本的影响　　刘晓峰　5.93

寒山和寒山诗的传奇历程　　崔小敬　6.56

莱茵河畔的诗人汉学家——顾彬　　王　蕊　7.48

《瀛环志略》与中美文化交流史上的一段佳话　　何大进　8.74

威海殖民统治时期的足球和体育——关于《威海卫天琴鸟日报》的体育新闻　　周　怡　姜　岩　10.58

陆游研究在日本　　陆　坚　11.117

市河宽斋与日本的陆游诗歌研究　　郝润华　许　琰　11.123

生态批评视野中的《莲花公主》与《蜜蜂》　　王　蕊　12.76

文化史知识

中国古代的战场指挥信号——兼说号炮的来历　　王曾瑜　1.73

话说"凤凰"　　曾昭聪　1.78

口脂点绛唇　　辛　宝　刘东平　1.82

诗史话"金鸡"　　宁业高　2.49

帝王竟然是龙种　　陈鹏鸣　2.54

河北宣化辽墓壁画中的茶事图　　陈旭霞　2.59

说燕子　　王鲁昌　3.43

尘封的草原盛会的艺术画图——从郑冰《许马赋》看元代许马宴　　李　军　3.48

慈悲三昧水忏 杨宝玉 4.57

宋代的叫声 于天池 李 书 4.64

"鸾""和"之鸣 朱启新 5.55

唐代的"崇紫"风气 王秀林 5.61

从《汉武大帝》谈古代若干名物及其变化 王曾瑜 6.70

汉代公主的婚姻 刘 彤 6.74

佛教的坐禅修炼 单 纯 7.54

从《汉武大帝》谈古代席地而坐等礼俗 王曾瑜 7.58

中国古代的儿童骑竹马游戏 王义芝 宋 琪 7.65

宋代应对瘟疫的措施 汪圣铎 胡 玉 8.82

闲话红杏满园春 冉休丹 9.47

黄庭坚与鸡毛笔 陈志平 9.53

话说"打匹靴" 杨 波 9.57

唐代皇帝的警卫制度 卢 路 10.45

也谈宋代"分茶" 杜来梭 10.53

中古自由恋爱的障碍——"父母之命,媒妁之言" 杨学勇 12.35

《太平广记》中所见的早期行业神 霍明琨 12.40

人物春秋

李商隐与王氏的恋情 张学君 1.85

顺治与传教士汤若望 李景屏 1.93

《诗经》中的贵妇:行走在政权边缘的女人 李会玲 2.73

永乐士子群像 吴士勇 3.65

惊动公卿夸绝调 流传市井效眉譬——清代民间说唱艺人石玉昆 淮 茗 3.72

曹操手下的刀笔吏——路粹 顾 农 4.77

韩、柳与长安 唐晓敏 4.83

三仕三隐的谢铎 林家骊 李慧芳 4.88

悠悠二苏手足情 马斗成 5.80

在安阳隐居的袁世凯 李建武 5.86

院体山水的一代宗师——李唐 李 怡 6.64

"江东步兵"张季鹰 顾 农 7.86

姚广孝曾随郑和下过一次西洋 池敬嘉 7.90

绍兴师爷汪辉祖 鲍永军 7.98

鉴真与日本佛教 赫润华 8.110

台湾爱国诗人连横 钟安西 8.115

史家意识与遗民情怀——周密与笔记撰述 李洪波 9.67

"为全国求人师"的张百熙 刘光永 9.75

元代维吾尔散曲家薛昂夫 栾 睿 10.76

辛亥革命功臣 光复台湾先烈——罗福星 钟安西 10.83

陆游诗中的自画像 莫砺锋 11.54

陆游的书法 刘 石 11.58

藏书家陆游 欧明俊 11.63

陆游的足迹 朱秀芳 朱 红 11.70

历史上的高俅 虞云国 12.53

阮大铖与东林、复社的

2001年—2010年

恩怨始末　　　　宋志英　12.61

顾炎武与山西学者的交

　往　　崔凡芝　张爱芳　12.68

戏曲苑

漫说中国戏曲脸谱　　周立波　1.99

丑行大师王长林、罗寿

　山　　　　　　张扶直　2.81

李开先及其院本创作　　徐子方　3.78

小生名宿(一):德珺如、

　王楞仙　　　　张扶直　9.60

小生名宿(二):朱素云、

　程继仙　　　　张扶直　12.105

说文解字

我国古代的重文书写符

　号　　　　　　郑慧生　1.105

"爱屋"为什么还要"及

　乌"?　　　　郑慧生　7.105

怎样理解《诗经·伐檀》

　中的一些词语　齐冲天　9.109

关于"禅"音解读的管见　曹先擢　10.94

说"磨煤"　　　　曹海东　12.112

随笔·札记

学习中国古代文献检索

　的经历与体会　白化文　1.110

杜诗中的"江汉"　张伟然　1.114

"露从今夜白"的情感解

　析　　　　　　韩成武　1.122

对联与民间文学　　程毅中　2.107

不学诗,无以言

　——两岸四地及日本的

　文读写状况　　施议对　2.111

也谈"风掣红旗冻不翻"　任文京　2.117

谈史识　　　　　邓.程　3.84

说"骚体词"　　　殷光熹　3.92

四学士与六君子　　马东瑶　3.95

东岳庙与东岳　　　白化文　4.105

《威海午报》回归记

　　　　　　周怡　姜岩　4.111

《离骚》"九疑"即"众巫"

　辨　　　　　　辛志贤　4.119

退士闲谈之一:司马相

　如种种　　　　白化文　5.103

从汉字构造来看奥运吉

　祥物的桂冠当落谁家　吕友仁　5.113

"椅机"臆想　　[美国]朱学渊　5.116

一条景德镇唐代白瓷史

　料的辨正　　　蒋寅　5.120

孟子与庄子互不提及之

　谜　　[新加坡]沈振奇　5.122

退士闲谈之二:李将军　白化文　6.96

"诗者,持也"说　　孙蓉蓉　6.102

没世名不称,君子以为

　疾

　——谈《论语》之贵名　孟庆茹　6.108

听腻了"皇帝驾到!"的

　老公噪　　　　陶昆仲　6.115

说说"林花"　　　邓彦如　7.126

退士闲谈之三:信陵君　白化文　8.93

故宫与逊帝　　　来新夏　9.88

黄遵宪的香港感怀诗 邱远献 9.96

"张禄"是马叙伦的化名吗？ 林辉锋 9.100

退士闲谈之四：留侯张良 白化文 9.104

退士闲谈之五：今上本纪 白化文 10.96

庄子的漆园与伊壁鸠鲁的花园 傅道彬 10.100

读朱东润先生《陆游传》

随想 蒋 凡 11.75

陆游刺虎公案 陶愉之 11.81

陆游《钗头凤》非为唐琬作补茸 陈祖美 11.87

陆游的沈园本事诗说 高利华 11.94

专 文

洪亮吉的舆地之学 徐 彬 6.117

文物与考古

西安碑林收藏的《王维画竹》刻石 樊 波 举 纲 1.124

战国秦上林苑遗址发现流水景观——阿房宫考古队新发现 李毓芳 2.96

丁敬与西泠印社 郑 幸 2.98

杭州灵峰翁同龢诗碑 朱则杰 6.123

长乐显应宫巡海大神群塑中的番客 驰 骋 7.121

百岁教鞭 成尔瑞 9.113

1916年的"天津中华武

士会"毕业证书 李瑞林 9.115

《枫桥夜泊》碑为何在总统府内 陈宁骏 9.118

甘肃玉门花海出土的汉武帝遗诏 吴浩军 10.123

南宋的"天蓬元帅"造像 李小强 10.125

沈氏园遗址考 刘 侃 11.102

柳宗元撰写的独孤申叔墓志 樊 波 李举纲 12.102

学林漫话

恺悌君子 教之海之——张岱年先生与我的求学时代(上) 陈 来 2.66

恺悌君子 教之海之——张岱年先生与我的求学时代(下) 陈 来 3.114

陈子展先生及其治学 徐志啸 7.77

回忆恩师赵光贤先生 彭 林 8.87

刘师培以唐诗证史 卞孝萱 9.84

翦伯赞的《史料与史学》 张传玺 10.65

启功先生对《论词绝句》"纠错" 于翠玲 10.72

吴宓与柳诒徵的交谊 范红霞 12.90

深切悼念周绍良先生 白化文 12.97

民俗志

年俗小记 郭良玉 2.89

春季庙会活动的文化和生物学基础 吴效群 2.91

龙抬头节 吉成名 3.101

从萨满教看满族风俗 张佳音 3.109

奇异的墓葬——竖梯坑

迪木拉提·奥迈尔 4.95

明清时期祖先信仰与家族祭祀 萧 放 4.99

形象视野里的北京天桥民俗——以张根水《啼笑因缘》为例 谢家顺 5.69

"哭吊"与"烧七"——明清民间丧葬礼俗 萧 放 7.110

蓝采和与踏歌和声"来唱和" 尹 蓉 8.107

明清时代的碧霞元君信仰与香会活动 萧 放 9.78

真武的职能与大众崇信 梅 莉 10.110

"哈达"的渊源 那·含教扎布 10.119

趣话秋千 李 飞 12.86

天长地久的信义之交——谈《范巨卿鸡黍死生交》 刘勇强 4.70

宁知钟爱缘何许——谈《叠居奇程客得助三救厄海神显灵》 刘勇强 6.49

因果报应的柔性化——谈《狭路逢》 刘勇强 12.28

青年园地

明末三大儒顾炎武、黄宗羲与王夫之地位之变迁 户华为 3.120

清朝为何有"圆明"园 曹凤娇 8.126

辛亥革命前夕浙西青帮活动述论——以余孟庭、夏竹林为中心 戴佩娟 9.122

研究综述

20年来中国岁时节日民俗研究综述（1983—2003） 萧 放 吴静瑾 2.120

台湾《春秋》经传研究与博士论文 （台）张高评 4.120

陆游在台研究述评 张玮仪 邱诗雯 11.109

20世纪历史热点

中国社会历史分期问题 何兹全 4.4

中国封建社会：20世纪30年代的解答 王雨霖 4.10

关于秦汉史研究的若干问题 安作璋 5.39

区域历史文化研究概观 孟世凯 7.27

中国古史分期讨论七十年（上） 张广志 10.28

中国古史分期讨论七十年（下） 张广志 12.4

小说丛谈

生死两难的屈辱与抉择——谈《蔡瑞虹忍辱报仇》 刘勇强 3.58

文史信箱

压岁钱　　　　　萧　放　5.101

教学相长

"死生,昼夜事也"索源　王文延　8.123

古代民族志

最后一批契丹人　　　颁　德　10.89

笔 谈

南宋初年的抗金斗争　　王曾瑜　11.4

靖康之变　　　　李华瑞　11.7

书目答问

《家世旧闻》是史料笔记中的珍品　　　　孔凡礼　11.43

《老学庵笔记》的史料价值　　　　　　王　昊　11.47

宗教与人生

中古时期的佛教与救灾　　　　　　毛阳光　12.46

特别关注

人们为什么认可并欣赏《空城计》?　　周先慎　8.4

试说"国学热"　金开诚　舒　年　9.4

文史百题

千秋功过谁与评说——漫谈秦始皇和汉武帝　　　　　　安作璋　1.4

南朝寒门与世族的最后较量　　　　　梁满仓　1.8

宝卷的形成和早期的佛教宝卷　　　　车锡伦　1.16

昆仑神话与中国人的河源昆仑意识　　　　赵宗福　2.4

活态的藏族英雄史诗：《格萨尔王传》　　索南措　2.13

羌人与中华民族　　　张得祖　2.18

青海多民族格局的形成　米海萍　2.26

汉唐诗人的游仙世界　　葛晓音　3.10

王莽篡政何以成功　　　孟祥才　4.9

书画争夺点石斋　　　　陈平原　4.15

商王名号与日名制　　　张富祥　5.4

诗词中的"递进"抒情法　欧明俊　5.14

清初关外时期满文出版的滥觞　　　　章宏伟　6.4

从"得意忘言"到"语默齐致"——从《世说新语·文学》"三语掾"故

事看维摩名言观的影响 宁稼雨 6.10 | 虞夏商周研究的十个课
禅宗——中外文化相融的 | 题 李学勤 3.4
范例(上) 许嘉璐 7.4 | 我看隋唐史研究(上) 吴宗国 4.21
又说又唱诸宫调 于天池 李 书 7.11 | 我看隋唐史研究(下) 吴宗国 5.23
禅宗——中外文化相融的 | 20世纪汉民族形成问
范例(下) 许嘉璐 8.10 | 题研究 曹守亮 6.15
汉唐长安城的兴建与变 | 宋史研究要点 王曾瑜 9.25
迁 辛德勇 8.20 | 南方丝绸之路研究的回
墙头马上:宋元词曲中 | 顾 邹一清 10.14
一个意味深长的爱情 |
场景 王德明 8.29 | **诗文欣赏**
风的文化解读 刘德增 9.10 |
民歌在清代花部小戏中 | 解读白居易《思子台有
的作用——从《小放 | 感二首》 卞孝萱 1.31
牛》谈起 李玫 9.17 | 命运与个性铸就的伟词
谈成吉思汗的历史贡献 蔡美彪 10.4 | ——李煜《虞美人》赏析 彭知辉 1.35
娱心 劝善——《忠烈侠 | 高适的《九曲词》 王世朝 2.34
义传》的再认识 黄 克 10.7 | 读宗渊《望河源并序》 赖振宾 2.38
二十四史《五行志》从谈 俞晓群 11.4 | 三月三日天气新
宋词咏物三境界 沈家庄 11.12 | ——读《诗经·郑风·
少游、稼轩、梦窗的"越 | 溱洧》 檀作文 3.19
中"词 高利华 11.24 | 水畔"闲愁"的三重境界
全真教的儒教成分 王宗昱 12.4 | ——试析贺铸《青玉案
"初唐四杰"的并称与排 | ·凌波不过横塘路》 过常宝 3.23
名 田 媛 12.14 | 《清明》是杜牧所作吗? 卞东波 4.28
从题诗红叶到"红叶题 | 在喧闹中独处——读辛
诗"——漫谈"红叶题 | 弃疾《青玉案·元夕》有
诗"故事的传奇生成 路成文 12.21 | 感 于翠玲 4.31
 | 以"病"入词 别开新境
20世纪历史热点 | ——贺双卿《孤鸾·病
 | 中》赏论 李金坤 5.30
关于"周公辅成王"问题 杨朝明 1.23 | 若得山花插满头 诸葛忆兵 6.20

关于晏殊《破阵子》词鉴赏的几个问题　　冯小禄　6.24

也说《采薇》末章之美　　翟淑英　7.26

陆机的《日出东南隅行》　　孙明君　7.32

婚恋的思索——解读周邦彦的《少年游》　　孙　民　8.35

莫友芝《解连环》释读　　张　剑　8.38

繁华钱塘的绝唱——柳永《望海潮》　　厚艳芬　9.35

追忆如春般缤纷的往事——吴文英《扫花游·春雪》　　江合友　9.39

江南,作为永远的他乡　　过常宝　10.24

欧阳修《秋声赋》的文化解读　　欧明俊　10.28

美在"和谐"——新解王维《山居秋暝》　　王志清　11.29

张可久的西湖山水散曲　　李亮伟　11.34

人鬼情中的鬼文化——《婴生》的另一种解读(附:《婴生》)　　张成全　12.30

含蓄不尽　久而知味——周密《玉京秋》赏析　　张秋娟　12.37

小说丛谈

千年怨气一朝伸——谈《闹阴司司马貌断狱》　　刘勇强　1.41

红楼人生五大事　　马瑞芳　3.28

蒲松龄的梦中情人　　马瑞芳　4.40

我看《金瓶梅》　　黄　霖　5.36

曹雪芹在《红楼梦》中有

关戏曲的运用　　谢美生　7.36

童话意趣的浪漫——说《聊斋志异·瞳人语》　　于天池　8.42

《红楼梦》作者对贾政有相当的好感　　张国风　9.44

《聊斋志异》中的艳情故事　　张国风　10.36

一卷经能值几何?　　张国风　11.42

最难理解是宋江　　张国风　12.42

文化史知识

宋代的皇家军乐团——钧容直　汪圣铎　郭　兰　1.48

蝴蝶漫说　　沈祖春　1.55

青海的土官与土司　　崔永红　2.61

清代的驻京呼图克图　　白文固　2.65

话革囊　　齐　昀　2.70

《诗经》中的佩饰描写　　纪向宏　3.42

袜的故事　　王曾瑜　3.49

唐代的中和节和中和尺　　朱　红　3.52

西方世界升起的第一面龙旗　　尹德翔　4.48

"图腾"起源于上古中华　　王大有　4.51

东夷与鸟图腾　　刘德增　4.55

瑞脑销金兽　　李青苗　5.43

明清小说中的"三姑六婆"　　刘桂秋　5.49

巫的"见鬼"术　　李剑国　6.36

新疆出土和传世的钱币　　黄志刚　6.43

先秦两汉俳优漫谈　　洪之渊　7.50

西域葡萄与葡萄酒文化　　钟兴麒　7.58

2001年—2010年

篇名	作者	期.页	篇名	作者	期.页
宋代的枕屏	田 苗	7.62	黄遵宪与新、马华侨	郑海麟	3.68
明清官员的补服	赵连赏	7.67	顺治迫夺多尔衮	李景屏	4.69
漫话突厥纪年	饶尚宽	8.53	陈廷敬与王士祯	王小舒	4.77
清圣祖贤话饮酒	闰 丰	8.58	荀彧的无奈	庞云国	5.60
唐代的改火	张 勃	8.63	蔡邕晚年出仕及死因	何如月	5.67
说冥币	华海燕	8.68	裴子野与沈约	马艳辉	5.74
恐惧中的祀典：祭厉			孔明故交归何处？	沈伯俊	6.63
刘方玲	张文斌	9.54	黄庭坚的临终关怀者		
东坡先生平生惟用"潘			——范寥的传奇人生	张 静	6.66
墨"	陈志平	9.63	江南遗老瀛边客		
古代的儿童游戏——斗			——家铉翁被元朝羁縻		
草	白维国	9.67	河间的日子	魏崇武	7.76
龙的文化意向	刘德增	10.44	明代山人之巨擘——陈		
中国古代的官箴	王化平	10.50	继儒	冯保善	7.82
说裹足	赵群才	10.56	明末奇女子刘淑及其		
《诗经》中的城市生活	刘冬颖	11.54	《个山集》	赵伯陶	7.90
唐代宰相的"会食"	严 杰	11.58	正说赵飞燕	张小锋	8.73
说戒指 王义芝	胡星儒	11.62	和孝公主与公主府之谜	李景屏	8.80
古代的儿童游戏——学			"山中宰相"：南朝奇人		
演戏	白维国	11.65	陶弘景	张兰花	9.71
古代的儿童游戏——抓			宋齐丘的政治命运	高 峰	9.79
子儿	白维国	12.57	慈禧太后的"本能"	苏生文	10.64
			张澍与清代的西北史地		
人物春秋			研究 郝润华	王照年	10.72
周邦彦与萧娘和桃叶的			钟惺的病与画、诗及禅	魏宏远	11.67
两段爱情传奇	孙 虹	1.63	三晋儒商——乔致庸		
洪承畴与前后二夫人	杨海英	1.69	武殿琦	马晓燕	11.74
肃顺与左宗棠弹劾案	高中华	1.76	刘春霖：中国最后一位		
安边名将赵充国	王 呈	2.72	状元的风雨人生	张升卫	11.85
统一青藏高原的顾实汗	杜常顺	2.77	李白与武则天是亲戚	英 子	12.61
郭璞的世界	王 玟	3.64	东坡为官六事：慈、俭、		

勤、慎、诚、明 温 斌 张福勋 12.64

孔子后裔在新疆 李惠兴 12.69

民俗志

明清新年民俗 萧 放 1.81

"彩虹之乡"的婚礼习俗 贺喜xxxx 2.112

河湟汉族婚礼中的冠礼 蒲生华 2.117

戌狗送福 陈 杰 3.80

古代的食狗之风 刘朴兵 3.85

会"变脸"的钟馗 傅怡静 谷曙光 4.108

高僧刘萨诃的传说 尚丽新 5.102

唐宋时"龙舟竞渡"并非

仅在五月 吴在庆 元巧霞 6.94

阿肯弹唱 多洛青 6.97

五彩丝长端午索 张晓红 6.101

民间节日的属性 段宝林 7.113

伍子胥与钱江潮 仓修良 8.109

西礼两县乞巧风俗 赵逵夫 8.118

客家人的土楼 周学鹰 马 晓 9.88

庙会与市场 宁 欣 11.91

"心肝小哥"、"谢三娘"

及其他——说《大明天

下春》与《大明春》及其

中的民俗资料 周玉波 12.74

随笔·札记

历史上的张飞究竟什么

样？ 沈伯俊 1.90

西海史话四题 石 葵 2.86

"遥想公瑾当年" 沈伯俊 3.114

秦观为何由"太虚"改字

"少游"？ 陈祖美 3.119

《毛诗》郑笺与《周礼》 沈薇薇 4.95

纪晓岚笔下的新疆志怪

传闻 周 轩 4.99

朱彝尊《皇清诰赠夫人

龚母李夫人墓志铭》

碑刻 朱则杰 5.79

20世纪词学传人漫谈 施议对 5.84

唐人小说《虬髯客传》与

唐史研究 王永兴 6.74

必须重视前人的研究成

果 魏明安 7.99

孟子"鱼我所欲也"解析 左克厚 9.111

活读佛经为我用

——读章札记 蒋 凡 10.113

杜诗《饮中八仙歌》"逃

禅"解 钱志熙 11.115

交流与比较

王世贞及其著作对朝鲜

的影响 孙卫国 1.94

第一部中英文对照的英

语文法书

——《英国文语凡例传》 黄兴涛 3.57

《文学书官话》与《文法

初阶》 黄兴涛 4.61

英文语法知识传播的其

他一些书籍 黄兴涛 5.56

"大秦"不是罗马，而是

波斯 [美国]朱学渊 6.46

《千载佳句》——现存最

早的唐诗名句选 宋 红 6.53

明清来华西人吃什么？ 苏生文 7.42

长安西明寺与中唐茶文化之东渐日本 温翠芳 8.48

近代早期来华法国传教士眼中的中国风貌 何岩巍 9.47

《好逑传》在18—19世纪欧洲大陆的传播 张 弘 10.39

清末民初独特的史料矿藏——莫里循文件 窦 坤 11.48

吴晗人与近代西学 周 怡 12.48

文史古迹

京都第一寺——潭柘寺 朱耀廷 1.101

唐蕃古道上的文成公主庙 霍 福 2.120

东关清真大寺 丁柏峰 2.123

虎台与南凉 胡 芳 2.125

米万钟与勺园 郝润华 6.120

东北名刹奉国寺 王德朋 10.119

海源阁藏书今何在 李 泉 10.122

学林漫话

那难忘的岁月,仿佛是无言之美 张 鸣 1.106

白寿彝与中国史学史学科建设 吴怀祺 3.90

我的求学历程和早期考古活动 胡厚宣(遗作) 4.104

吕思勉自述治学 卞孝萱 5.93

孙楷第先生晚年二三事 杨 镰 6.77

孙楷第与中国通俗小说

目录学的建立 刘 倩 6.84

怀念曹道衡学长 程毅中 6.92

白寿彝老师的治学风格和特点 瞿林东 7.102

郭沫若与《甲骨文合集》（上） 孟世凯 8.85

"二马、三堂"与秦石鼓考证 杨宗兵 8.91

郭沫若与《甲骨文合集》（下） 孟世凯 9.95

我的学长兄曹道衡 邓绍基 10.98

中国俗文学研究的两位先驱者——周绍良先生和关德栋先生 白化文 11.95

中国俗文学学会成立前后杂记 陈翔华 11.107

与褚斌杰学长相处的日子 白化文 12.84

怀念褚斌杰先生 张 鸣 12.87

书目答问

中国最早的佛学辞典——释氏六帖 钱汝平 1.116

戏曲苑

徽班汉伶第一人——米应先 陈志勇 1.121

弹词《天雨花》的作者是陶贞怀吗？ 鲍震培 4.114

梆子花旦侯俊山,田际云 张扶直 5.117

清代京剧剧本选编的双

璧 颜全毅 6.110

说文解字

"曰古""曰遂古""曰若稽古"解 江林昌 1.125

"孟"字的文化意蕴 张素凤 4.84

也说"爱屋"为什么还要"及乌" 颜春峰 4.88

一字之训而声韵兼备 齐冲天 5.124

一字之形而声韵兼备、音义俱全 齐冲天 8.106

再说一字之形而声韵兼备、音义俱全 齐冲天 9.105

说"风" 鲁枢元 9.108

宗教与人生

宗喀巴与藏传佛教 蒲文成 2.41

民族艺术

热贡艺术 李少波 2.45

与神共舞：生灵与神灵之绝唱——热贡"六月歌舞" 唐仲山 2.50

花儿 李言统 2.56

人文游踪

骆驼泉与撒拉族 马成俊 2.82

楼兰文明的守望者——罗布人 杨镰 3.37

汉唐西域烽燧与丝绸之路 程喜霖 4.35

文物与考古

青海远古的彩陶文化 魏道明 2.91

青海丝绸之路与都兰大墓 许新国 2.95

西海石虎有话说 朱世奎 2.106

阿房宫西边界确定——阿房宫考古队2005年新进展 李毓芳 3.96

"郑和发现美洲古地图"并不可靠 郑海麟 4.120

新疆的岩画 王炳华 7.117

从画像砖石看汉代的深宅大院 周学鹰 7.123

从三星堆到金沙——寻找失落的三星堆古城 林 向 8.122

专 文

琅玡王伯舆,终当为情死——东晋名士王廞的

"女权主义"及其他 范子烨 3.99

临桂词派的形成 巨传友 3.107

寄语《文史知识》 林甘泉 4.4

兰亭集会产生的地域机缘 王德华 5.109

从一份账单解读袁世凯的帝王梦 姜立新 7.21

"草圣"何以成问题?——以怀素《题张僧繇〈醉僧图〉》为例 李永忠 9.119

六朝志怪的崛起与小说

2001年—2010年

文体的萌芽　　陈建农　王振宇　12.110

惟有牡丹真国色　花开时节动京城
——牡丹与唐代社会　　刘　蓉　12.114

教学相长

"差强人意"怎么讲　　吴小如　3.124
《桃花源记》中的"规往"　　白化文　3.126
"徘徊于斗牛之间"释疑　　王水照　8.101
也说"凤凰"　　李　玲　9.101
我看易中天"品《三国》"　　张永军　11.120
岑参《白雪歌》"千树万树梨花开"新解　　任文京　12.92

研究综述

元代丝绸之路文学的研究　　宋晓云　4.122

文学人物

武大郎的女儿　　吕玉华　6.30

古代科技

吐鲁番盆地的坎儿井　　崔延虎　6.116

书画欣赏

"右军鹅"与中国书法　　陈志平　6.124

张颠之"犯"　　陈志平　10.94
题跋背后的"政治"　　陈志平　12.97

典籍文化

《三字经》的渊源　　徐　梓　8.96

古代民族志

阿尔泰山区的图瓦人　　崔延虎　9.115

文学形象

《儒林外史》里外的马二现象　　李汉秋　10.77
"狸猫换太子"背后的故事　　汪圣铎　10.89

青年园地

关于《孟子》的一场讨论
　　厦门大学中文系04级2班　10.105
清朝"兴国太后"与"亡国太后"　　王城迪　12.101

文史研究动态

"俗文学研究的理论与方法"学术研讨会综述　　袁　博　11.123

2007年

特别关注

社会需要不同层次的文

学史　　曹旭　1.4
百岁学者周有光教授访谈　　赵丽明　3.4

陆费逵的优秀品质与历史地位——纪念陆费逵诞辰120周年、中华书局成立95周年　周其厚　4.4

汉语的今天——百岁学者周有光教授访谈　赵丽明　5.4

怎样看待中国古代的"龙"　段宝林　6.4

当下，古代戏曲的生命力到底在哪儿?　宁宗一　9.4

非物质文化遗产的抢救与研究——百岁学者周有光教授访谈　赵丽明　9.7

谈谈语言文字规范　李宇明　10.4

重新接上传统的慧命——说不尽的《牡丹亭》及其他　宁宗一　11.4

文史百题

中国古代国家的历史特征(上)　张传玺　1.13

对偶的分类与特点　蔡义江　1.21

岳飞《满江红》词真伪之争辨及其系年　王曾瑜　1.33

金代文化是中华民族文化的重要组成部分　薛瑞兆　2.4

古代戏曲的摇篮——金院本　薛祥　2.13

一部《金史·交聘表》

百年风云看宋金　陈英立　2.21

侠失千年　重见天日——北宋《天圣令》的发现整理及其重要价值　黄正建　3.8

乾隆文字狱阴影下的《红楼梦》　石昌渝　3.15

中国古代国家的历史特征(下)　张传玺　3.23

上古史研究的一点新见　李学勤　4.10

嫘祖文化流变　周书灿　4.12

辽代契丹文文学发微　周惠泉　4.18

从写情到思理——词史演进的一个角度　张宏生　4.27

太极学说与和谐思维　吴怀祺　5.11

古代小说的插图　汪燕岗　5.20

秦汉中央集权制的"公天下"因素　张传玺　6.15

东西方"轴心文明"的比较(上)　江林昌　6.18

鲁迅先生论陶渊明　邵明珍　6.26

竹林神·平康里·宣阳里——关于《李娃传》的一处阐文　李剑国　6.33

东西方"轴心文明"的比较(下)　江林昌　7.40

传统祭礼及其在20世纪的革废　严昌洪　7.47

《忠烈侠义传》欣赏价值的再认识　黄克　7.55

立足祖国历史主流，研究北京历史文化　张传玺　8.4

北京文化的特色　朱耀廷　8.10

向京剧之舟谁主沉浮

——关于京剧接受主体的思考　　　　周传家　8.19

北京城礼制建筑中蕴含的天人合一观念　　詹郅鑫　8.27

李白的翰林生涯　　　　康　震　9.14

朱熹辟佛与朱熹史学　　康　敏　9.25

古史文化与"户口"之争　孟世凯　10.8

清初诗学的地域格局与历史进程　　　　蒋　寅　10.16

清代常州骈文研究序说

　　　　　　曹　虹　陈曙雯　10.23

试说清代五等爵　　　雷炳炎　10.31

髻不忝纶　惟国是爱

——李清照避难金华期间作品心解　　　　陈祖美　11.12

宋型文化的标准产儿李清照　　　　沈家庄　11.22

汉乐府侠篇《河东蒲反歌诗》　　　　钱志熙　12.4

骆宾王的边塞诗　　　任文京　12.10

诗文欣赏

"翻著林"的启示——介绍王梵志的一首诗　　孙　民　1.38

天宝初年的辋川、王维与裴迪——读王维《山中与裴迪秀才书》　　康　震　1.41

梅花雪里亦清真

——有关梅妃的几首诗　尽　心　1.48

一声鼙鼓　千秋霸气

——完颜亮《喜迁莺》赏

析　　　　　　　　董　航　2.31

并州豪杰未凋零

——读李汾《雪中过虎牢》　　　　　　董晓玲　2.35

一位末代女真贵族的悲情——读完颜天竺琦《沁园春》词　　　　姜丽华　2.40

守候，是生命的一种姿态——读李贺《苏小小墓》诗　　　　　过常宝　3.34

深情眷恋中的残生体验

——张岱《陶庵梦忆·序》赏读（附原文）　张乃良　3.38

缤纷的忧伤——试析《红楼梦·桃花行》　　张晓中　3.43

《登高》：难言的悲哀　杨佳莉　4.32

穿越现实和历史的悲凉

——读杜牧《早雁》诗　过常宝　4.37

乡愁之下别有因

——读谢朓《晚登三山还望京邑》　　　　林佳颖　5.26

永远的山青水碧——读萨都剌《满江红·金陵怀古》　　　　　靳　欣　5.29

梦里梦外诉相思

——从唐小说《独孤遐叔》看中国古代梦文化（附原文）　　　　李艳茹　6.39

莫怨春风道薄情

——唐传奇《崔玄微》赏析（附原文）　　　张玉莲　6.45

梦里依稀见扬州
——读杜牧《遣怀》诗　　过常宝　7.63

"偶然性细节"的刻画
——对三首杜诗的分析　　曾祥波　7.68

明诗中的"燕京八景"　　巩　滨　8.115

诗号风情纪古昔——竹
枝词中的旧京生活　　高　巍　8.120

再谈《西洲曲》　　李鹏飞　9.31

读元稹《三遣悲怀》(其一)　　过常宝　9.36

读黄庭坚《云涛石》　　孔凡礼　9.39

孤寂与美好——陶渊明
诗《停云》、《时运》对读　　林佳颖　10.37

温庭筠《更漏子》(玉炉
香)的接受史解析　　欧明俊　10.41

范仲淹的性道赋与其理
学思想　　傅宇斌　11.29

李清照：美丽的词心与
美好的词性　　钟　鸣　11.35

昔蹄春原塞马肥　庆阳
三月柳依依——元·雍
古诗人马祖常的"河西诗"　叶爱欣　11.45

人世辛酸况味的深刻体
验——说辛弃疾《丑奴
儿·书博山道中壁》　　刘扬忠　12.18

试问千古豪杰士　个中
多少愁滋味
——辛弃疾《丑奴儿·
书博山道中壁》　　丁启阵　12.21

小说丛谈

影响深远的爱情故事的

模式　　张国风　1.54

礼教社会里的男尊女卑
和爱情小说中的阴盛
阳衰　　张国风　3.47

不平等的偷情
——古典小说艺术漫笔　　周先慎　4.41

珍珠衫、百宝箱和通灵
宝玉　　张国风　5.35

没有永久的朋友，只有
永久的利益　　张国风　6.51

《金瓶梅》中西门府的花
园建筑　　苏文珠　7.109

此辈若皆成佛道　西方
依旧黑漫漫　　张国风　9.42

一起被张扬的苦情案件　　刘大先　9.48

《西游记》中的法宝　　陈文新　10.49

《醒世姻缘传》的前二十
二回　　张国风　10.52

无心之善　涌泉相报　　张国风　12.50

交流与比较

清末中国知识分子对日
本的重新认识
——以黄遵宪的《日本
国志》为考察对象　　郑海麟　1.61

日藏汉籍一瞥　　蒋　寅　3.55

别求新声于异邦
——晚清留学教育与社
会思想观念的转变
　　张艳华　叶齐炼　5.47

清廷中的西洋娱乐活动　　王丽娜　6.66

2001年—2010年

一个有待破解的谜：中国古代戏曲与印度古代戏剧的关系 李玫 9.67

近代国人对西方饮食文化的认识（之一） 苏生文 10.59

近代国人对西方饮食文化的认识（之二） 苏生文 11.51

近代国人对西方饮食文化的认识（之三） 苏生文 12.27

文化史知识

宋代文人的书裙之风 陈志平 1.65

满文的创制 章宏伟 1.69

金初的祖庙和十帝传说 辛更儒 2.54

金代女真进士科 张居三 2.61

水与火淬炼的精灵——金代烧酒 兰雪燕 2.66

葬礼的炫耀——关于天圣《丧葬令》的启迪 吴丽娱 3.61

唐代的女医教育 程 锦 3.66

温酒的故事 李 飞 3.71

僧衣别称撮谈 鹤 翔 3.77

说"桃" 王艳梅 4.48

汉画像石中的女娲 汪小洋 4.55

说说黄土窑洞 周学鹰 马 晓 4.64

"变"名源流 于淑娟 5.57

谈谈魏晋南北朝的私家藏书 陈德弟 5.65

唐宋时期的朝献 桂始馨 5.72

宋代的合生 于天池 李 书 5.77

"三寸不烂之舌"与《法华经》 刘 彤 6.58

说说"举哀成服"与"举哀挂服" 吴丽娱 6.61

中国古代饮食文化中的饮食健康观念 姚伟钧 7.73

明代的战车与车营 陈刚俊 7.78

"九市精华萃一衢"的琉璃厂文化街 吕红梅 8.105

老北京小吃觅踪 翟鸿起 8.109

北京的古代书院 赵连稳 9.57

说说石榴裙 高 靖 9.63

说说唐代的"姬" 张玫玫 沈成飞 10.65

晚清的三部军歌：从"朝廷鹰犬"到"国家柱石" 李 静 10.69

对传统私塾的再认识 贾国静 10.79

我国最早的火锅 罗志和 11.57

唐代的常朝与追朝 吴丽娱 11.61

"糖蟹"漫谈 王 虎 张明辉 11.66

汉武帝时的将军封号 杨旭东 李 川 12.32

唐宋时期的皇帝养老礼 王美华 12.38

《四库全书总目》传播史上的一段公案——从傅以礼的《跋》谈起 崔富章 12.44

人物春秋

风流才子唐伯虎的前世今生 王春华 1.73

范当世与李鸿章幕府 侯长生 1.78

女真族的崛起与完颜阿　　　　——从地方文献中采撷
　骨打　　　　　周喜峰　2.76　.的杰出女性　　杜海华　10.98
说不尽的金兀术　陈才训　刘景枝　2.83　豪士　侠客　文人
依违之间:崔立功德碑　　　　——晚清词学大家周济　朱惠国　10.108
　事件中的元好问　杨庆辰　2.89　许元:欧阳修的扬州至
在清浊之间　　　　　　　　　　　交　　　　　朱广盛　11.78
　——晚明诗人王穉登　冯保善　3.85　金代的俳谐词人赵可　李　艺　11.85
忠臣的尴尬:杭世骏、洪　　　　马祖常在光州　　傅　璇　11.91
　亮吉遭遇之比较　　李　鹏　3.92　茶仙卢全　　　谢美生　12.58
从学术道德看章学诚的　　　　流芳千古的一代文宗欧
　两难困境　　　　梁继红　3.99　　阳修　　　　　郭　杰　12.63
刘歆的悲剧　　　曲利丽　4.85
诗圣杜甫终老之夕　康　震　4.94　　　随笔·札记
事国一心勤以瘁　　　　　　　阮咸何曾与猪同饮　　闰步克　1.85
　——欧阳修的官德　张福勋　4.101　《隆中对》究竟对不对？　沈伯俊　1.92
庄周与惠施　　　郭德茂　5.83　碑刻文献中的"崔莺莺"
柳永的"变脸"　赵维江　夏令伟　5.90　　——兼谈"伪材料中之
王先谦是破坏湖南维新　　　　　真史料"　　　吕明涛　1.95
　的罪魁祸首吗？　李和山　5.98　王寂笔下的东北　张怀宇　2.94
洪皓在冷山的日子　霍明琨　6.69　金代女性贞节观的变异　王　昕　2.98
目录学家晁公武其人　郝润华　6.75　三国将军知多少　沈伯俊　3.103
朱升与"免死券"　张　健　7.85　"闺中忆语"的情感蕴涵　周海鸥　3.106
王韬"长毛状元"疑案　王立群　7.90　香奁结社擅风流——清
刘秉忠与元大都　　刘　晓　8.65　　代清溪吟社的风貌　石　旻　3.115
清代建筑世家"样式雷"　张宝章　8.70　司马迁剪裁史料的匠心　田居俭　4.120
子夏传述六经的历史贡　　　　十二生肖和袁宏的生卒
　献　　　　　　王红霞　9.84　　年　　[加拿大]陈三平　4.124
李善长的功与过　　陈梧桐　9.87　汪瑗《月下演东坡语》所
鹿传霖与四川中西学堂　鹿耀世　9.92　　演何语　　　朱则杰　4.132
南明殉节使臣左懋第　丁　鼎　10.90　从历史教育角度评电视
清初辅治才女王淑昭　　　　　　剧《贞观之治》　臧　嵘　5.103

岳飞背刺"尽忠报国"和岳母刺字的传说 王曾瑜 5.107

"张巡事件"的非主流声音 马大勇 5.111

顾况诗歌的"常"与"奇" 邓 芳 6.119

他是文官,为什么叫"大将"？ 刘世德 6.125

理论到实践有多远——以李攀龙拟古诗为例 臧 清 6.128

从《红楼梦》看曹雪芹的新闻价值观 刘 畅 6.133

徐霞客的米盐琐屑与高风亮节 兰庭客 7.116

《愚公移山》的"要言妙道" 李知文 7.120

柳如是《尺牍》与钱柳因缘 刘勇刚 7.123

《京师地名对》及其作者巴哩克杏芬女史 李鼎霞 8.150

《西洲曲》与"西洲体" 刘淑丽 9.120

"屋漏"考辨 赵海菱 9.133

戏曲用典中的"错用后事" 王小岩 9.135

读《论语》："不求甚解"、"欣然忘食"——从陶渊明《癸卯岁始春怀古田舍》说起 于翠玲 10.140

文史研究不能依赖理论推导——关于文史研究方法的一点认识 刘毓庆 10.144

孔子到底长啥样子？ 刘隆有 11.137

孔子《诗》教问答录 孙 民 11.144

庆历改革者们的失策 张中山 11.148

千里走单骑是个谜 卢盛江 12.116

文史素养 亟待加强 王继如 12.118

王士禛与清初词学复兴 张亦伟 12.126

民俗志

《金瓶梅》风俗谈 白维国 1.104

乡村的庙会与庙市 宁 欣 1.116

漫话海东青 李慧芝 2.102

三棒鼓、秦楼、市语及其他——话本中的金代燕山生活习俗 伊永文 2.107

漫话茶食 永 文 2.111

城隍庙与城隍神信仰 萧 放 3.120

《金瓶梅》风俗谈 白维国 3.127

《金瓶梅》风俗谈 白维国 4.71

《金瓶梅》风俗谈 白维国 5.116

借墓游春的民俗学考察 叶瑞昕 5.121

《凤阳歌》的演化轨迹 宁业高 6.81

《金瓶梅》风俗谈 白维国 6.92

为居家过日子而设的北京庙会 常人春 8.125

《金瓶梅》风俗谈 白维国 9.95

《金瓶梅》风俗谈 白维国 10.84

《金瓶梅》风俗谈 白维国 11.98

连载："红楼聊斋一脉承"

聊斋·悼红·小说·政治 马瑞芳 1.120

从呼喊到哀叹 从失意

到绝望 马瑞芳 3.134

假疯癫 真睿智 妙意蕴 马瑞芳 4.75

从细柳理家到凤姐理家 马瑞芳 5.127

诗化爱情和知己之恋 马瑞芳 6.99

文备众体 双峰并峙 马瑞芳 9.74

巧夺天工的人物命名 马瑞芳 10.114

讲堂实录

如果爱——话说"红楼" 骆冬青 1.129

治学的功力与见识 王学典 6.150

庄子的生命境界 康 震 7.130

唐诗宋词吟唱三法 蒋 凡 9.141

说名道姓 王充闾 10.133

戏曲苑

武生前辈:姚增禄、杨隆寿 张扶直 1.140

舞台创造中的自然与超越——《霸王别姬》从故事到形象新解 钟 鸣 7.94

《打金枝》所展现的公主驸马婚恋生活插曲 李 婳 11.130

青衣泰斗陈德霖 张扶直 12.138

学林漫话

年已近古稀 初"识"韩退之 陈祖美 1.146

心存三乐 学求通精——追思徐复老 王继如 3.143

郭沫若与翦伯赞的学术友谊 张传玺 4.114

曹道衡先生在文学史料学上的重要建树 张可礼 5.135

国学大师李审言 郑海麟 7.102

怀念朱伯崑先生 陈 来 7.105

怀念黄永年先生 毛双民 9.102

求真探微:黄永年先生的文史研究 郝润华 王忠禄 9.110

朱自清与李长之 于天池 李 书 10.123

追忆邵循正师 周清澍 11.103

普及佛法的大名家周叔迦先生 白化文 11.116

教学与研究 约稿与著述——戏曲研究的回顾 陈美林 12.71

青年园地

高山流水 诗意琴心——《铜川集》的唱和性质 唐新梅 1.153

太原起兵真相再探——兼论《资治通鉴》的叙事方式 赵璐璐 3.154

论稼轩词中的词人心态 方祝英 5.144

古代民族志

女真人的下落 沈一民 2.26

宗教与人生

金代全真教 吴光正 2.44

罕世佛经孤本——《赵城藏》 李鸿雁 2.49

北京佛教寺庙建造 佟 洵 8.132

北京的道观——圣地与世俗的结合 杨丽华 8.140

基督教在近代北京的传播 左芙蓉 8.146

人文游踪

走过五国城 刘冬颖 2.71

跟我到草堂看望杜甫 丁启阵 4.107

寻找马祖常与雍古人进出历史的遗迹 杨 镰 11.72

文物与考古

阿城刘秀屯金代皇家宫殿遗址 石 岩 2.115

上林苑四号建筑遗址 李毓芳 3.78

也谈侯马盟书的价值 成文生 7.138

谜在硝烟战火中——关于"北京人"失踪与寻找的调查 李树喜 8.153

古代科技漫话

李冶与天元术 李先耕 2.120

学派纷呈的金代医学 苏春梅 2.127

古代典籍

《金史》与金代修史 傅荣贤 2.131

承前启后《董西厢》 杜桂萍 2.137

西出阳关的名著《董西

厢》 杨 镰 2.142

《周易》的精髓 汪高鑫 9.153

中国古代科技史巨著——《畴人传》 曾学文 12.77

书画欣赏

金代书法家任询 伊葆力 2.145

千古名高——梦英 陈志平 3.149

长锋软毫第一人 陈志平 4.141

张旭"以头濡墨而书"，书于何处？——以吴友如《张旭在草图》为参照 李永忠 6.146

也说"右军鹅" 李永忠 9.115

不是苏轼莫唤奴 陈志平 10.156

"春蚓秋蛇"及其误会 李永忠 12.130

文史古迹

金上京遗址 段光达 2.148

东北"船厂"名将刘清与吉林阿什哈达摩崖石刻 陈 萍 11.152

漫话长白山 李德山 12.146

研究综述

近二十年完颜亮研究综述 王红娟 2.153

20世纪嘉道诗歌研究综述 于 慧 4.145

先秦巴蜀对外文化交流研究的回顾 邹一清 4.152

百年《管子》研究综述 彭书雄 5.153

关于宋代"自诒斋"的一点补充 何玉红 6.32

专 文

文学形象

唐宋文人茶的自然之趣

陈 瑜 杜晓勤 4.134

唐宋词中渴慕情 胡元翎 6.110

何以"周瑜打黄盖——愿打愿挨"?——从陶渊明《咏贫士》诗之七看江东孙氏与黄氏的交谊 范子烨 7.146

宁古塔流人诗社成因及影响 黄德烈 7.154

说"汝语"——亡国之君孙皓的一首谶诗(上) 范子烨 11.119

金代后期的诗学思想论争 张安祖 11.126

楚声组曲与《九歌》声辞 张兴武 12.85

宋代文人茶的人生之乐

陈 瑜 杜晓勤 12.91

周邦彦与他的三任妻子 孙 虹 12.98

陆游文学世界中的地理意象与空间想象 白振奎 12.104

说"汝语"——亡国之君孙皓的一首谶诗(下) 范子烨 12.111

读者·作者·编者

浅谈《刘知远诸宫调》发现的时间与地点 谢继忠 4.158

也谈"红叶题诗" 张义壮 6.14

吕布:寻不到位置的英雄 胡以存 5.42

"八贤王"本事 汪圣铎 马元元 6.141

纪念傅山诞辰400周年

明清之际的布衣奇士傅山 降大任 7.5

明清大医傅青主 张益民 7.12

傅山及其书法艺术 赵宝琴 7.20

民间传说中的傅山先生 张国宁 7.26

"朱衣道人案"中的傅山 张继红 7.29

丹枫阁论学 魏宗禹 7.35

说文解字

说说"律师" 韩 栋 7.143

说"宁为鸡尸,无为牛从" 郑慧生 9.149

谁忧,何忧?——"父母惟其疾之忧"释解 张 钧 10.149

处女、处士、处暑的"处"当作何解? 胡渐逵 10.153

说"俗典" 李景华 12.135

京腔京韵

北京方言浅说 张伯江 8.33

清代北京旗人如何卡拉OK 徐德亮 8.38

皇家宫囿

皇家的园林艺术	张 勃	8.44
追寻消逝的"万园之园":圆明园遗址	王云松	8.52
帝王们的精神家园——北京的皇家祠和庙	龙霄飞	8.56
三海的千年沧桑	佘 超	8.61

古都气象

北京四合院的基本类型和文化象征	顾 军	8.77
北京的胡同	肖飞	8.84
老北京的茶馆	方 彪	8.91
北京的会馆	谭晓静 孙莉莉	8.100

2008年

特别关注

古罗马军团到过中国吗？	汪受宽	2.4
西楚霸王到底身死何处？	宁业高	3.4
彻底揭开秦阿房宫的神秘面纱	李毓芳	4.4
李时珍与《金瓶梅》	黄 霖	6.4
关于高中语文课本改革问题的谈话 宁宗一	陈思	7.4
中文系应当有"文气"	温儒敏	8.4
简化字的史源与时运	晔 子	9.4
浅议近代的文字改革运动	李洪岩	9.11
黄遵宪与中国的语言文体改革	郑海麟	9.16
从阮逸《中说》注》看北宋时代的俗体字	师为公	9.20

《文史知识》与改革开放三十年专栏

我说《文史知识》	卞孝萱	10.4
《文史知识》:我的良师益友	宁宗一	10.7
亦师亦友三十年——我与《文史知识》	王志民	10.10
《文史知识》是真正的良师益友	过常宝	10.13
愿《文史知识》永葆活力	金开诚	12.4
与改革开放同行	李洪岩	12.7
《文史知识》与改革开放以来的中国文史研究	张 涛	12.10
坚持改革开放,弘扬民族精华,倡导文化复兴	臧 嵘	12.13
《文史知识》——明净开阔的窗外	康 震	12.16

笔谈

宋代江西对中国文化的		
贡献	许怀林	11.4
宋代江西文化的特色	傅修延	11.6
宋代江西文化繁荣的原		
因	俞兆鹏	11.9
宋代江西研究的成就与		
存在的问题	方志远	11.11

专访

她把学术看得很重(上)		
——江蓝生先生访谈录		
赵长才 杨永龙 祖生利		1.4
中国实验语音学的开拓		
者(上)——年轻的百		
岁清华老校友吴宗济教		
授访谈	赵丽明	2.10
她把学术看得很重(下)		
——江蓝生先生访谈录		
赵长才 杨永龙 祖生利		2.18
中国实验语音学的开拓		
者(下)——年轻的百		
岁清华老校友吴宗济教		
授访谈	赵丽明	3.11

文史百题

张华"情多"的意义	曹 旭	1.13
满族说部的重要价值与		
丰富内涵	周惠泉	1.23
王维的一篇妙文	董乃斌	2.26

重现于世的元代法律典		
籍——残本《至正条格》	张 帆	2.31
胡惟庸党案的真与假	陈梧桐	2.39
宋代说唱伎艺人的演艺		
生涯 于天池	李 书	3.21
金代的忠孝军	施 云	3.31
清内府戏出人物画	杨连启	3.36
诸葛亮,拿什么恒久地		
感动着历史?	刘隆有	4.8
元代的妓女	陈高华	4.17
元诗四大家	查洪德	4.24
略论近体诗格律及其		
他——借"香菱学诗"为		
引	蔡宛若	4.32
汉代南阳的历史地位		
熊铁基	朱立红	5.4
南阳:东汉文化地图上		
的"朱光"、"飞荣"之		
都	王子今	5.10
诸葛亮为何"躬耕于南		
阳"?	臧 嵘	5.15
南阳与楚文化	蒋 波	5.23
夏人、迁民与南阳帝乡	刘德增	5.28
明清州县衙门的格局与		
体制	郭润涛	5.35
淮源、淮庙与淮源文化	朱德林	5.43
孟姜女故事的演变及其		
文化意蕴	宁稼雨	6.9
成吉思汗与六盘山	朱耀廷	6.14
陈宝箴、黄遵宪的交谊		
与湖南新政(一)——		

2001年—2010年

纪念戊戌变法110周年	郑海麟	6.19
黄帝、黄帝部族与黄帝发祥地	沈长云	7.13
阪泉之战究竟发生在哪里？	曲 辰	7.21
《聊斋志异》中的人才问题小说（上）	周先慎	7.25
陈宝箴、黄遵宪的交谊与湖南新政（二）	郑海麟	7.35
元朝的宫女	陈高华	8.8
从来拜神拜佛都是自拜其心——李渔的鬼神运命观	张成全	8.19
乾隆年间新疆地区的舆图测绘	侯德仁	8.27
《聊斋志异》中的人才问题小说（下）	周先慎	8.33
陈宝箴、黄遵宪的交谊与湖南新政（三）	郑海麟	8.43
绚丽多姿的中国民族古文字	张公瑾	9.27
从出土简（邯郸）合文现象谈起——兼谈汉文字体制与文字制度	赵丽明	9.33
元代的离婚与再嫁	陈高华	9.41
陈宝箴、黄遵宪的交谊与湖南新政（四）	郑海麟	9.48
元代的妾和婢	陈高华	10.15
朱元璋与洪武文坛生态	马大勇	10.23
地理环境视域下的江西文学	夏汉宁	11.14
宋代文人笔下的江西山水名胜	胡迎建	11.19
宋代江西的书院与讲会、会讲	胡 青	11.25
宋代江西的理学家	李 江	11.30
唐宋贬谪赣南地域的士人	周艳舞	11.36
朱熹眼中的"江西之学"	王伟民	11.44
南宋人看江西诗派	黎 清	11.51
"烛影斧声"与宋太祖之死	王瑞来	12.20
元世祖及成宗时期的儒吏关系	魏崇武	12.28
毁番案：晚明时期的一起冤案	赵永中	12.35

诗文欣赏

梅花诗话	张福勋	1.31
山水飘零寄客愁——论孙逖诗中的山水与乡愁	林向句	1.36
借送别人抒悲怀的沉郁蕴藉之作——读辛弃疾《贺新郎·别茂嘉十二弟》	刘扬忠	2.47
一首出色的三言诗——汪遵《侠客行》分析	王德明	2.51
说《无题（飒飒东南细雨来）》	李鹏飞	3.45
薝地偷天 妙赏自然——杜牧《盆池》诗品读	李金坤	3.49
"风雨"的历程	赵长征	3.54

何处哀镜照浊泥

——从唐小说《敬元颖》

看中国古代镜文化　　张同利　4.42

鸳鸯惊散　人琴痛深

——叶小纨《鸳鸯梦》赏

析　　　　　　刘召明　4.46

救世之意　空幻之情

——《桃花扇》创意图

与主旨　　　　彭知辉　4.51

张衡和他的《南都赋》　钱志熙　5.66

浮华世界的梦游者

——读李白《南都行》

　　　　　　　过常宝　5.73

大音希声：中国鉴赏理

论的最高境界　李红梅　6.27

幸有"柳"来山未孤

——柳宗元《始得西山

宴游记》解析　姚大勇　6.30

谁知竹西路，歌吹是扬

州——读杜牧《题扬州

禅智寺》　　　张　梅　6.34

波澜起伏　破中有立

——谈《论语·季氏将

伐颛臾》的论辩特色

　　　　　　　姚大勇　7.42

逸诗一首说伯夷　孙　民　7.47

以孤篇压倒全唐——谈

张若虚的《春江花月夜》

　　　　　　　李鹏飞　7.50

读苏轼的《洞仙歌》　米彦青　8.52

郑珍侠词《贺新郎》解析　张　剑　8.56

何以诗人"独怆然"

——陈子昂《登幽州台

歌》探幽　　　孙　民　9.54

落红不是无情物

——李商隐《落花》赏析　赵长征　9.57

相思为何物？

——读李商隐《无题·

来是空言去绝踪》

　　　　　　　李瑞卿　9.61

倾诉失意英雄胸怀的一

曲壮歌

——辛弃疾《水龙吟·

过南剑双溪楼》赏析

　　　　　　　刘扬忠　10.40

青山妩媚，稼轩妩媚

——读辛弃疾《贺新

郎·甚矣吾衰矣》

　　　　　　　丁启阵　10.43

临风想望　不能忘情

——读王安石《祭欧阳

文忠公文》　熊盛元　11.60

"驯之以自然"的儒学内

涵——读曾巩《宜黄县

县学记》　　赖华先　11.63

柳永悼妓　　路成文　李　珺　12.45

牧童·牧笛·牧牛

——古诗词中的"牧童

世界"　　王　成　李晓丽　12.50

小说丛谈

梁山的阴暗面　　　张国风　1.43

宋惠莲之死　　　　张国风　2.54

《金瓶梅》和《续金瓶梅》

　　　　　　　　　张国风　3.63

明清小说中的纤足和绣

花鞋　　　　　张国风　4.56

强盗碰着贼爷爷　　张国风　6.38

挡不住的诱惑　　　张国风　7.54

重写妓女传奇　　　刘大先　7.62
百无一用是书生　　张国风　8.60

交流与比较

中国绘画在西方的广泛
　传播与深入影响　陈旭霞　1.51
明末清初传教士对西方
　美学观念的早期传播　黄兴涛　2.61
被忽视的历史：日本漂
　流民在中国　　　孟晓旭　2.66
香港的早期中文期刊
《遐迩贯珍》　　　徐霞辉　3.71
外国科学家眼中的张衡
　　　　刘　新　方建国　5.77
《道藏通考》：欧洲的"道
　藏工程"　　　　樊昕　7.71
韩国的中秋节　[韩国]郑锡元　10.59
绵绵新学叠讼议，奇正
　得失任评说——漫　谈
　新学丛书的文献价值　吕明涛　10.70

文化史知识

从对龟褒贬的变迁看古
　代贞操观念的演进　暴希明　1.57
五代时期西蜀的印刷业　苏勇强　1.61
浅谈明朝的赐服形象　纳春英　1.68
说说"傀儡儿"　　张慧禾　1.105
说"角妓"　　　　韩健畅　3.99
"暗八仙"的来源　尹　蓉　3.104
漫谈筝筑　　　　张　柳　4.87
也说西域戊己校尉　薛新力　4.93

黄山遗址——独山玉雕
　"第一村"　　　江富建　5.97
从许阿瞿的快乐生活谈
　南阳汉画像　　郑先兴　5.103
南阳的商业会馆　杜启明　5.107
花洲书院与诸葛书院　黄丽峰　5.112
南楚争霸　佩裳表
　国——说蔡国　　刘成荣　6.52
纸马趣谈　　　　虞云国　6.55
历代私家藏书楼命名的
　文化解读　　卫大新　欧明俊　6.61
说"曹国"　　　　潘守毅　7.98
漫话"晒书"　　　温显贵　7.101
诗板、诗筒、诗屏和诗碑　吴淑玲　7.107
姬姓宗邦，诸侯望
　国——鲁国　　　杨朝明　8.87
争衡齐鲁，雄踞东
　夷——莒国　　　杨朝明　9.75
"寒具"考　　　　韩健畅　9.82
古代书名趣谈　　刘冬颖　9.87
金鱼的故事　　　王曾瑜　10.77
"三仁"之后，续阙礼
　仪——宋国　　　刘德增　10.82
宋代江西文人作品中的
　茶艺与茶趣　余　悦　王　俊　11.67
宋代江西的好讼之风　施由明　11.72
宋代江西的教育、科举、
　文学家族　　　　虞文霞　11.77
宋代江西"义门陈"　孙家骅　11.84
巴国的历史和文化　段　渝　12.67
回鹘文及其文献　张铁山　12.73

从《水浒》浑号"菜园子"说起 虞云国 12.78

人文游踪

青家拥黛王昭君 韩星海 1.72
南阳三章 二月河 5.48
荆紫关访古 周同宾 5.54
赤眉古寨与刘盆子墓之谜 李茗公 5.57
宁海古戏台漫步 徐培良 8.109
至于顿丘 傅道彬 10.28
海南岛上觅坡翁 张福勋 10.35
千古紫阳堤 湖 星 11.58
惠州泪洒朝云墓 张福勋 12.41

人物春秋

"镇之以静,群情自安"——王导在东晋初年 李铁军 1.76
伪名儒不如真名妓——袁枚与杨潮观的一场"诽谤"官司 马大勇 1.81
以书画养家的女诗人黄媛介 珊 丹 2.80
略说宋柳情缘 姚蓉 2.85
"对酒不能言,凄怆怀酸辛"——阮籍与酒 高建新 3.82
晚清著名学者杨守敬 邹华清 3.88
"第一循吏"——楚国名相孙叔敖 姚喜荣 4.65
娶妻当得阴丽华 沙 超 5.82
"医圣"张仲景和《伤寒杂病论》 钱超尘 5.87
东坡在岭南之一:南迁途中 莫砺锋 6.94
"立言则多,蓄未尽施"的丘濬 赵玉田 6.99
大奸似忠说陈祗 沈伯俊 7.84
东坡在岭南之二:"报道先生春睡美" 莫砺锋 7.88
清初廉吏汤斌 史革新 7.92
过人的胆识 悲寂的内心——东方朔的两种生活状态 李现红 8.77
东坡在岭南之三:从惠州到儋州 莫砺锋 8.82
解读张的"才"与"命" 沙 虹 9.95
东坡在岭南之四:"梦里似曾迁海外" 莫砺锋 9.101
贤德与才情兼善——西泠名媛顾若璞 胡小林 10.94
人间自有清华种——清代女诗人孙云凤 珊 丹 10.99
非凡的知识女性——单士厘 杜海华 10.104
东坡在岭南之五:"细和渊明诗" 莫砺锋 10.108
欧阳修的江西情结 韩 林 11.87
王庭珪与胡铨的生死交谊 俞 晖 11.93
辛弃疾在上饶 吴长庚 11.98
理想化的圣人——颜渊 喻英烔 12.87
白居易娶了谁家的女子 余 迎 12.92

葛逻禄诗人遁贤与其寻根之旅	(上)	苏生文 赵 爽	1.93
叶爱欣	12.98	(下) 苏生文 赵 爽	2.73

"素裙革履学欧风"

民俗志

——中国近代服饰的变

迁

年画的题材与传承

		(一) 苏生文 赵 爽	3.74
龙晓添 焦玉良	1.88	(二) 苏生文 赵 爽	4.61
武强年画 陈贺芝	2.88	(三) 苏生文 赵 爽	6.42
元散曲里的元宵节 翁敏华	2.97	(四) 苏生文 赵 爽	7.77
民间宗教的创世女		对中西建筑文化的比较	
神——无生老母 孔庆茂	3.93	认识	
歌哭悲欢里的清明节 叶瑞昕	4.73	(一) 苏生文 赵 爽	8.93
元曲里的清明节 翁敏华	4.79	(二) 苏生文 赵 爽	9.91
天妃与杨泗爷 萧 放	5.122	(三) 苏生文 赵 爽	10.88
南阳夜婚礼俗 聂宛忻	5.129	近代交通工具与"男女	
南阳民间美术 朱晓红	5.134	之大防"的突破	
知县过年 王晓杰	5.140	苏生文 赵 爽	12.83
牛郎织女传说当起源于			
南阳 杜全山 周仁明	5.143	**学林漫话**	
文种三清范蠡 廷 献 万 献	5.149	师门琐忆 许嘉璐	1.104
孟姜女故事与泰山 周 郢	6.68	"魁儒"陈汉章 卞孝萱	2.109
宋代端午饰:从门户到		郑振铎与敦煌俗文学研	
身体 张晓红	6.76	究 王睿颖	2.114
古代文人眼中的端午节 谭忠国	6.82	学者的楷模 师德的典	
《金瓶梅》中的体育娱乐 刘秉果	6.87	范——纪念刘乃和先生 王炜民	3.109
《太平寰宇记》中的江西		翦伯赞故居的沉浮	
民间传说与民俗 刘双琴	11.115	——为纪念翦伯赞先生	
		诞辰110周年而作 张传玺	4.97
连载		怀念王锺翰先生 董宝光	4.103
假作真时真亦假 马瑞芳	1.132	为《"魁儒"陈汉章》补一	
西方物质文明与晚清民		事 吴宗海	4.109
初的中国社会			

王瑶先生与我的父亲赵 俪生 赵纲 6.117

回忆周一良师 周清澍 7.116

苦行修善果——忆先父 姜亮夫先生 姜昆武 8.113

国学大师话国学(上) 施议对 9.106

沐风侍砚数十载 ——怀念赵俪生教授 汪受宽 10.116

国学大师话国学(下) 施议对 10.122

忆李长之老师 李修生 12.104

李长之与宗白华 于天池 李 书 12.109

北京文化史谈丛

古都北京城建规划的文 化内涵 朱耀廷 1.111

白云观庙会 王新蕊 1.119

京西桃源观千峰老人的 "道"缘 傅凤英 2.118

研究老北京的美国早期 汉学家 左芙蓉 2.127

京西八大处觅踪 吕红梅 3.120

阿尼哥与白塔寺 张连城 3.124

泰山、"五顶"、妙峰山： 北京地区东岳崇拜的 民间化过程 吴效群 4.110

妙峰山：民间文化的记 忆与传承 孙庆忠 4.117

古燕国与燕子 韩建业 6.107

北京的城墙与城门 朱永杰 6.112

又见北顶娘娘庙 张 帆 张妙弟 7.134

说说北京的清真寺 佟 洵 7.138

北京地区的山戎文化 张 经 8.100

北京民居四合院的形与 神 李雪妍 8.104

大房山金陵的初建 黄可佳 9.117

景山史话 李宝明 9.123

风光一时半亩园 王奉慧 9.128

北京西什库教堂 杨靖筠 10.128

大刀王五与源顺镖局 成志芬 张宝秀 10.132

喇嘛打鬼——雍和宫金 刚神舞变迁 于 洪 12.120

戏曲苑

清宫何以盛行三国戏 李小红 1.123

《审音鉴古录》：乾隆时 期的昆曲演出实录 黄 克 3.128

戏曲中的"孤"与"装孤" 唐雪莹 4.124

《桃花扇传奇》与容美土 司戏班的传奇 赵先正 4.130

南阳板头曲 闫天民 5.118

宋杂剧与江西 龚国光 11.104

宋代"江西琴派" 王 河 11.109

随笔·札记

十二生肖和"白兔翁"文 化公案 [加拿大]陈三平 1.141

悟空头上的金箍儿哪去 了？ 郑连聪 1.147

退士闲谈：类书 白化文 2.137

元朝封孔子尊号"大成 至圣文宣王"的背后 赵文坦 2.144

司马迁的一次失职 马执斌 3.134

衣锦还乡,还是沐猴而冠? 半 夏 3.136

纸鸢与风筝 白化文 4.138

庄子何时始称"南华"? 方 达 4.146

项羽东城突围地址究竟在哪里?

熊明陶 吴爱华 石家红 6.142

项羽是想由渡江北上的老路回江东的 刘敬坤 6.147

"君子"与"小人":曾经没有褒贬之分 北 塔 6.149

明月如何照黄昏——古代诗词中的"黄昏月" 白灵阶 7.150

妇女/性别研究的珍贵文献

——谈《历代妇女著作考》 谢玉娥 8.136

唐代女诗人的创作心态 刘 艳 8.145

苏轼《琴诗》不是诗 刘尚荣 8.150

道家的永恒价值 傅佩荣 9.137

儒者的"不忍人之心"

——解读杜甫《茅屋为秋风所破歌》的深层结构 于翠玲 9.139

《明思宗殉国三百年纪念碑》别解 马 勇 9.143

话说《唐诗三百首》 蒋 寅 9.148

苏轼的"寄生"故乡观 冯小禄 10.137

"红莲故事"中的苏轼前身"五戒禅师" 许外芳 10.142

周敦颐的"爱莲池"在哪里? 陈 清 11.121

我们到底离"文气"有多远? 刘涛之 12.126

长辈对晚辈的一种客气称呼 白化文 12.130

古代典籍

读《龙龛手镜》札记 宋德金 1.151

《鹤林玉露》中有关江西文人的记述 王德保 11.154

专 文

漫议中国古典戏剧之成熟 李 钢 2.131

眉本:一部新发现的《红楼梦》残抄本 夏 薇 6.151

朱彝尊《沁园春》咏美组词的认识价值 吴 蓓 7.146

六朝情歌中的"欢" 范子烨 8.129

书画欣赏

章草的"章" 李永忠 2.148

狂草的"狂" 李永忠 3.146

飞白书的"飞"与"白" 李永忠 9.152

徐崇嗣与没骨图 陈圣燕 11.125

北宋书法第一大家和品画名家黄庭坚

黄 君 迎 建 11.129

墨梅大家扬无咎与《四梅花图》 叶 青 11.136

青年园地

无法替代的"配角"
——诗词中"一"的妙用 王 芳 2.154

冲冠是否为红颜?
——关于《圆圆曲》 白一瑾 6.131

文物与考古

安徽临泉县发现一件珍贵的谢氏文物
——光绪五年诏书 谢石华 3.143

邓瓷与邓瓷遗址
——内乡大窑店 金爱秀 5.156

东胡林人 赵朝洪 6.137

颐和园文昌院三辆尊欣赏 张 颖 9.132

文史研究动态

2007年越文化与水环境国际学术研讨会综述 谢进昌 3.152

《水浒传》"农民起义说"形成的历史根源 刘天振 12.145

研究综述

20世纪金史研究综述
段光达 沈一民 4.154

文史古迹

范蠡是哪里人? 于金献 5.151

南阳玄妙观 殷德杰 5.153

宋代梅关 龙建国 11.139

八境台与郁孤台 段晓华 11.142

景德镇得名之由来与青白瓷的兴起 陈雨前 戴 静 11.146

岳飞的母亲与夫人为何葬于九江? 吴国富 11.150

讲堂实录

从《水浒传》看江湖文化

（一） 王学泰 6.125

（二） 王学泰 7.156

（三） 王学泰 8.153

（四） 王学泰 9.157

（五） 王学泰 10.156

（六） 王学泰 12.141

儒家思想与中国疆域的形成(上) 葛剑雄 10.148

儒家思想与中国疆域的形成(下) 葛剑雄 12.133

读者·作者·编者

对《光绪五年诏书》断句的商榷 涂宗涛 6.158

治学之路

古典文学研究的视野

（上） 张宏生 7.126

（下） 张宏生 8.120

说文解字

山西方言中的特殊称

2001年—2010年

谓 王雪樵 4.150

真实的"假人":宋江之"好汉"行径 郭英德 9.66

真实的"假人":宋江之人生选择 郭英德 10.49

真实的"假人":宋江之阴暗品性 郭英德 12.58

古代科技漫话

杜诗与"水排" 安作璋 5.61

宗教与人生

南阳的名僧与名寺 陈战国 5.91

文学形象

鲁智深的佛性人生 常 楠 8.66

其 他

南阳古代名人简表 4.158

2009年

特别关注

学术规范应坚持"守正" 吴小如 1.4

吴小如先生关于旧体诗创作的谈话 吴小如 3.4

"五四"是一道分水岭 李洪岩 5.4

"五四"运动与新文化系统的建构——纪念"五四"运动九十周年 郑海麟 5.8

丝绸之路史二题 杨镰 6.4

弘扬民族精神 探寻发展规律——古典文学研究六十年感言 刘跃进 7.4

六十年来中国史学之变迁 王学典 8.4

六十年来中国哲学思想史研究的思考 郭齐勇 廖晓炜 9.4

中国考古学六十年 曹兵武 10.4

中国边疆学六十年与西部探险发现 马大正 11.4

唯物史观与中国史学 张传玺 12.4

二里头遗址考古五十载掠影 李维明 12.10

文史百题

《尚书·甘誓》神话说 尹荣方 1.7

王维:应制七律第一人 王志清 1.17

清初官场风习一瞥 王云松 1.23

曹丕的论文与论武(上) 徐公持 2.4

诸葛亮北伐失败原因新探 罗民介 2.11

读《唐六典》的一些体会 王永兴 2.17

《史记》,那个时代的"文学" 常 森 3.9

2009 年

曹丕的论文与论武(下)	徐公持	3.16
罗贯中是哪里人？	田同旭	3.24
黄河三角洲的人文地理	李沈阳	4.4
黄河三角洲移民及其特征李靖莉	赵若凡	4.10
1855年黄河改道对黄河三角洲的影响	闫海青	4.15
魏晋南北朝的释奠礼与释奠诗	钟涛	4.19
辛弃疾的马群	徐炜	4.24
从"胸有成竹"到"胸无成竹"——文人画理论的发展和深化	杨铸	5.25
黄遵宪:诗界革命的巨擘	曹旭	5.31
"五四"前后的中国知识分子与早期话剧	李静	5.41
论北周武帝宇文邕	王永兴	6.12
谈谈佛教与山水 郝润华	杨旭东	6.21
走近宋代诗词	王兆鹏	7.12
"二范之风"与晋宋儒学	范子烨	7.17
乾隆与路易十六之死	李景屏	7.24
冀西北与黄帝传说	王玉亮	8.14
汉晋士族的发展历程	孙明君	8.19
汉世悲歌——两汉社会的精神风貌	刘蓉	9.11
唐代科举中的"拔解"	徐晓峰	9.17
关于元杂剧的繁荣问题	薛瑞兆	9.24
变"雅"为"俗"的宋词大家:柳永和他的《乐章集》	刘扬忠	10.15
元代的尼姑与女冠	陈高华	10.23
月亮想象与诗思神悟	张宏生	10.31
一条以宗教文化为内涵的血肉长城——康熙、乾隆与外八庙	李景屏	10.39
从黄遵宪《与陈伯严书》看晚清变局	郑海麟	10.47
由考古材料看《诗经》姜嫄神话的产生	江林昌	11.9
楚歌声中的屈原(上)	刘跃进	11.15
元朝的后妃与公主	陈高华	11.23
耶稣会士笔下的和珅可信吗？——兼及葡萄牙首相蓬巴尔、路易十五情妇蓬帕杜尔夫人	李景屏	11.31
晚清政府对西沙群岛主权维护的积极尝试——谈筹办西沙岛事务处的活动	贾晓盼	11.38
楚歌声中的屈原(下)	刘跃进	12.17
话说唐代游侠儿	汪聚应	12.25
陈桥兵变的主谋究竟是谁	李之亮	12.32

诗文欣赏

言之有文的《正考父鼎铭》	屹宇	1.31
李商隐《花下醉》诗解析	过常宝	1.35
花谢花飞看心境	张宏生	1.38
诗话两则	曹旭	1.41
一语天然万古斯,豪华		

落尽见真淳

——析陶渊明《读山海经十三首》其一 李鹏飞 2.24

陶诗"远人村"新解 李 飞 2.27

诗话两则 曹 旭 2.33

伤春伤别，魂销意尽

——辛弃疾《祝英台近·晚春》赏析 刘扬忠 3.32

清新田园，快乐农家

——读辛弃疾《清平乐·村居》 丁启阵 3.34

在矛盾与执著中完成自己

——读张惠言《水调歌头》五首之三 新 欣 3.40

飞入七宝楼台的野云 张宏生 3.45

诗话两则 曹 旭 3.50

谈孟浩然的"春眠" 孙筱瑾 4.31

诗话两则 曹 旭 4.34

落花消息费传递 张宏生 5.47

读江湜《南台酒家题壁》诗 过常宝 5.51

李贺《将进酒》解析 过常宝 6.27

明人域外赋双璧：董越《朝鲜赋》与湛若水《交南赋》 叶 晔 6.31

诗话两则 曹 旭 6.37

来自三千年前的警告

——读《尚书·无逸》篇 王国轩 7.32

巧思妙笔雕刻客——《战国策》塑造豫让形象的艺术及文学史意义 裴登峰 7.38

诗话两则 曹 旭 7.43

等待中的岁月——读曹子建《七哀》 曾彩华 王 玫 8.27

"宛转相生，逢原皆给"

——析庾信的《燕歌行》 李鹏飞 8.32

长安的明月——读庾信《哀江南赋》 丁红旗 8.38

谈谈"串珠诗" 于东新 8.43

诗话三则 曹 旭 8.49

挡不住的叠字诱惑 张宏生 9.33

落花流水 眉头心上：流动的相思——读李清照《一剪梅》 刘淑丽 9.39

感伤的燕子——梦窗词意意象 陈昌宁 9.44

读柳永《迷仙引》《才过笄年》词 过常宝 10.53

柳永的联章体组词《少年游》 路成文 10.56

闺情诗词中的"井" 吕玉华 10.62

《读山海经》中的初夏 曹 旭 11.44

再说王维《鸟鸣涧》的"桂花" 叶 盈 11.48

南山：永恒之象

——读陶渊明诗《饮酒·结庐在人境》 杨合林 11.52

"小乔初嫁了"新解

——重读东坡《念奴娇·赤壁怀古》 陈建华 11.56

孟浩然、杜甫岳阳楼诗对比品读 查洪德 任红敏 12.37

诗清立意新——杜甫《夜宴左氏庄》赏析　　孟　飞　12.45

风雨兼程的人生序曲——《红楼梦》探春判词曲《分骨肉》　〔美国〕张晓中　12.50

小说丛谈

冯梦龙与《古今小说》　　周柳伽　1.44

对尚武传统的呼唤　　张国风　1.47

今日君臣重聚义，正如龙虎会风云——说《三国志通俗演义》中的古城会　　于天池　李　书　2.35

郭澄之与他的作品《郭子》　　周柳伽　2.41

晁盖早就被吴用架空　　张国风　2.44

《拍案惊奇》和凌濛初　　周柳伽　3.52

亡国之君多才艺　　张国风　3.55

谈《警世通言》　　周柳伽　4.37

无往而不在的面子问题　　张国风　5.112

《醉醒石》等白话小说的艺术特色和版本源流　　周柳伽　6.39

民族偶像的现代审视　　张国风　7.128

在道学与艺术之间穿行的《歧路灯》　　张国风　8.74

石秀与时迁　　张国风　9.50

《醒世姻缘传》与《金瓶梅》之异同　　张国风　10.70

你中有我，我中有你：古代小说、戏曲互动之一例　　张国风　11.62

古代小说、戏曲对辅助人物的利用　　张国风　12.84

文学人物画廊

八面生风王熙凤——趣话王熙凤（一）　　马瑞芳　1.53

凡鸟偏从末世来——趣话王熙凤（二）　　马瑞芳　2.51

大观园里的齐天大圣——趣话王熙凤（三）　　马瑞芳　3.60

挑帘红的名角出场——趣话王熙凤（四）　　马瑞芳　4.40

凤姐是风月人物吗？——趣话王熙凤（五）　　马瑞芳　5.120

毒设相思局："拥凤团"的恣意恶搞——趣话王熙凤（六）　　马瑞芳　6.88

王熙凤协理宁国府：两个女人的生死联盟——趣话王熙凤（七）　　马瑞芳　7.134

交流与比较

冈村繁先生印象　　孙明君　1.63

曾朴与法国文化的世界　　马晓冬　5.72

那珂通世、林泰辅与清末民初的中国学界　　童　岭　5.79

《圣经》汉语译本的历史　　马云霞　7.66

文化史知识

蜀国的历史和文化　　段　渝　1.71

谜一样的文字——西夏

文	王培培	1.79
东西"二號"的兴衰(上)	龚留柱	2.59
彝文的历史及特点	黄建明	2.64
从花间词看晚唐五代女性圈中生活 欧明俊	庄伟华	3.69
晚清贡士、进士不分的原因——以陈三立为例	刘经富	3.74
东西"二號"的兴衰(下)	龚留柱	3.78
蒲姑,东夷大国风采觅踪 李象润	李洛洋	4.51
尸祭礼俗漫谈	杨玉荣	4.57
中国古代的疫病防治 张剑光	王晓洁	4.62
杞国寻踪	孟世凯	5.54
说说敦煌写本S.6557中的"髪局"	[日本]石立善	5.63
汉画像中的车	李春阳	6.52
南阳汉画像石艺术对南北朝雕塑的影响 逯爱英	柳玉东	6.58
西域木加工和皮革制造行业的共存	殷福兰	6.63
从南阳方言"囊"说到新疆美食"馕" 聂振弢	张秀芹	6.69
诸侯之长,君子之国——卫国	刘淑强	7.45
"坡芽歌书"的符号是文字吗?	赵丽明	7.52
古人名字琐谈	暴希明	7.59
密迩于鲁,击柝相闻——郈国	杨朝明	8.51
渐行渐远的文房清玩——笺纸	刘运峰	8.58
满文的历史与特征	顾松洁	8.65
古代图书出版业的广告欺骗	李 鹏	8.69
荆艳楚舞,吴歈越吟——谈楚、越、吴歌谣的关系	刘旭青	9.56
扑朔迷离的小郈国	梁方健	9.62
筷子的传播史	潘吉星	10.76
陶瓷器——唐人生活中的诗歌载体	柯卓英	10.83
宋代的书铺与科举	林 珊	10.88
烟草与火柴	来新夏	10.94
宋国——一个被嘲讽的文化符号	罗时伟	11.69
漫说"百衲"	黄俊杰	11.73
明代中晚期的雅贿之风与书画交易	叶康宁	11.78
《诗经·氓》的礼俗背景	黄维华	12.54
"和水而饮"和夏柒、商纣的"酒池"	田 君	12.59
冬话鸣虫	金 鉴	12.64
北朝时期的职业佣书人与佛经抄写	尚永琪	12.69

连载

近代交通工具与"男女之大防"的突破(二) 苏生文	赵 爽	1.83
铁路与中国近代的旅游		

业

（一） 苏生文 赵 爽 2.67

（二） 苏生文 赵 爽 3.84

交通近代化与公共秩序

（一） 苏生文 赵 爽 4.67

（二） 苏生文 赵 爽 5.67

（三） 苏生文 赵 爽 6.75

人物春秋

王俭解选 杨 寨 1.89

空海入唐——佛学之旅
与文学之旅 卢盛江 1.96

周邦彦在长安的游学与
游宦 孙 虹 王 堤 2.72

诗僧惠洪的悲剧人生 上官涛 2.78

王莽：一幕道德与血腥
共存的悲喜剧 曲利丽 3.90

中医妇科学的创始
人——陈自明 刘双琴 3.98

商人江春的文学活动 朱 雯 3.102

公元五世纪的建筑大师
蒋少游 成益方 4.93

骆宾王与博昌 李兆禄 4.96

范仲淹中进士之前
傅开梅 马全江 4.100

不废江河万古流——隋
代杰出科学家宇文恺 师海军 5.106

金朝传奇诗人——施宜
生 牛贵琥 6.82

"玩"出来的文化与"玩"
的文化——李渔的另

类文化建构 冯保善 8.103

孝端文皇后和她的两个
侄女 王城迪 9.68

王世贞的晚年生活、趣
尚及品格 魏宏远 10.98

林则徐与金门奇人林树
梅的唱和与交游 陈 茗 10.104

任昉与王俭的神交 杨 寨 11.83

张邦昌僭伪考辨 姚大勇 11.89

元好问与南阳 张建伟 11.94

父子相继研经术，各领
风骚冠儒林
——刘向和刘歆

张 涛 王舟舟 12.76

学林漫话

钱钟书以杜诗、禅语评
印 卞孝萱 1.102

《经典常谈》与"整理国
故" 邓乔彬 王晓东 1.104

怀念金开诚先生 杨牧之 黄 克
余 喆 冯宝志等 2.82

精诚所加 金石为开
——缅怀金开诚先生 岳庆平 2.90

思念金开诚先生 董晓萍 2.98

谆谆教海 犹在耳畔
——怀念金开诚老师 胡友鸣 2.104

平生风义兼师友
——怀念曹道衡先生；
兼论朴实与谦逊 魏明安 3.113

真传与门径：民国四大

词人 施议对 4.109

敬悼王永兴先生 董宝光 4.114

一代词宗与一代词的综合——民国四大词人之一：夏承焘（一） 施议对 5.85

记夏承焘老师一次讲学活动的前前后后 陈美林 5.92

怀念王永兴先生 吴小如 6.113

从"对接"到"契合"——来新夏先生古稀"变法"录 宁宗一 6.117

最早从事敦煌学研究的学术团体——敦煌经籍辑存会 孙玉蓉 6.126

一代词宗与一代词的综合——民国四大词人之一：夏承焘（二） 施议对 6.130

一代词宗与一代词的综合——民国四大词人之一：夏承焘（三） 施议对 7.72

海源阁旧藏珍本入藏国家图书馆经过 刘 波 7.78

缅怀孙楷第先生 邓绍基 8.80

一瞥劫后灿烂——记校点"二十四史"及《清史稿》的几位老先生 黄 克 8.82

一代词宗与一代词的综合——民国四大词人之一：夏承焘（四） 施议对 8.89

深切悼念任又之（继愈）先生 白化文 9.79

缅怀任公 学习任公——沉痛悼念任继愈老师 方立天 9.82

季羡林先生与中华书局和《文史知识》 王邦维 9.88

季羡林先生与民俗学 董晓萍 9.93

未晤面的一段深情回忆 张福勋 9.99

季羡林、任继愈先生与《文史知识》 胡友鸣 9.101

一代词宗与一代词的综合——民国四大词人之一：夏承焘（五） 施议对 9.107

重温吴组缃先生论《三国演义》 周先慎 10.116

布衣傲王侯——我的老师金景芳先生 宋德金 10.124

"我爱鲁智深"——学林逸事五则 清 芬 10.130

中国词学文献学的奠基人——民国四大词人之二：唐圭璋（一） 施议对 10.132

为追求学术而孜孜不倦——怀念卞孝萱先生 张宏生 11.99

怀念卞孝萱先生 郝润华 11.110

学者的使命和一本刊物的责任 吕玉华 11.110

中国词学文献学的奠基人——民国四大词人之二：唐圭璋（二） 施议对 11.113

遥知水远天长外——追忆金开诚先生 葛兆光 12.90

2009年

怀念金开诚先生 朱则杰 12.97

胡文楷的古代妇女文学研究述略 杜海华 12.100

中国词学文献学的莫基人——民国四大词人之二：唐圭璋（三） 施议对 12.106

北京文化史谈丛

畿辅名园莲花池 王奉慧 1.111

金章宗与北京山水 高文瑞 1.117

谈谈北京寺庙的京音乐 孙 鑫 2.110

元代宫廷的"烧饭"礼俗 陈 伟 3.108

元大都伊斯兰饮食文化的形成与特点 杜 丽 4.104

尹志平与北京道教 傅凤英 5.141

吴中与明十三陵 陈红宇 7.122

随笔·札记

从王充的《论衡·自纪篇》谈起 阎 静 1.122

旧时天气旧时衣——"鬼话连篇"之一 程章灿 1.127

喻意的专指与能指 张宏生 2.125

岂曰无衣——"鬼话连篇"之二 程章灿 2.129

古代诗话词话中的巧比妙喻 谷曙光 3.123

耳径通幽——"鬼话连篇"之三 程章灿 3.128

心之"陆沉"：走近《庄子》 刘冬颖 4.120

"碧螺春碗"释义 谭 庄 4.123

读《红楼梦》随笔二则 夏 薇 4.125

井井有鬼——"鬼话连篇"之四 程章灿 4.130

鬼诗是怎样生成的？——"鬼话连篇"之五 程章灿 5.131

太原的异名与罗贯中的籍贯问题 辛德勇 5.137

从《汉书》作者班氏家族的匈奴血统谈起 〔加拿大〕陈三平 6.98

鬼使神差——"鬼话连篇"之六 程章灿 6.104

诵读佛经与防虎豹鱼龙——由岑参"夜泊防虎豹、朝行逼鱼龙"说起 任文京 6.108

汉字、汉文与书法 欧阳中石 7.84

《世说新语》里的英雄 蒋 凡 7.87

说"鬼木"——"鬼话连篇"之七 程章灿 7.92

退士闲谈：屈原和贾谊 白化文 8.110

牛女故事与文学翻案 张宏生 8.115

唐代方外女性之诗 顾 农 8.120

略谈明清传奇小说——兼评《稀见珍本明清传奇小说集》 程毅中 8.126

唐传奇中的"木鬼"——"鬼话连篇"之八 程章灿 8.131

"口吃"与文章及以"笔"代"谈" 胡大雷 9.115

《齐谐》之言知多少 方 勇 9.119

史觚不是史繁 黄天美 9.121

为仙鬼捉刀——"鬼话连篇"之九 程章灿 9.124

陶渊明的无弦琴与舜帝的五弦琴 范子烨 10.139

试释"他家卖拖蒸河漏子、热烫温和大辣酥" 何龄修 10.144

"搬原"当是"扳援"之误——读红零札 陈熙中 10.149

人鬼与钱神——"鬼话连篇"之十 程章灿 10.151

"推谭僕远"和"知唐桑艾" 白化文 11.88

《放鹰》诗是白居易向皇帝建言"驭臣之术" 邵明珍 11.120

李渔论二十一史的一个卓越见解 钟明奇 11.126

庄子见鬼——"鬼话连篇"之十一 程章灿 11.131

《史记·扁鹊仓公列传》所见汉初二三事 王 浩 12.115

李白《静夜思》的文本演变 骨洪泉 12.121

画鬼容易吗?——"鬼话连篇"之十二 程章灿 12.124

民俗志

契丹人的髡发习俗 罗 飞 1.132

春幡·春胜·春帖——唐宋立春饰品 张晓红 2.134

董永故事：从孝亲典范

到爱情传奇 王金霞 4.71

胡集书会 张献青 4.75

踏青流觞竞风流,悲喜交加关山重——古代文人与清明节 谭忠国 4.80

清明不戴柳,红颜成皓首——清明用柳习俗 张 勃 4.87

守望传统节俗的精神家园——谈有关蛋的文化习俗 姚伟钧 郑玉东 5.100

老北京名吃——全聚德 马丽雅 8.98

文物与考古

走近"廉洁"的张汤——西汉张汤墓考古 后晓荣 1.136

丁公遗址与丁公陶文 杜立晖 4.136

黄河三角洲地区的佛教造像 王志芳 4.140

最新考古发现：南阳楚彭氏家族墓 乔保同 6.147

汉代画像中的孔子像 叶 芷 6.152

"痕都水磨工,轻巧信难穷"——北京故宫展陈痕都斯坦玉器赏析 马立伟 6.155

一个"洵"字解了谜：邵友濂祖孙与《使俄文稿》 邵绡红 12.147

讲堂实录

语义的可解与不可解（上） 许嘉璐 1.141

（下）　　　　　许嘉璐　2.142
（续）　　　　　许嘉璐　3.142
《论语》"学而时习之"章解读
（一）　　　　　许嘉璐　7.98
（二）　　　　　许嘉璐　8.145
（三）　　　　　许嘉璐　9.138
训诂学与经学、文化
（一）　　　　　许嘉璐　11.137
（二）　　　　　许嘉璐　12.131
经典是这样铸成的
——《论语》编辑、流传小史
（一）　　　　　王学泰　1.51
（二）　　　　　王学泰　2.149
（三）　　　　　王学泰　3.149
（四）　　　　　王学泰　4.149
（五）　　　　　王学泰　5.149
（六）　　　　　王学泰　6.142
（七）　　　　　王学泰　7.108
（八）　　　　　王学泰　8.152
（九）　　　　　王学泰　9.147
八股文举例讲读　王学泰　11.146

读者·作者·编者

一封大一学生的来信　　　1.156
一介平民淘《文史知识》之乐趣　　　　倪国荣　1.157
生动的一课　　　戴红贤　4.9
向读者与编者致歉　田同旭　4.74
也谈《白居易娶了谁家

的女子》
——与余迎先生商榷　曲　峰　4.155
再说"寒具"——与韩健畅先生商榷　　　王　琪　4.158
终于收藏到《文史知识》创刊号　　　　李　润　6.159

戏曲苑

"沈园"诗系：从诗到剧　钟　鸣　2.115
中国少数民族戏曲　　　李　悦　7.115
藏族的宗教文化与戏剧艺术　　　　　　李　悦　8.137
梨花大鼓艺人王小玉　车振华　9.153

教学相长

马王堆汉墓出土的"婚纱"——素纱禅衣　马执斌　2.139
乐安地望与孙子故里
　　　　　城振文　毕海林　4.144
如何理解"感时花溅泪，恨别鸟惊心"？　谢国剑　7.150
谈谈高考作文与写作教学　　　　　　　温儒敏　10.110
"独上兰舟"为何要"轻解罗裳"？　　　曾根奎　12.145

古代典籍

漫话古籍的保护与研究　来新夏　3.133
文澜阁与《四库全书》　项　真　3.138
刘向与《说苑》　　　　程　翔　9.73

2001年—2010年

研究综述

明代文学与科举文化国际学术研讨会综述
　　周 勇 徐 薇 3.154

清代诗词研究现状刍议
　　马大勇 5.155

日本学者六朝诗歌研究一瞥
　　孙明君 11.152

说文解字

谈陈寅恪的"恪"字读音　刘经富 6.136

"序"的含义　吴振华 7.145

书画欣赏

王齐翰《挑耳图》　司开国 7.155

书写技术的玄虚化

——以包世臣对始艮终乾、始巽终坤的鼓吹为例
　　李永忠 9.130

康有为的书画理论成就
　　张小锋 10.155

《礼宾图》的主题与人物
　　马执斌 12.141

古代科技漫话

说缫车　蔡伟胜 2.119

文史信箱

中国女学会到底成立于何时?
　　林辉锋 周 云 2.157

人文游踪

大辽故都行　宋德金 6.46

2010年

特别关注

新疆考古发现与西域文明
　　宿 白 1.4

中国文学史基础课教学中的若干问题
　　葛晓音 3.4

京剧进课堂与理性回归传统
　　王能宪 3.10

史学研究要与时代同行
　　田居俭 4.4

也谈文言文作文
　　漆永祥 李鹏飞 史杰鹏 9.4

"中文教育"之百年沧桑——写在北大中文系百年诞辰之际
　　陈平原 10.4

文史百题

横目人与纵目人的象征意义
　　尹荣方 1.8

从建康主流文坛与地方

文坛的互动看江郎才尽 王晓萌 1.16

端方与清末女子留学教育 潘 崇 1.22

百年前的强国梦与世博会——读陆士谔的《新中国》 黄 霖 1.29

说"似" 杨铸 1.40

北庭历史文化鸟瞰 薛宗正 2.4

康家石门子岩画透露的历史文化信息 王炳华 2.14

寻找诗意轮台 薛天纬 2.20

唐代北庭都护府与丝绸之路 荣新江 2.25

唐代庭州地区的人口和营田 李锦绣 2.31

沙陀三王朝与古代昌吉 赵荣织 2.38

曹操历史形象的演进 宋战利 3.13

唐人的游观诗和怀古诗 邓乔彬 王腾飞 3.21

理论的巨人 批评的矮子——漫说王夫之诗学的缺陷 蒋 寅 3.28

康熙与路易十四施政之比较——从法国派遣科学传教团来华科考谈起 李景屏 3.36

唐五代山水词 李亮伟 4.11

乾隆与法国大革命 李景屏 4.19

经学正统与文学余业 殷守艳 张立琪 4.26

陆游《卜算子·咏梅》：一首宋词"经典"的形成史解析 欧明俊 5.4

西夏的历史与文化 李华瑞 5.11

知识场和交游圈:《孽海花》中的异国形象 马晓冬 5.19

从《新大陆游记》看梁启超思想的突变与还原 郑海麟 5.27

河洛文化与河洛学 蔡运章 郭引强 6.4

东汉的世家大族 陈苏镇 6.11

蒲松龄的三国题材创作 沈伯俊 6.16

诗歌中的南明秘史 张 晖 6.24

刘备伐吴的历史原因 姚大勇 7.4

"求之六朝岂易得,去矣千秋不足论"——庾信诗文的艺术创新 李鹏飞 7.11

唐代宦人的政治参与途径 刘琴丽 7.18

段玉裁卷人的两次学术论争及其他 刘跃进 7.25

《秦风·蒹葭》新探 赵逸夫 8.8

美人的沉沦与帝国的安宁:西汉女性和亲 王前程 8.10

从中俄伊犁交涉看曾纪泽外交策略 郑洪峰 8.19

薄姑三论 李象润 李浴洋 9.12

《后赤壁赋》是写梦之作吗？ 董乃斌 9.20

元杂剧中的金朝和女真

人 宋德金 9.25

吴梦窗隐化节序词意蕴

探微 孙 虹 童 靠 10.14

范仲淹睦州时期的文学

创作 诸葛忆兵 10.22

平顶山历史文化鸟瞰 张清康 11.4

探寻久被遗忘的周代应

国 李学勤 11.8

"天下之中"及其正统意

义 胡阿祥 11.15

汉魏之际的汝颍名士 胡宝国 11.22

昆阳大战与王莽撵刘秀

的民间传说 何梅琴 11.32

晚清王权的衰落与地方

势力的崛起

——从郏县临沣寨和汝

州半扎寨谈起 陈德鹏 11.38

如何订补《殷本纪》商王

世系 江林昌 12.4

"毒"、"泣"、"谋":本质、

武器、伎俩

——从疆短到郑袖 裴登峰 12.14

中国传统救灾思想的发

展和特点 张 涛 项永琴 12.21

诗文欣赏

艺术创作的实与虚 张宏生 1.47

秋野深处的召唤

——解读李贺《南山田

中行》诗 过常宝 1.51

林庚先生谈罗贯中笔下

的"赤壁之战" 苏爱琴 1.55

清代流人笔下的庭州 周 轩 2.45

纪晓岚对昌吉的考察及

"新闻报道" 李云辉 2.50

作诗从这里借鉴

——读黄庭坚《题子瞻

枯木》初稿和定稿 孔凡礼 3.43

登临意,英雄泪

——辛弃疾《水龙吟·

登建康赏心亭》 丁启阵 3.47

读词短札(之一) 扬之水 3.53

曲折之叹与澄明之境

——谢灵运、王维笔下

的水三题 梁晓云 4.32

李白《静夜思》别解 冉休丹 4.38

流水落花春去也 一腔

愁怨有谁知——张炎

《南浦·春水》词新解 王祥己 4.41

读词短札(之二) 扬之水 4.46

时风下的美人——王维

《西施咏》探旨 孙 民 5.37

中日文化交往的心灵铭

证——钱起《送僧归日

本》诗中的情感体验 张永芳 5.40

人生·情思·诗境

——析李煜《相见欢》 仲红卫 5.43

词心长在分襟处——晏

几道《蝶恋花》赏析 蔡 雯 5.47

读词短札(之三) 扬之水 5.50

达观坦荡,笑对毁谤

——范仲淹《和葛闳寺

2010 年

丞接花歌》赏析 周剑之 6.29

大雁的同调与异声 张宏生 6.34

读词短札（之四） 扬之水 6.40

终岁宛转的相思歌调

——西曲《月节折杨柳歌》释读 孙华娟 7.35

梦中的路怎么走 张宏生 7.41

长门之后：春日的自我归来

——读李清照《小重山》 桑 柔 7.45

读词短札（之五） 扬之水 7.49

杜甫《缚鸡行》新识 孙 民 8.26

扫迹情留：情丝难系梅花落

——读李清照《满庭芳》 桑 柔 8.29

悲情苦绪的抒泻——李清照《武陵春》赏析 孙永娟 8.35

读词短札（之六） 扬之水 8.38

说出矣，说不出——析李白《独坐敬亭山》 罗筱玉 9.35

每一页书简都是一片招魂幡——试释李贺《秋来》诗 过常宝 9.39

友情之深与词境之阔 张宏生 9.43

归鸿与人胜：女性的恋乡与感伤

——李清照《菩萨蛮》 桑 柔 9.51

人间此境知难必，快意翻从偶然得——读查慎行《中秋夜洞庭对月歌》 周燕玲 9.56

"万古送别诗之祖"

——《诗经·邶风·燕燕》赏析 叶当前 10.30

空鹳之愁——从杜甫《暗日寻崔戢李封》读起 蔡丹君 10.34

壮志难酬之悲，遭人猜忌之痛——读李商隐《安定城楼》 赵长征 10.39

说风说云，说花说雾：自我风神的另一种塑造法——李清照《醉花阴》 桑 柔 10.43

"尚馀一根无人会"

——陆游的沈园记忆 马东瑶 10.48

读词短札（之七） 扬之水 10.53

悲凉而坚定的回归

——刘希夷《放园置酒》赏析 罗浩刚 11.64

始知真放本精微

——苏轼《子由新修汝州龙兴寺吴画壁》赏析 叶爱欣 11.68

直线·线段·点

——谈古代叙事诗中时间线的演变 李杰玲 12.29

幽人夜赏花 吕玉华 12.32

苦心孤诣，请缨无门的英雄悲歌——辛弃疾《念奴娇·登建康赏心亭呈史致道留守》 王明辉 12.36

读词短札（之八） 扬之水 12.41

文化史知识

聘国的地望与兴灭 胡天生 1.59

2001年—2010年

浅谈唐代宫廷假发的来源 祝立业 1.64

三个泉与木垒的丝路古驿站 杨镰 2.102

劫国与天山丹渠谷 白钰群 2.106

准噶尔野马 黑正宏 2.111

古城驼运与汉文化 王 晨 2.116

虎狼之国——秦国 刘德增 3.62

小物件，大用场——谈牛耕和牛鼻环 马执斌 3.69

何谓"木铎之教" 周庆许 3.78

人人冥间异境的导人模式——以古小说中的人鬼冢墓冥遊为例 张玉莲 4.54

"京观"和"狱坎" 王亚林 4.59

春凳闲话 钱婉约 4.65

唐代美食——樱桃 陶 易 5.60

《洛阳伽蓝记》与北魏洛阳的佛教文化 王建国 6.44

"反骨"溯源 雷艳萍 杨俊才 7.76

六朝的射雉 张 珊 7.80

略说巾箱本 李 鹏 8.49

"碗"的定名及其他 扬之水 9.76

汉传佛教僧人的姓氏 王燕飞 9.81

"旗亭"故事 黄俊杰 10.68

说"唐卡" 刘远峰 10.74

书法珍品——汝帖 陈建裕 11.102

宛洛大道上的商业会馆:郏县山陕庙 程险峰 11.107

姑蔑与龙游 孟世凯 12.46

张衡地动仪为什么用虾蟆做装饰 张一南 12.51

人物春秋

魏晋奢靡风气的悭吝客人——《世说新语》人物杂谈 钟书林 1.70

吕大防与苏轼 李如冰 1.76

袁枚新传 王英志 1.82

丘处机的别失八里之旅 白福成 2.71

诸葛亮为何感叹法正——谈谈诸葛亮在伐吴关系上的处境 胡以存 3.91

诗人、酒人、畸人——黄周星 张 静 3.98

雍正和怡亲王的手足情 夏 宁 3.104

吕布——动乱中错位的悲剧英雄 刘 驰 5.81

祖籍变迁与赵氏家族的发展——宋太祖赵匡胤连载之一 王育济 范学辉 6.50

燕王臧茶与汉初政局 新 宝 7.52

范仲淹与教育 诸葛忆兵 7.57

徐渭的婚姻生活 黄天美 7.64

宋太祖父母结缘传奇的考实与解读——宋太祖赵匡胤连载之二 王育济 范学辉 7.71

宋太祖出生传言未揭之底蕴——宋太祖赵匡胤连载之三 王育济 范学辉 8.68

范仲淹与义庄 诸葛忆兵 8.75

洛阳少年——宋太祖赵匡胤连载之四 王育济 范学辉 9.60

范仲淹与杭州 诸葛忆兵 9.70

是殉国？还是求仙？——也谈黄周星之死 唐 元 10.56

如今天子用担挑——宋太祖赵匡胤连载之五

王育济 范学辉 10.63

叶公沈诸梁其人其事 秦方奇 11.78

大树将军冯异 陈富志 11.83

黄庭坚在叶县 王国民 11.88

我看曹丕 王 玟 12.61

"老身只待承平了，携取来书问故家"——大都围城前后诗人张翥的江南情结 韩 璐 12.71

千里送京娘——宋太祖赵匡胤连载之六 王育济 范学辉 12.77

小说谈丛

无意中的贡献 张国风 1.88

从年龄的角度看孙悟空 傅承洲 3.55

中国古代小说中最著名的两个梦 张国风 4.49

内涵极为丰富而复杂的一件命案 张国风 5.54

科技想象力的纵情释放——以《封神演义》为中心 张国风 6.73

草民的婚姻和处世哲学 张国风 7.84

《西游记》和《水浒传》中的"素酒"与"荤酒" 周岩壁 7.90

《歧路灯》中的古代家庭教育 魏娟莉 8.41

晴雯的取祸之道 张国风 9.88

隔墙有耳 张国风 10.77

交流与比较

甲午战争中的英国医生阿瑟·道奥斯卫特

周 怡 董文娜 1.97

日本流传中国古籍简述

〔日本〕高桥智 3.83

渐至佳境：魏晋南北朝时期的食物和饮料（上）

〔美国〕康达维著 刘志庆译 4.84

《水浒传》与江户日本 赵 苗 4.92

近年来韩国古典文学史上唐诗的影响与被接受 〔韩国〕柳昌娇 5.66

渐至佳境：魏晋南北朝时期的食物和饮料（下）

〔美国〕康达维著 刘志庆译 5.72

唐代洛阳的外来风情 毛阳光 6.59

日本第一部中国文学史 赵 苗 6.67

它们曾经征服了世界：清代外销瓷（上） 胡雁溪 8.54

"西域样式"的基础版本——新疆米兰佛寺壁画 顾 颖 9.130

它们曾经征服了世界：

2001年—2010年

清代外销瓷(中) 胡雁溪 9.135

它们曾经征服了世界：

清代外销瓷(下) 胡雁溪 10.109

学林漫话

润物无声——记受教于

郭预衡先生之点点滴滴 吕启祥 1.105

钱南扬先生的悲喜人生 吴新雷 1.112

中国词学文献学的奠基

人——民国四大词人之

二:唐圭璋(四) 施议对 1.121

一个堂堂正正的人

——悼念著名翻译家杨

宪益先生 吴寿松 3.110

落红最是有情物

——记郭在贻先生 李浴洋 3.114

中国词学文献学的奠基

人——民国四大词人之

二:唐圭璋(五) 施议对 3.121

怀念王永兴先生 阎步克 4.106

与天壤同久 共三光永

光——追忆王永兴先生 王宏治 4.110

中国词学文献学的奠基

人——民国四大词人之

二唐圭璋(六) 施议对 4.115

林庚先生的学术个性 费振刚 5.93

林庚先生手稿读后感 葛晓音 5.98

《唐诗综论》使人们更热

爱诗歌 郭小聪 5.104

中国词学学的奠基人

——民国四大词人之

三:龙榆生 施议对 5.111

中国词学学的奠基人

——民国四大词人之

三:龙榆生(二) 施议对 6.98

回忆向觉明师 周清澍 7.98

胡适与《敦煌录》 王冀青 7.107

中国词学的奠基人

——民国四大词人之

三:龙榆生(三) 施议对 7.114

父执赵俪生先生 陈无畏 8.81

忆林沉 周清澍 8.87

中国词学的奠基人

——民国四大词人之

三:龙榆生(四) 施议对 8.99

怀念中华书局原总编辑

李侃先生 杨牧之 黄克 余喆

黄松 张荷 胡友鸣 9.94

我印象中的老李 龚书铎 9.102

我与《儒林外史》研究 陈美林 9.105

应该怎样评价严修

——纪念严修先生一百

五十周年诞辰 来新夏 9.114

中国词学学的奠基人

——民国四大词人之

三:龙榆生(五) 施议对 9.118

纪念王力先生110周年

诞辰 齐冲天 10.84

不会忘却的纪念

——写在赵光贤先生百

年诞辰之际 瞿林东 10.87

北大中文系给我的古典

学术教育 刘 宁 10.92

中国词学学的奠基人
——民国四大词人之
三：龙榆生(六) 施议对 10.100

侍砚杂记:追忆卞孝萱
先生 雷恩海 12.57

戏曲苑

清末民初北京戏班的经
营状况 梁 燕 1.127
新疆曲子概述 戴明忠 2.120
昇平署与清宫曲本档案 李红英 4.99
武丑前辈：德子杰、张
黑 张扶直 9.143
傣族的历史文化与戏剧
艺术 李 悦 10.114
英雄颂剧《单刀会》 李汉秋 10.121
武净前辈：徐宝成、庆春
圃、钱宝峰 张扶直 10.128
跳期：从历史人物到戏
曲形象 孟伟伟 11.110
中国古代的水傀儡 [泰国]曹淑媛 12.88

古代科技漫话

中国古代的煤、石油和
天然气 王曾瑜 1.135
墨子与飞鸢 杨晓宇 11.114
望城岗冶铁 委金山 11.117
孟洗与食疗学 席孟杰 11.120
唐鲁山花瓷与宋清凉寺
汝瓷 梅国建 11.124

随笔·札记

说"思无邪" 林东海 1.140
陈三立侠文见萍乡谱牒 高洪年 1.146
孟母三迁与东汉礼俗 张 诒 3.137
"孤独的""袁公"
——关于《世说新语》的
一个未明人物 范子烨 3.141
南朝的另一个刘鑛 刘志庆 3.147
女子命运与家国兴亡 张宏生 3.149
章太炎与甲骨文的一段
学术公案 方麟 3.153
也谈《水浒》中的"河漏
子""大辣酥"及相关
词语 蔡美彪 4.123
"割聘"试释——读红零
札 陈熙中 4.129
明清小说的现代整理与
数字化 吴光正 4.133
中国古代诗词的境界与
品鉴 杨庆存 5.134
怎样的词算是俗 张宏生 5.141
看山是山，看水是水
——从纳兰《谢伯樱桃》
词谈诗词读解 马大勇 5.144
种艺之事 饱食之资
——汪日桢及其历史年
代学研究 郭津嵩 5.148
也谈"多识于鸟兽草木
之名" 陈建华 5.152
"礼义"的含义及其发生 王振华 6.125

从常熟杨氏的"砚"看中国家族文化传承 张 剑 6.130

"丈八蛇矛"真的形状似蛇吗？ 郭 醒 6.136

关羽在曹营有多久 卢盛江 7.125

"柳腰"与庾信 张 珂 7.127

根植于人文的艺术 杨 赛 7.131

也谈中文系的失宠 刘涌之 7.134

从"后宫佳丽三千人"说起 莫道才 7.142

"江郎才尽"新解 胡大雷 8.129

庞德公是庞公吗？ 谢思炜 8.135

权龙襄和他的"趁韵诗" 梁海燕 8.138

扑枣的老妇和拾茅的儿童 张宏生 8.145

不过记诵之学，何以能称学问？ 董宸生 8.148

漫话中国古代涉月诗 杨志学 9.150

李香君对文人"学"与"行"的品评 肖 堂 9.156

从《尚书·酒诰》看中国酒文化之酒酒禁篇 司加飞 10.135

潘阆的山水词 李尧伟 10.139

太监王振曾做过儒学教官吗？ 何孝荣 10.143

诗的细节描写 张福勋 10.148

从陶渊明《读山海经》组诗谈"刑天舞干戚"句 邓 芳 12.116

谈谈晚唐小品文 顾献艺 12.123

死后是非谁管得 莫砺锋 12.130

讲堂实录

训诂学与经学、文化（三） 许嘉璐 1.150

唐宋词与MTV(一) 王兆鹏 3.127

训诂学与经学、文化（四） 许嘉璐 3.130

乡愁与春望——从"静夜思"到"两个黄鹂" 骆冬青 4.139

唐宋词与MTV(二) 王兆鹏 4.147

老子劝人向善 陆永品 5.122

唐宋词与MTV(三) 王兆鹏 5.127

唐宋词与MTV(四) 王兆鹏 6.140

说宋代笔记(上) 钟振振 6.145

唐宋词与MTV(五) 王兆鹏 7.148

说宋代笔记(中) 钟振振 7.153

唐宋词与MTV(六) 王兆鹏 8.111

说宋代笔记(下) 钟振振 8.120

教学相长

也说"轻解罗裳" 扬之水 1.158

"小姑始扶床"当做何解 孟 飞 5.131

人文游踪

穿越他地道 海 滨 2.59

古今世界的瑶池和天池 李 明 王 勇 2.65

洛阳关林印象 吴健华 6.108

探访楚长城 潘民中 李典芳 11.43

汉唐皇家汤沐地——汝州温泉 吕 静 11.48

郑县哈剌鳗碑——葛逻禄入居中原的地标 杨 镰 11.52

民俗志

昌吉回族风情 海 杰 2.78

昌吉回族婚礼中的"卧曲利妈"习俗 闫国芳 2.86

秋千与寒食、清明 张晓红 4.70

唐宋时期的纸钱风俗 陆锡兴 4.76

洛阳牡丹为何甲天下 刘福兴 6.113

河洛饮食话水席 陈启明 6.119

羌族宗教与释比文化（上） 李 悦 8.60

羌族宗教与释比文化（下） 李 悦 9.126

中国民间艺术奇葩——马街书会 严奇音 11.93

《歧路灯》中的人生礼俗与宗教习俗 李振明 11.97

授衣·祭祀·开炉——浅谈宋代十月朔节 张晓红 12.92

重阳节在日本 刘晓峰 12.97

古代民族志

昌吉地区的哈萨克 聂爱文 2.92

历史上的北庭人 宋 正 2.98

汝州的完颜姓与金兀术墓 尚自昌 11.58

宗教与人生

北庭西寺遗址再现 李功仁 2.126

香山大悲菩萨传碑与观音证道地 袁桂城 11.73

文物与考古

四道沟氏族公社晚期村落遗址的发现 关学林 2.129

说说奇台县发现的古钱币 邱德美 2.133

从出土文物看清代奇台淘金人的生活 魏大林 2.138

琳琅满目大气扬 憨态可掬童心趣——洛阳汉代陶俑的艺术风格 刘兰芝 4.149

"北邙山头少闲土,尽是洛阳人旧墓"——洛阳邙山陵墓群漫谈 卢青峰 严 辉 6.81

洛阳的"天子驾六"车马坑 俞凉亘 6.86

汉代兵器——钩镶 曾维华 6.88

洛阳铲 赵振华 6.93

帅鼎铭文的秘蕴 贾海生 10.151

鹳鱼石斧纹彩陶缸 子 长 11.140

蒲城店遗址 魏兴涛 11.143

南北交汇的青铜文化 王龙正 王宏伟 11.147

文史古迹

千佛洞古刹沧桑 碧小家 2.142

古城奇台 贾秀慧 2.148

奇台的春秋楼 马振国 2.153

中州名刹风穴寺 王山林 11.132

孔子后裔与郏县文庙 马志飞 11.136

书目答问

丝路北道汉至明代昌吉地区行记资料概览 戴良佐 2.156

读者·作者·编者

《也说"轻解罗裳"》之补充 扬之水 3.129

书画欣赏

书法中的"长尾笔" 李永忠 4.153

从《一捧雪》中的汤裱褙看明代的书画装潢人 叶康宁 12.105

傅山《丘壑磊砢图》 任军伟 12.110

说文解字

凤毛麟角浅说 饶少平 5.129

研究综述

《兰亭序文》真伪争辩述评 孙明君 8.150

青年园地

追求与消解——从"石"意象看孙悟空与贾宝玉的人生困境 朱 玲 10.154

高适"年过五十,始留意诗什"辩 潘建伟 12.137

李白《静夜思》文本演变再析 吴 琼 12.144

文史信箱

三苏为什么葬在郏县? 刘继增 11.152

其 他

《文史知识》读者调查表 6.159

8.159

平顶山古代名人简表 潘民中 11.155

附 录

一 《文史知识》30 年专号及地域文化专栏表

数量	年	期号	总期号	专 号 名
1	1982	7	13	魏晋南北朝专号
2	1983	3	21	清代专号
3	1983	9	27	宋代专号
4	1984	3	33	明代专号
5	1984	9	39	近代专号
6	1985	3	45	元代专号
7	1985	10	52	纪念创刊五周年专号
8	1986	5	59	先秦专号(上)
9	1986	6	60	先秦专号(下)
10	1986	10	64	佛教与中国文化专号
11	1987	1	67	中国传统文化讨论专号
12	1987	5	71	道教与传统文化专号
13	1987	10	76	山东专号
14	1988	6	84	儒学与传统文化专号
15	1988	8	86	敦煌学专号

附 录

(续)

数量	年	期号	总期号	专 号 名
16	1989	3	93	齐文化专号
17	1989	12	102	山西专号
18	1990	4	106	台湾专号(上)
19	1990	5	107	台湾专号(下)
20	1990	11	113	吴文化专号
21	1992	6	132	陕西专号
22	1993	8	146	体育文博专号
23	1994	3	153	河洛文化专号
24	1994	6	156	长白文化专号
25	1995	4	166	福建专号
26	1995	10	172	伊斯兰文化专号
27	1996	10	184	浙江文化专号
28	1997	6	192	甘肃专号
29	1997	9	195	潮汕文化专号
30	1998	1	199	赣文化专号
31	1998	5	203	北京大学纪念专号
32	1998	6	204	纪念戊戌维新专号
33	1998	9	207	元代文化专号
34	1999	9	219	纪念孔子诞生 2550 年
35	2000	6	228	徽州文化专号

(续)

数量	年	期号	总期号	专号名
36	2001	7	241	巴蜀文化专号
37	2001	10	244	纪念李白诞生1300周年
38	2002	3	249	庐陵文化专号
39	2002	5	251	庆祝南京大学成立100周年
40	2003	8	266	张謇与南通专号
41	2004	5	275	西域文化专号
42	2004	9	279	吴越文化专号
43	2005	11	293	纪念陆游诞辰880周年专号
44	2006	2	296	青藏文化专号
45	2007	8	314	北京文化史专号
46	2008	5	323	南阳文化专号
47	2008	11	329	宋代江西文化专号
48	2010	2	344	新疆昌吉专号
49	2010	11	353	平顶山历史文化专号

数量	年	期号	总期号	地域文化专栏名
1	1992	9	135	九江历史文化专栏
2	1995	3	165	"长城学"专栏
3	1996	4	178	山西文物与戏曲专栏
4	2007	7	313	纪念傅山诞辰400周年专栏
5	2009	4	334	黄河三角洲历史文化专栏
6	2010	6	348	河洛文化与河洛学专栏

二 《文史知识》30 年主要栏目一览表

1. 综合、综述类栏目

治学之道
学人与治学
治学手记
研究综述
学术流变
回顾与展望
笔谈
特别关注
专访
文史研究动态
文史杂谈
讲堂实录
随笔·札记
文史研究与计算机应用

2. 文学类栏目

文学(史)百题
诗文欣赏
词学名词解释
怎样学古文
文章例话
古代心理诗学
名篇今译
小说谈丛
读词讲话
古典文学流派
文学人物画廊
武侠小说漫谈
乡土文学
海外文摘
红楼聊斋一脉承
三国演义史证
《儒林外史》人物论

3. 历史类栏目

历史百题
科举史话
中国历代官制讲座
中国古代史学批评纵横
人物春秋
学林漫话
大师录
名人足迹
二十世纪历史热点
二十世纪中国考古

文物与考古
读史札记
古法丛谈
神州之旅
人文游踪
历史名城
古代科技漫话
中国科技交流漫话
中国史学发展概说
文体史话
纪念中日甲午战争90周年
福建华侨史
近世风云
纪念义和团运动100周年

4. 思想文化类栏目

文化史知识
经书浅谈
儒学源流
儒家经典
儒家观念
中国古代礼仪文明
文化源流
心理美学散步
中外文化交流与比较
中国传统文化在日本
日本的中国学研究
德国的汉学研究
文化观念与制度
体育文化笔谈

闽学源流
谈武论兵

5. 宗教类栏目

宗教与人生
佛教常识
佛教艺术
佛教源流
俗语佛源
道教常识
道教与民间宗教
道教与气功

6. 艺术类栏目

书画欣赏
书法丛谈
艺术明珠

7. 语言文字类栏目

语言知识
成语典故
古文字与古史研究
古文字学十二讲

8. 文物与考古类栏目

文物与鉴赏
文物与文明

附 录

文物与考古
金石丛话
考古知识讲座
文史古迹
体育文物

9. 民族、民俗、戏曲类栏目

民俗志
古代民族志
戏曲苑
民族与民俗
民族风情
民俗文化

10. 乡土风情类栏目

三晋文化
山西风情
齐鲁文化
齐地英杰
江右风情
秦地风情
闽台文化
吉林风物
乡土文艺

11. 书目、读书类栏目

怎样读
文史书目答问
文史工具书介绍
古代典籍
名著名家谈
学术经典导读
经典释文
读书札记
中国名著在国外
书评
读书俱乐部

12. 其他类栏目

青年园地
教学随笔
文章评改
教学相长
读者·作者·编者
编读往来
会友往来
文史信箱

三 "文史知识文库"已出图书一览表

书 名	作 者	出版时间（最后一版）
古代礼制风俗漫谈（一）	文史知识编辑部	1997年
古代礼制风俗漫谈（二）	文史知识编辑部	1997年
古代礼制风俗漫谈（三）	文史知识编辑部	1997年
古代礼制风俗漫谈（四）	文史知识编辑部	1997年
中国字典史略	刘叶秋	1992年
古典诗词名篇鉴赏集	文史知识编辑部	1997年
中华人物志（文学家）	文史知识编辑部	1985年
中华人物志（政治人物）	文史知识编辑部	1996年
中华人物志（史学家）	瞿林东 杨牧之	1988年
经书浅谈	文史知识编辑部	2007年
古文字学初阶	李学勤	2006年
诗文鉴赏方法二十讲	文史知识编辑部	2007年
词学名词释义	施蛰存	2001年
佛教与中国文化	文史知识编辑部	2009年
科举史话	王道成	2008年

附 录

（续）

书 名	作 者	出版时间（最后一版）
金石丛话	施蛰存	2007年
中国古代官制讲座	杨志玖等	1995年
道教与传统文化	文史知识编辑部	2005年
中国诗体流变	程毅中	1998年
怎样学习古文	周振甫	2007年
古典文学研究动态	文史知识编辑部	1993年
华夏饮食文化	王学泰	1997年
古人称谓漫谈	袁庭栋	2008年
中国古代史学批评纵横	瞿林东	2000年
敦煌史话	胡 戟 傅 玫	2004年
中国古代审计史话	方宝璋	1995年
三峡史话	杨 铭	1997年
中韩交流三千年	陈尚胜	1997年
中国古代诗体简论	杨仲义	1997年
《儒林外史》人物论	陈美林	1998年
中国近代体育史话	崔乐泉	1998年
中国钱币史话	汪圣铎	1998年
明清时期一欧洲人眼中的中国	吴孟雪	2000年
岁时一传统中国民众的时间生活	萧 放	2008年
中国传统文化在日本	蔡 毅	2002年

(续)

书 名	作 者	出版时间（最后一版）
说话的文化	董晓萍	2008年
神鬼狐妖的世界	马瑞芳	2002年
中国古代礼仪文明	彭 林	2005年
蹴鞠-世界最古老的足球	刘秉果 赵明奇 刘怀祥	2004年
中国古代心理诗学与美学	童庆炳	1997年
佛教基本知识	周叔迦	1997年
书法谈丛	刘 涛	1999年
古代抒情散文鉴赏集	文史知识编辑部	1997年
中国古代科技漫谈	文史知识编辑部	1993年
德国的汉学研究	张国刚	1994年
红楼梦在国外	胡文彬	1993年
中国史学研究动态	文史知识编辑部	1989年
怎样读历史古籍	文史知识编辑部	1994年
怎样读文学古籍	文史知识编辑部	1994年
古典文学研究动态	文史知识编辑部	1993年
文史专家谈治学	文史知识编辑部	1994年
晚清小说理论	颜廷亮	1996年
中国文学史百题(上下)	文史知识编辑部	1990年
中国历史百题(上下)	文史知识编辑部	1990年
西风东渐-衣食住行的近代变迁	苏生文 赵 爽	2009年